用心守护健康

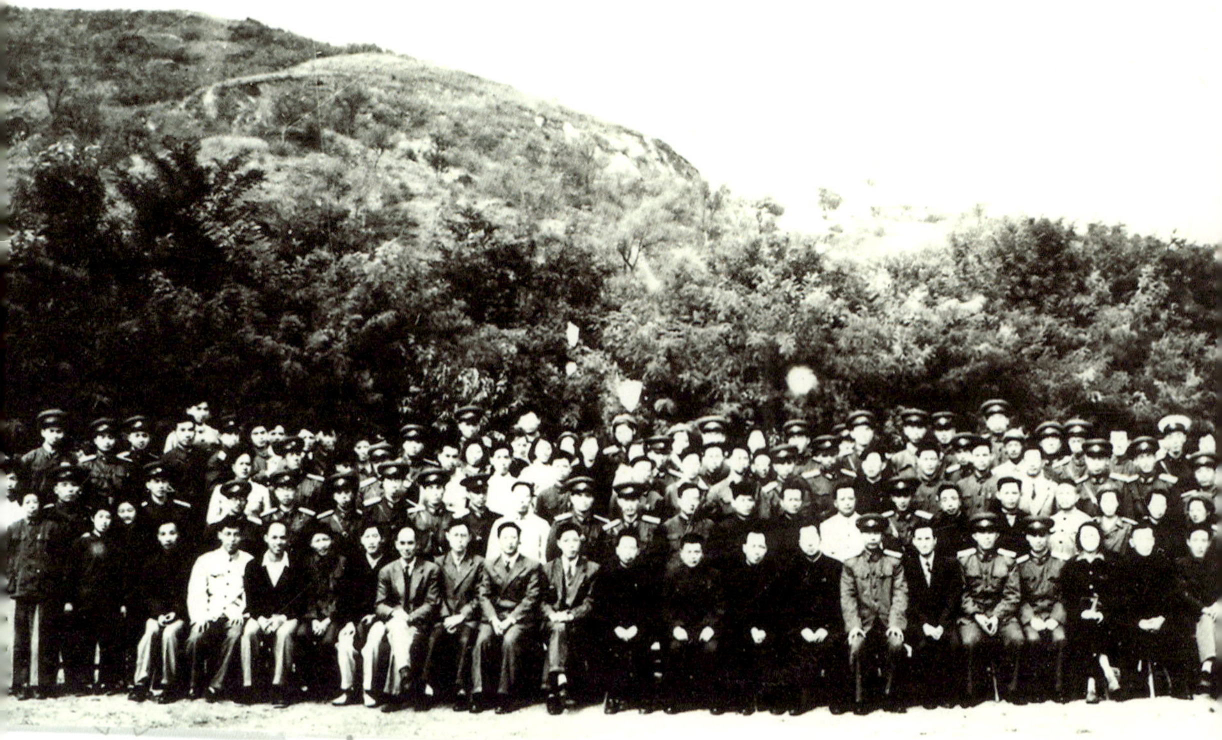

不忘初心
讲述·见证阜外医院60年历程
（上）

主　编　杨进刚
副主编　张艳萍
　　　　许奉彦
　　　　陈　惠

科学出版社
北京

内 容 简 介

本书讲述了阜外医院的创业者和曾在阜外医院工作或学习过的数十位著名专家的故事，记叙了他们感动人心的经历和艰苦奋斗的过程，彰显了他们勇于奉献和严谨求精的精神。让我们重温前辈的言行，在丰饶的精神土壤中汲取前行的力量。

图书在版编目（CIP）数据

不忘初心：讲述·见证阜外医院 60 年历程. 上/杨进刚主编. — 北京：科学出版社，2016.8
　ISBN 978-7-03-049586-0

　Ⅰ. 不… Ⅱ. 杨… Ⅲ. 医学家-生平事迹-中国-现代 Ⅳ. K826.2

中国版本图书馆 CIP 数据核字（2016）第 187461 号

责任编辑：路　弘／责任校对：张怡君
责任印制：赵　博／封面设计：彭东康

版权所有，违者必究，未经本社许可，数字图书馆不得使用

科 学 出 版 社 出版
北京东黄城根北街 16 号
邮政编码：100717
http://www.sciencep.com

文林印务有限公司 印刷
科学出版社发行　各地新华书店经销

*

2016 年 8 月第 一 版　开本：787×1092　1/16
2016 年 8 月第一次印刷　印张：17 3/4
字数：234 000

定价：88.00 元
（如有印装质量问题，我社负责调换）

不忘初心

今年是阜外医院建院60周年，也正值中国共产党成立95周年。

习近平总书记在庆祝中国共产党成立95周年大会上发表了重要讲话，提出坚持不忘初心，继续前进。无论我们走多远，都不能忘记走过的路，不能忘记为什么出发。

在阜外医院成立大会上，首任院长吴英恺教授提出了"要把阜外医院办成全国第一和世界有名的医院"的发展目标。时至今日，经过陶寿淇、郭加强、朱晓东、高润霖等几代院领导和医务工作者的共同努力，阜外医院已在中国乃至世界上的心血管领域中占据了重要的地位。推动医院发展的是艰苦创业、自强不息的执着追求，是敢为人先、争创一流的进取精神，是励志笃学、回报社会的志向理想，是团结凝聚、和谐合作的人文力量。

今天的阜外医院，站在前辈奠定的家业上，又有国家全面深化医改、实现中国梦的大环境的助推，我们拥有更多机遇，又面临更多的挑战。

今天，我们回顾过去，不仅仅是为了纪念阜外医院的历史，更重要的是铭记医院建设、发展的"初心"，在不断打造医院发展的物质基础的同时，能够让几代阜外人凝聚的阜外文化传承并发扬，让我们的年轻一代增加对阜外发展的使命感，和对阜外文化的自豪感，多些严谨，少些浮夸，多些沉淀，少些浮躁，多些关爱，少些计较，成为推动阜外未来发展的富有责任感、正义感和追求精神的新一代阜外人。

历史是最好的教科书，也是最好的清醒剂。阜外医院建院60周年，是一个新的历史起点，我们应当牢记吴英恺"做世界知名的医院"的历史使命，继承阜外医院艰苦奋斗的优良传统，保持昂扬斗志，为更好的阜外医院而奋斗。

2016年7月20日

前 言

今年，中国医学科学院阜外医院已成立60周年了。而由阜外医院一手养大的孩子——《中国循环杂志》也迎来了30周年纪念。

在这个双喜临门的日子里，《中国循环杂志》社究竟举办一个怎样的活动，既能够感谢阜外医院这30年的支持与帮助，又能讲述阜外医院60年来走过的风风雨雨，又能够对阜外医院，甚至对全国各地的心血管医师有所启迪？

经过半年的筹划，《中国循环杂志》社准备出版这样一本书，作为对阜外医院成立60年的献礼：通过采访、查阅，忠实地记录和讲述有代表性的阜外人的言行和故事。

我们联合《医师报》，并邀请了多家报社十几位记者，一起完成这项有意义的工作。对于已经不在人世的专家，我们找到并采访了他们的家属、同事或学生；也有一些专家，正在生病卧床，甚至已经不能言语；还有很早就离开了阜外医院的专家，都很感激阜外医院能够在这样一个日子还想着他们。当我们的记者奔波几百公里，甚至几千公里去找到离开人世的老阜外人的家属时，他们的家属甚至不敢相信，阜外医院竟然能够记起几十年前的阜外人。

被采访者记忆中的主旋律是，在阜外医院的时间是他们生命中最闪光的日子，那时他们的老师是最值得尊敬和学习的人，那时的辛苦让他们在未来的生活中从不畏惧。

本书所列的60多位专家，这些人既有阜外医院的创建者，如吴英恺和最早跟随吴英恺来阜外医院工作的人，如蔡如升等；有的在阜外医院仅仅工作过一段时间的人，如黄宛、方圻和朱贵卿等；有从分配到阜外医院就没有离开过的第一批大学生，如程显声和朱晓东等；还有从阜外医院毕业的研究生，如翁渝国和吴兆苏等；甚至还有来进修的医生，如何秉贤和陈可冀等。当然，还有目前正在阜外医院工作的专家和教授。他们共同的特点就是，他们曾经来过，经历过，这里有他们共同的记忆。

重温我们前辈的言行，就是要在丰饶的精神土壤中汲取前行的力量。回顾我们的过去，就是守护我们的未来。就像习近平总书记所讲，一个民族、一个国家，必须"知道自己是谁，是从哪里来的，要到哪里去"。

阜外医院之所以有今天，得之于过去的甚多。前辈之于后辈，生活行事，处处都是身教。我们这些后辈在阅读前辈的故事时，也能感受到无言的熏陶。

怀旧并非是炫耀，但曾经在卓越之旁，让我们没有理由自甘平庸。

谨以此书纪念阜外医院建院60周年。

目 录

吴英恺：我就是有这点精神……………………………………………1

黄　宛：我从不讲我没弄懂的东西………………………………………25

陶寿淇：以理服人，不卑不亢………………………………………37

蔡如升：看问题的角度决定了结果……………………………………47

陈　新：自己明白，才能让别人明白……………………………………57

刘力生：不计较个人得失………………………………………………65

陈在嘉：用"心"演绎别样人生…………………………………………77

程显声：想成为大家，需要潜心努力……………………………………89

侯幼临：用生命开拓心脏外科的人………………………………………99

郭加强：精神力量铸就阜外品牌…………………………………………107

朱晓东：两股力量支撑我前行……………………………………………117

薛淦兴：沉下心来做事……………………………………………………127

尚德延：为麻醉事业殚精竭虑……………………………………………137

徐守春：兴趣多一点，知识面广一点……………………………………**147**

胡小琴：麻醉、体外循环都是至爱……………………………………**157**

刘玉清：放射学是一门"临床学科"……………………………………**167**

刘汉英：看到超声图像要想到临床情况………………………………**181**

刘秀杰：解放思想，艰苦创业…………………………………………**189**

吴　瑛：教条主义是开创事业的大敌…………………………………**197**

张英珊：以退为进　峰回路转…………………………………………**207**

张　琪：从未忘记自己的梦想…………………………………………**215**

王凤连：怀念众志成城的岁月…………………………………………**223**

杨英华：对得起白衣天使这个称谓……………………………………**233**

方　圻：把严谨认真的作风带到阜外…………………………………**247**

朱贵卿：咱们是普通人，成功只靠努力………………………………**255**

黄国俊：外科医生不能只是手术匠……………………………………**263**

吴英恺

我就是有这点精神

吴英恺的一生就是一个传奇。

1933年，吴英恺从小河沿医学院毕业后，到北京协和医院实习不到3个月，还在试工期内，体检时发现肺部有活动性肺结核。本应停止工籍，但主任怕失去一棵好苗子，就把他送去休养。

病好后，吴英恺选择重返北京协和医院。他在工作上从吃力到胜任，最后以出色的评定被选中成为唯一的外科研究生。1940年，吴英恺30岁时，做了我国第一例食管癌切除及胸内食管胃吻合术。

在美国进修期间，吴英恺的工作受到美国同行的瞩目。他选择了回国，并在回国后创建了重庆中央医院和天津中央医院胸外科。1948年，吴英恺重返北京协和医院任外科主任。

在北京协和医院当外科主任，在发展上有广阔的空间。但在1956年，吴英恺辞去主任，选择从北京协和医院带了一支18人的队伍，到北京很偏僻的郊区，建立了解放军胸科医院。2年之后，医院从郊区搬到北京阜成门外，这就是阜外医院。

1972年，自认为"没有什么具体的事可做"的吴英恺编写了一本刊物——《心脏血管疾病》，这本刊物就是《中华心血管病杂志》的前身。

吴英恺曾任中华医学会外科学会主任委员，后来又创立了中华医学会心血管病学分会，并任主任委员。

凭借他的努力，中国的食管癌、心脏外科、心血管病的流行病学和人群防治水平紧跟世界潮流。而对于很多个中国的"第一"，他认为只不过是"赶上了"而已。

吴英恺带领解放军胸科医院和阜外医院做出了非凡的成绩。后来离开阜外医院，已70岁高龄的吴英恺，建立了安贞医院。

吴英恺觉得，他在关键时刻的选择都是比较正确的。他说，遇事是想着继续在工作负担重的地方辛苦，还是避重就轻呢？是迎着困难坚持前进，还是找个安乐窝？

他说："你问我有什么长处，那就是不怕困难，敢于面对困难。人是应该有点精神的。我就是有这点精神。只要是我认为应该做的事，无论有多大的困难，我绝不放弃。"

在他眼中，人就是要有责任心，要有正确的理念和信念。"好医生必须是人民的好医生，是人民卫生保健的勤务员，不但要为患者看好病，还要成为患者在病中和病后的健康保障及寄托；而医学家则是要做好医学科学的勘探队员。"

吴英恺用自身的行动诠释了什么是人民的好医生和医学家，也用自身的行动奠定了中国心血管病发展的基调。

吴英恺，是中国现代心血管病学的先驱，是中国心血管病防治的舵手。

军令如山

1956年春，46岁的吴英恺受命，在原122疗养院的基础上，组建解放军胸科医院。在北京协和医院建院以来，吴英恺当时是第一位由中国人担任、也是最年轻的外科主任。但他毅然辞去了主任一职，来到了在颐和园北3～4千米的黑山扈，担负起创建解放军胸科医院的重任。

黑山扈西靠黑山头，北依望儿山（现更名为百望山），前面是一条小河。医院就建在半山坡上。

医院建设的进度很快，新楼落成后，俯瞰下去好比一架大飞机：机翼是病房、实验室，机身是机关办公室，机尾是手术室，布局非常现代化。

经与北京协和医学院协商，吴英恺选调了外科黄国俊、侯幼临、李功宋，麻醉科徐守春，内科朱贵卿、蔡如升、方圻、罗慰慈、赵宗友、罗秉坤、刘力生，细菌免疫科王凤连，生化科张英珊，生理科张琪，以及病房、手术室有经验的护士长杨英华、郭淑如等一共18名医护人员。

这18人是各科室的骨干力量，协同吴英恺创建了解放军胸科医院，被誉为建院的"18棵青松"。

吴英恺雷厉风行，大刀阔斧。先扩建手术室，建立导管室，后改建胸内外科病房、心血管内外科病房，再筹建研究室，包括病理、细菌免疫、生理、生化及动物实验室等。

吴英恺对原122疗养院医护、行政人员全部留用，并从几个医学院校应届毕业生中调来数十名青年精英。又从第一、第二、第三、第四军医大学精选了一批技术人才。

调动人员的方式很快捷。无须商调，而是由总后卫生部直接发出电报调令。接到调令后，被调入人员当日就乘车、乘飞机自长春、上海、重庆、西安急忙赶来北京报到。等接受任务后，再回原单位去把家搬过来。

在胸科医院开办时由部队分配来的30名医科大学毕业生，通过住院医生和院外进修，后来都成了有关专科的主治医生和科室主任，包括：朱晓东、程显声、陈宝田、胡小琴、徐义枢和刘汉英等。

医院所需的各种仪器、设备在北京买不到的，吴英恺安排了蔡如升副院长带领徐守春、张瑛和王凤连去上海采购或定做。只管挑选仪器或设备的规格、性能，只要合用就立即买下。有些器材若买不到现成合用的，就去找医疗器材工厂定做。

屈指算来，建院工作包括全院工作人员调入，病房、手术室、各科实验室的改建、装修，以及医疗设备的采购、定做，总共用了3个月的时间便安排就绪，随后就开始了临床诊疗和实验室的研究工作。

吴英恺为提高胸科医院在医疗、教学和科研方面的水平，决定成立院学术委员会，以便指导工作。他把北京地区，主要是北京协和医学院的各科、室老专家、老教授都邀请到胸科医院来。作为学术委员，共同商讨办院前景和各科室的努力方向。有问题可以对口请教。

1956年解放军胸科医院组建学术委员会（前排左起：张孝骞5、朱贵卿6、宫乃泉7、吴英恺8、胡懋华11、张锡钧13；中排左起：张庆松2、许英魁4、金荫昌5、邓家栋8；后排左起：梁植权1、谢荣2、黄宛3、蔡如升5）

这就是吴英恺要的速度。吴英恺的雄心壮志就是要把胸科医院办成既有临床医疗，又有基础医学研究科室，"天下少有，中国第一"的专科医院。总后卫生部的方针是对这所新型医院一定要"多施肥、多浇水"。

严格管理

胸科医院施行"封闭式"管理，员工周一至周五 24 小时住在医院，工作不分白天黑夜，周六回家，周日下午必须返回医院。这样难免会招至一些"牢骚"。有的人心里不高兴，埋怨都是"8 小时工作制，哪有 24 小时在院制？"还有人诉委屈，"家有孩子，雇不起保姆，还不能回家。"

这样的话儿传到了院长吴英恺的那里。吴英恺就放话：你们就知道"回家抱孩子，排队买豆腐"。患者不管，白天下了班，晚上病情变化看不见，怎么跟随治疗呢？

"这句话贴在院墙上，像被单一样大。"后来因为大家待人接物都非常开诚布公，院风、同事关系很好，慢慢地也就习惯了。

吴英恺每周至少有一半的时间住在医院，夜以继日地看患者、手术、开会。后来在市内北京协和医学院的公卫楼开设了门诊部，约在半年的时间里，医院的改组和建设就成形了。内、外科各有一个病房，共计 320 张病床。

当时，心脏外科在外三病房开展，由侯幼临副主任主要负责，除闭式二尖瓣分离术外，还开展了肺动脉瓣狭窄的闭式扩张术。心导管室、心电图室由方圻和胡旭东负责。

1957 年夏，胸科医院举办了全军胸科学术会议，请来了列宁格勒苏联军事医学科学院库卜列亚诺夫教授，部队和地方单位几百人出席，可谓盛极一时，还拍摄了吴英恺作为术者的肺切除手术电影。

胸科医院自开院以来，接待苏联、匈牙利、德国、罗马尼亚等国外宾多起，在国内外取得了较好的声誉，受到了总后勤部的嘉奖。吴英恺和侯幼临被评为全

军后勤系统先进工作者，出席了1957年全国先进生产者代表大会。

雄心壮志

黑山扈远在郊区，对开展心血管病医疗工作有诸多不便，适逢部队精简，因而在1958年8月，经总后卫生部与中央卫生部协议，将胸科医院转入中国医学科学院系统，迁到阜成门外一所新建的400张床位的医院。

1956年6月，参加全军胸科学术会议的领导及苏联专家。左五吴英恺，左二为柯切尔金专家，左三为苏联军医科学院库卜列亚诺夫教授，左四为中央卫生部钱信忠副部长

迁来的胸科医院与原医院的筹备人员合并成为阜成门外医院，简称阜外医院。

吴英恺不仅费心思招揽人才，也很注意为新院觅新址。有些医生发现，新医院的许多家具上都标有一个小铁牌，上面写着北京第二医院。一问才知道，原来这座漂亮的现代化医院大楼是由北京医院设计并建造的。

当时，阜外医院周围都是菜地，供应"城里"的蔬菜瓜果。医院院子里的花池旁有很多树木，树木下野草横生，到处都是野猫、野兔子。

医院周围都是低矮、破旧的民房。中间突然耸立起了一座外墙全部用白瓷砖贴面的工字形五层大楼，非常显眼。但是，院子里到处都是破砖、烂瓦，显得脏乱不堪。北京市赠送给阜外医院许多棵大树苗。职工们齐努力、唱着歌、喊着号子，刨坑、种树、绿化、美化庭院。

1958年9月14日上午9时，吴英恺召开阜外医院全院大会，他在会上讲，

1958年9月14日，吴英恺院长在阜外医院开院典礼上致辞

我们的目标不是做一所好医院即可，而是做全国第一的好医院，做世界知名的医院。在会上，吴英恺学者的风度，对未来的自信，以及千万人吾往矣的气魄让很多人对未来充满了信心。

吴英恺作为院长兼外科主任，主要抓业务，除胸科医院原有全班人马外，又从北京协和医院调来了黄宛、陈在嘉、陈星正等心内科专业人员和王诗恒等内科大夫，黄宛任心内科主任。

1959年，方圻、朱贵卿、罗慰慈调回了北京协和医院，刘力生转到心内科，重点开展高血压医疗研究，胸内科由蔡如升领导。

这些人事调动主要是从医科院的全面布局出发，也规定了阜外医院的业务方向以心血管病的医疗、研究和干部培养为主。1962年挂上了中国医学科学院心脏血管病研究所的牌子。

阜外医院开院不久，正赶上北京医院修房子，部分干部医疗暂用阜外医院两个病房，于是结核科撤销了。为了保证住院医生的培养，将五楼的两个病房撤销，改成住院医师宿舍及图书馆和教材馆。全院设320张床，计8个病区，内外科各4个。

此外，每年招收50~60名各科进修医生，为全国各地培养了千名以上的专科干部。阜外医院放射科、病理科、麻醉科的业务水平均在不长时期内有了显著的提高，在培养干部和结合临床开展研究方面做出了出色的成绩。

吴英恺院士在中华医学会接受苏联外科学会荣誉会员证书

食管癌防治：从不可能到可能

吴英恺不仅仅属于某一个学科，他在1939年参加食管癌的研究工作，从临床领域扩展到病理范畴，从流行病学调查到病因的研究，再到出书推广，科研协作，实现了战略性胜利。

吴英恺仅30岁时，在当第一年外科主治医师时完成了食管癌手术，距美国的世界第一例手术还不到两年时间。在1948—1958年的10年间，吴英恺率团队就已经手术治疗食管癌和贲门癌近千例。

吴英恺在担任解放军胸科医院和阜外医院院长时，在与食管癌打交道过程中，发现了一个非常奇特的现象，患者比较集中地来自河南林县、山西阳泉、河北石家庄一带。于是他心里琢磨：是什么原因使那里的百姓遭受癌痛？

1959年吴英恺第一次来到河南林县。在那里，吴英恺亲眼看到食管癌的肆虐疯狂，几乎家家都曾有人死于此症，往往一家父子兄弟同时患病，多数在一年内死亡。医家束手，病家无望。一个54万人口的县，每年新增食管癌患者500多例，死亡400多例，平均每18小时就有一个人死于食管癌。

河南医学院的食管癌医疗研究组在一个三合院民房里集中收治了30多位患者，采用中药及饮食疗法，患者多在患病后三四个月死去。当地人介绍，林县这个地方外地干部都不愿来工作，怕得食管癌，希望吴英恺这位从北京来的专家能提出一些好办法。

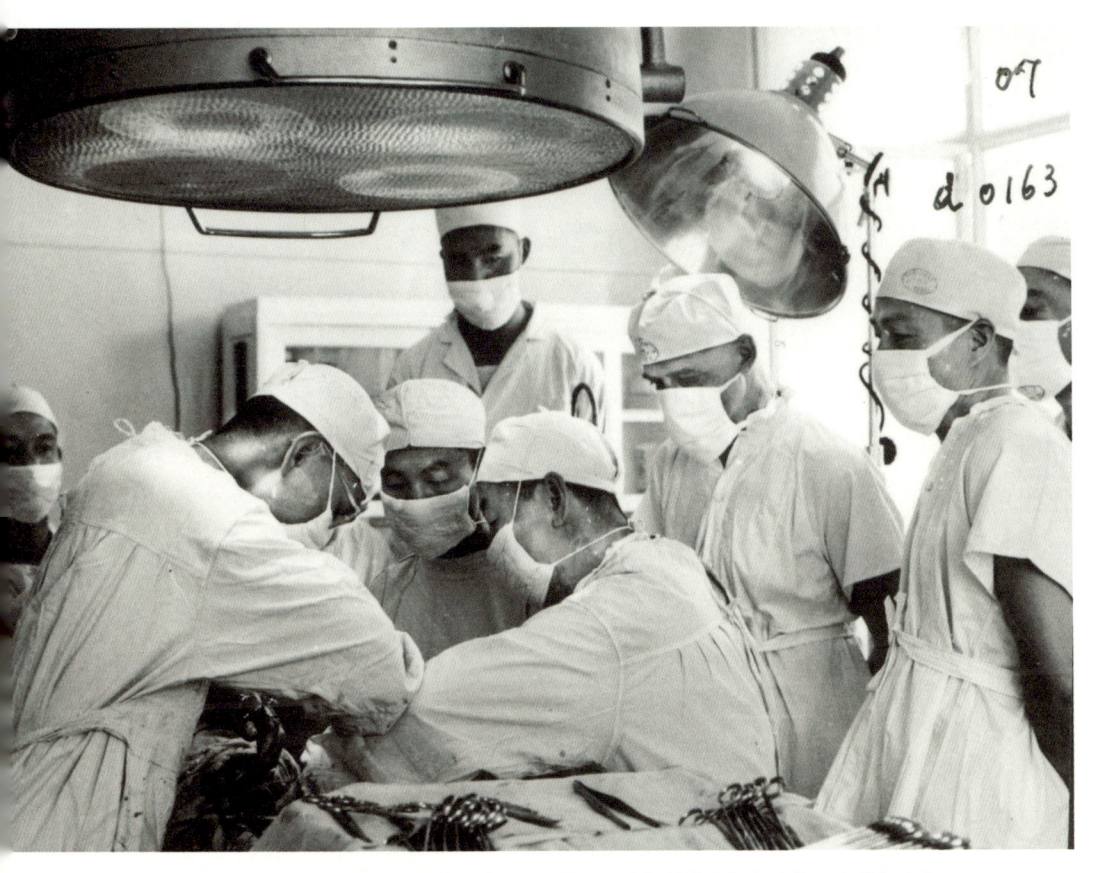

1957年6月吴英恺（右侧术者）和黄国俊同台手术。卫生部钱信忠部长（右1）观摩手术

吴英恺对林县食管癌如此普遍、如此严重的现象，感到大吃一惊，于是下决心组织各科有关专业人员，为食管癌的早发现、早手术和加强研究及预防多做工作。

他正式启动了北京、河北、河南、山东、山西四省一市食管癌防治科研大协作。1959年4月，"四省一市"食管癌防治科研协作组在阜外医院召开了成立大会。阜外医院的黄国俊、刘玉清、吴遐等参加了大会。到1964年夏，协作组确定了以河南林县、山西阳泉、河北磁县、山东肥城等地是高发区。

他注意到，当地人吃的"糠饼"是由玉米面、糠面加少许石灰合成蒸熟，其硬如砖；家家都有一缸"酸菜"，不用白菜而是由红薯秧、榆树叶等粗糙带毛刺的叶子在缸内发酵，浸汁呈灰色不透明浓液；人们常年很少吃青菜，蛋白、脂肪和肉类更是缺乏；食用的粥和汤温度均在70℃以上；一般人口腔卫生不良，多有龋齿和牙龈溢脓。

吴英恺推断，食管癌是病从口入，主要包括食物粗硬、热食，维生素A、维生素B及维生素C缺乏，加上食管慢性炎症，日久转化为癌。后来发现在河南林县的"酸菜"和食粮饮水中均含致癌物亚硝胺，其他因素可能只是促癌因素。

后来，吴英恺于1959年、1964年和1979年3次到河南林县进行食管癌调研工作。经过几年的调查分析，在1964年"四省一市"食管癌防治研究协作组就定下了向老百姓宣传的基调：不吃糠饼和禁食酸菜、多吃青菜、改善口腔卫生，提倡刷牙、宣传"粗粮细做，细嚼慢咽"，以减轻对食管黏膜的磨损。

吴英恺在手术之后立即将标本解剖与临床及放射检查所见相对照。他与病理科胡正祥、刘永、吴遐，放射科胡懋华、刘玉清，胸外科黄国俊等把标本和X线食管造影进行了系统分析。将食管癌进行了分期。并根据病理结果，决定在临床上扩大食管切除范围。

通过长期不断的实践和组织"四省一市"大协作，协作组初步阐明了食管癌的自然病史、流行特征及发病机制。在此基础上，结合临床表现和X线诊断特点，提出了食管癌病理分型的概念，此后又提出了在国际上也属于创新的四期分类法及多点来源的病理学理论。在河南林县等高发区开展的早期食管癌筛查与治疗研究，获得了迄今国际最高的手术切除率和5年生存率，更新了食管癌治疗的理念。

他的工作，使我国食管癌外科治疗的水平居于世界先列。由于食管癌切除术的普及，如在高发区，有些县医院也能进行这种手术，三十年来经手术治疗的食管癌患者数以万计，不少早中期患者得到长期治愈，就是中晚期患者也得到一定时期的缓解。

1982年，在美国凤凰城，吴英恺出席美国胸部外科学会（ATS）年会并做报告，题目是《中国食管癌研究及外科治疗，1940—1980年进展》，台下坐着千余名听众肃静倾听，他的报告折服了会场上所有的人。世界级的专家们全体起立，为这位中国医生40年的勤勉报以崇敬的掌声，掌声持续了有5分钟，台下的中国人也为中国食管外科的成就感到自豪。

吴英恺认为，40多年来食管癌防治研究的经验表明，临床实践、人群调研与实验室研究三结合，是出成

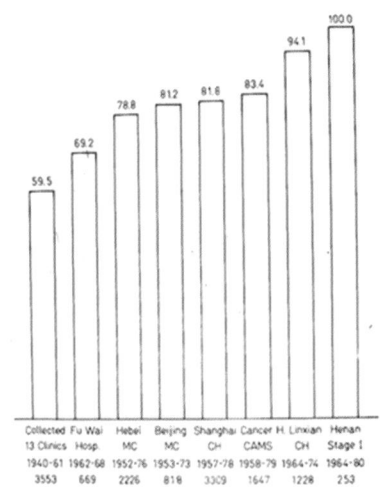

Fig. 1. Resectability rate of esophageal cancer (1940-1980).

中国食管癌的可切除率统计

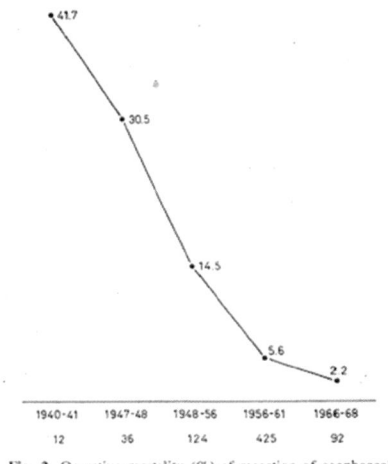

Fig. 2. Operative mortality (%) of resection of esophageal cancer (1940-1968).

食管癌手术的死亡率在30年内明显下降，是他们开拓进取的工作，再加上支持发展高难度学科的环境，逐渐创造了新的手术适应证，将不可能变为可能

果、出人才的一条可靠途径，还必须有领导、专家和群众的三结合，协作才能保证防治科研教学各项工作的顺利进行。

发展心外科

由于外科学术观点和工作作风各具特点，吴英恺遂在1962年将外科分为两科，各有两个病房。外一科是心脏外科，由侯幼临任主任，郭加强任副主任；外二科是胸心血管综合科室，由吴英恺任主任，黄国俊任副主任。

在心脏外科，以侯幼临、尚德延为主力首先开展了低温心脏直视手术。侯幼临在1956年完成了二尖瓣狭窄闭式扩张术、缩窄性心包炎剥脱术和动脉导管未闭式结扎术，以及肺动脉瓣狭窄直视切开术、房间隔缺损直视修补术等多种手术。1958年冬开始了体外循环心脏直视手术，大量开展了先天性和后天性心脏病的外科治疗。侯幼临去世后，郭加强则带领着心外科继续前进。

吴英恺领导的外二科，把开展血管外科作为重点，有李平、范迪钧、周墨宽相助，在1962—1966年，他们在肾性高血压外科治疗、主动脉瘤外科治疗和同种保存血管的实验研究和临床应用方面都取得了进展。

首钢经验

1958年秋，阜外医院开展了高血压大普查，3个月内在北京组织了100万人血压普查，开展了太极拳疗法，形成一套所谓的综合快速疗法。

但吴英恺觉得，当时对高血压的诊断标准不够严格，有些只是一时的血压升高，有些是轻度高血压，一经住院休息血压常自然下降，当时归功于"慢病快治"，都是不够慎重的。

黄宛、刘力生、郑德裕等为方便高血压的普及治疗，配制了"降压静"片，包括利血平、血压达静和利眠灵，效果良好。后又经北京市高血压协作组洪昭光等加以发展，配成"降压0号""降压1号"等复方降压片，每日1~2片，轻中度高血压患者服用，方便有效，药价低廉，是一项有实际价值的贡献。

从1969年冬开始，阜外医院心内科的一些医护人员，走出医院大门，到京西石景山区的首都钢铁公司，与基层医务人员协作，建立心血管病人群防治工作。

吴英恺在1971年以后也常到这个防治点上了解情况，体验生活，逐步加强了计划组织，形成首钢心血管病防治科研小分队。开始时，医护人员常来常往，后来分批分期住在厂里，深入车间班组，终于在首钢领导的大力支持下，建立了首钢心血管病防治科研办公室，积极开展高血压普查普治，冠心病、脑卒中登记治疗，培训车间"红医工"，为工人、干部和家属防治心血管病。

吴英恺带队参观首钢

首钢心血管病防治工作成效显著，患者因病缺勤率大为降低，心脑血管病发病率和死亡率下降了30%~50%，工人满意，领导满意，社会效益经济效益双收，成为我国心血管病防治的一面旗帜。

从1975年开始，阜外医院又与石景山区卫生局和石景山区人民公社协作，组成石景山区农村心血管病防治科研小分队，第一批由吴英恺带队，有阜外医院的朱里、周北凡、吴遐、刘淑媛、陈爱贞等同志和医科院统计室吕长清同志参加。

吴英恺亲自下现场组织调查。有一次，吴英恺到石景山区石槽村走访患者,突然一场暴雨袭来,瞬间地上的积水就没过了腿肚子,人在水里直打晃。但吴英恺拄着根棍子,仍继续朝前走。

阜外医院人员分别住在石景山公社向阳大队和八宝山大队的卫生所,不到一年的时间,高血压普查普治、冠心病和脑卒中登记治疗、心血管急症抢救,在全公社 11 个大队开展起来了。防治工作逐步扩大,后来还加进了其他几个工厂。

最后与首钢的防治工作联合,在区卫生局的领导下,建成了包括全区 20 万人口的心血管病防治区。广大基层医护人员积极配合,在 1975—1980 年取得了可喜的成绩,工厂因高血压的缺勤率大幅度下降,石景山人民公社有农民 26 000 人,经过 5 年的心血管病防治,心血管病死亡率下降了 13%,脑卒中死亡率下降了 23%。

第二专业的广阔道路

1974 年秋,吴英恺参加了世界卫生组织(WHO)的心血管病专家咨询委员会。讨论的中心议题是心血管病的流行情况,交流各国防治高血压、冠心病、脑卒中等常见心血管病的经验。

当时,我国在对这些常见心血管病还没有建立起科学的登记统计,更缺少系统的防治研究,没有心血管流行预防的专业组织和专业人员。

吴英恺觉得责无旁贷,要设法解决这一问题。

1974 年冬,吴英恺从日内瓦开会回来后,在卫生部和医科院的支持下,召开了由十几个省市自治区代表参加的心血管病患者群防治协作会议,制定了高血压、冠心病诊断标准。心血管病患者群防治工作在全国范围有了初步的开展。

1978 年,吴英恺已经 68 岁了,他下决心自己来闯,于是他请来了流行病学家何观清教授、医学统计学家高润泉教授和心肺临床学家俞九生教授,组成我国第一个心血管病流行病学及人群防治研究室，以北京市石景山区为调研防治基地，开始招收研究生，吴英恺从而走上这第二专业的广阔道路。

1978年，阜外医院招收吴兆苏、王海燕、陈兴鹏、赖声汉4名研究生，次年又招收了姚崇华、郝敬沅2名研究生，同时建立了血脂实验室，搜集国内国际有关心血管病流行防治的文献图表教材，1980年及1981年分别举办了心血管病流行病学及人群防治学习班。

在不到10年的时间，全国重点开展心血管病流行病学调研和人群防治的专业人员目前已有百人左右，其中有一部分同志通过防治实践、出国进修和个人钻研已成为具有较高水平的心血管病流行防治专家。

为了统一诊断标准和普查分析方法，经1979年在河南郑州协作会议讨论，决定在全国范围开展一次标准化的高血压抽样普查，分别在1979年及1980年秋季进行，1981年完成了书面总结。何观清、高润泉教授直接参加了普查的设计和总结分析工作。

这次调查在全国29个省市、自治区，在90个城市及208个农村地区(以

1979年吴英恺院士在阜外医院开展心血管病流行病学及人群防治工作，这是他陪同世界卫生组织心血管病专家到人民公社参观基层单位开展心血管病防治工作时的合影

吴英恺领导的400万人群调查报告（1979-1980）

县为单位，综合平均几个县的数值为一个地区的数值，各在15—74岁抽样普查血压1.2万人，按年龄、性别分组，得出确诊高血压和临界高血压的患病率。这次普查采取世界卫生组织的高血压诊断标准，血压≥160/95 mmHg，经另一次检查核实，确诊为高血压；血压为140～160/90～95 mmHg者为临界高血压。该调查被卫生部评为科技进步二等奖。

对于高血压、冠心病、脑卒中等常见心血管病流行病学及人群防治，由于缺乏统一的诊断标准，不是逐例经专科医师核实，因而统计的可比性不够完整，结论的可靠性也不够强。

为此，世界卫生组织心血管科在1979—1981年曾多次组织专家讨论，提出了一个"多国家心血管病流行动态及其决定因素"的研究方案，英文简称为"MONICA"方案。

吴英恺出席了1981年这个方案的定案会议，并将此方案带回国内。从1982年起，由北京市心肺血管医疗研究中心在北京市城乡人口试点。自1984年开始在北京6个区73万居民人口中正式按MONICA方案进行心血管病人群监测，监测的人群范围为25—74岁。

后来经卫生部批准由北京市心肺血管中心组织上海和河北等16省、市、自治区的人群心血管病监测的大协作，总监测人口为550万，举办多期心血管病监测、血脂标化、病因调查等学习班，培养了大批心血管病流行病学干部。

吴英恺说，他有幸在我国开始了MONICA方案并做了一些学术组织工作，他在实践中学习，向专家学习，逐步认识到高血压、脑卒中、冠心病等心血管病是当代人民健康的最大威胁，通过多年的实践，他总结出防治工作的6项措施：①查，即普查登记；②防，即广泛宣传其危害和预防保健科普知识，提高群众的自我保健意识；③管，即对所有人群定期普查登记，按时复查治疗；④治，即方便患者，送医送药上门；⑤教，即培训基层保健人员；⑥研，即找出规律，提高防治效果。

创建安贞医院

"文革"结束后，吴英恺被重新任命为阜外医院院长和中国医科院心血管病研究所所长时，已年届70岁。他正准备把阜外医院好好整顿一番，但1980年5月因"领导班子年轻化"而离开阜外医院。

吴英恺经过多方面的思考，他做出了一个"三不变"的决定：即中国人不变，中国共产党党员不变，中国医学家不变。

1981年3月北京市卫生局领导找到他，邀吴英恺到朝阳医院与翁心植教授合作，开展心肺疾病医疗科研工作。经与翁心植同志研究，在他原来的呼吸疾病研究室的基础上，加上"胸部及心血管外科教研室"的力量，组建一个"北京市心肺血管医疗研究中心"，吴英恺任主任，翁心植任副主任。

当时心胸外科、麻醉科、小儿心内科的同志们已先后出国考察进修，吴英恺与吴兆苏、姚崇华等同志从心血管病人群监测及人群防治工作先行开始。1982年秋冬，李平、林训生、陈宝田、宋瑞奠等同志先后回京，又开展心胸外科工作，1982年12月27日，做了第一例体外循环手术。

1983年6月，北京市决定将心肺血管中心迁往位于安定门外的原北京结核病院，名为北京安贞医院。吴英恺被任命为院长兼北京市心肺血管中心主任。

几年来吴英恺采用了多思、多议的策略，克服了不少困难，使各方面的工作进展得比较迅速、圆满。

美国医生杰拉尔德曾对《文汇报》驻华盛顿记者说，我在中国的安贞医院三四天，看到那里的医护人员用那么简陋的设备，用听诊器，白天黑夜守护在患者床前，他们是圣徒……

到1987年吴英恺退居二线时，安贞医院已有病床577张，1985年新建了干部病房和国际交流中心。

吴英恺说，疲劳、伤脑筋有时让他易急躁，但静下来想想这一任院长做得最有意义，特别是一个具有我国社会主义特色的医疗、预防、科研、教学、国际交流五结合的新型医疗研究中心正在形成和发展，对他个人来说也是70岁以后的一个新贡献。

创办《中华心血管病杂志》

早在1950年，在中华医学会外科学分会的第三届大会上，吴英恺被选为主任委员。吴英恺也曾担任《中华外科杂志》总编辑。

1972年，"文革"还没有结束，吴英恺当时没有什么具体的事可做，就编写了一本刊物——《心脏血管疾病》。

1973年，《心脏血管疾病》由阜外医院编刊，并开始发行，是季刊。但面临着稿源不足、资金缺乏等重重困难。

1972年，吴英恺编写的《心脏血管疾病》，由阜外医院编刊并发行。后来更名为《中华心血管病杂志》

在吴英恺的带领下，编辑组咬着牙坚持了下来。

1978年，中华医学会心血管病学分会成立，成立大会在太原召开，吴英恺当选为第一任主任委员，陶寿淇、石美鑫、兰锡纯当选为副主任委员，委员会由来自全国各省、市、自治区的30余人组成。

《心脏血管疾病》也更名为《中华心血管病杂志》，后来改为双月刊，吴英恺任主编一直到 1983 年。

从多看、多思、多帮，最后到多能

吴英恺对于外科手术，虚心细心学习，循序渐进。他说，这条经验至今有许多青年人不能理解，学手术不掌握规律，不练基本功，只想多当术者。早当术者，违反了学习和实践的规律，其后果是原则掌握不准，技术操作不精，终身不能成为上乘的外科专家。

吴英恺说，他在做实习医生和住院医生时，从做器械护士及第二助手以致后来担任第一助手，他注意术者如何决策，如何一步一步地操作，从中看到、学到许多基础原则和技术方法，特别是在发生意外困难时如何突破难关，化险为夷，其中学问很大。

对于较为复杂的病情，吴英恺在初学阶段多请上级医师手术。吴英恺做总住院医师的时候，他个人的手术在同一年代中是数量较少的；但当他担任主治医师工作时，他在手术方面不但感到困难较小，而且经他手术的患者，不管是胃肠、肝胆或是乳腺、甲状腺，其恢复之顺利和并发症之少，使同行们感到惊异，也得到科主任的格外信任。

在别人看来，吴英恺做手术似乎很慢，但手术视野很干净，清晰，没有多余的动作，整体进度反而很快。

从中吴英恺悟出一条"多看、多思、多帮，最后达到多能"的成长规律。较有些好争手术的，知识不丰富、技术不熟练、勉强充当手术术者的，效果好得多。

几十年前，外科界有"吴英恺结"的说法。那是一种很有特色的手法。打结的同时用手拉线，动作既轻巧又漂亮，省时间且出血少。他要求他的学生，切皮是一条完整的直线，缝合每一针必须均匀流畅。否则，他会恼怒地用英语训斥："那不是我的学生，是狗啃的。"

1982年9月，吴英恺（左7）在《中华心血管病杂志》第一届编委会会议上（前排左起：顾复生1、高浴3、翁心植4、黄宛6、吴英恺7、李志绥8、兰锡纯9、陶寿淇10、方圻11、林传骧12；中排左起：陈新2、陈可冀3、龚兰生5、陈灏珠6、罗德诚7、楼福庆8、傅世英9、马德瓒10、郭林妮11、梁顯常12、戴玉华13；后排左起：孙瑞龙5、阮景纯6、何秉贤9、张美祥10）

不要看不起科普

吴英恺经常说："医生不要看不起科普咨询，这是最高级的工作。治疗是10个医生给1个人解决问题，防治是1个人给1000人甚至1万人传递知识。医生不能就给人开方子，要给人讲课，讲不明白的还要补课。"

吴英恺退休后也常做预防和科普工作，印一些小册子，比如《肺病防治》和《劝您戒烟》。但他说，谁看谁都赞成，但实际上没有人支持。他用自己的奖金和稿费来印，印出来就白送。他还叮嘱：宣传册子不求美观，但求普及，没有版权，欢迎翻印。

1998年末，中国医学科学院授予他中国医学科学最高奖——中国医学科学奖，他将全部10万元奖金捐给了他晚年倡导的"爱心护心工程"，出版心血管病防治和自我保健的科普读物，将20多万册的《劝您戒烟》《肥胖的防治》

吴英恺撰写的科普小册子

等送给人民群众。

　　他自己写的《防治高血压歌》：高血压病中老年，不防不治祸多端。脑溢血来半身瘫，心肌梗死相关联；人人每年量血压，患者更需常测量。血压超过正常限，抓紧防治莫迟延；吸烟一定要戒除，多吃青菜少吃盐，肥胖之人须减重；体操散步早晚间，高血压病经确诊，经常服用降压丸；降压保护心脑肾，健康长寿到百年。

　　《戒烟歌》：奉劝同志莫吸烟，吸烟之害数不完；首当其冲心和肺，肺心病来气管炎；心肌梗死脑溢血，病因之一是吸烟；还有肺癌更可怕，久吸生癌后悔难；吸烟不但害自己，被动吸烟害更宽；青年切勿轻染指，已病尽早决心间；一朝烟戒身心爽，保健节约两周全；亲友医生同关切，祝君康健几十年。

　　1995年，北京市卫生局在北京晚报开设"健康快车"科普宣传，85岁高龄的吴英恺担任"首席荣誉列车长"，他对这一职务感到很高兴："叫健康快车好！装的人要多，开得要快，还要加油加挂。中国有那么多心脑血管病患者啊，一个医生就是天天出诊、天天上手术台，又能怎么样？医治的人总归有限！高明的医生首先是防病，然后是治病。预防可以四两拨千斤啊！"

　　流行病学调查发现，每五个北京人里面就有一个高血压，发病人数在全国高居首位。市领导颇为震惊，吴老非常着急，他拿着自己写的一份《北京市高血压防治的新策略》，找到卫生局领导说："北京的健康教育搞得实在是太晚啦。"他当时的语气很不客气。

　　"没有别的招儿，唯一的办法就是进行大规模的人群教育"，就这样，健康快车成立，吴英恺成为了第一任列车长。他当时已经是近 90 岁的高龄了，仍参加了很多科普活动。

健康大课堂开课的那一天，盛况空前。人们从劳动人民文化宫门口成群结队地涌向公园里的科技馆。300 人的会场挤得水泄不通，连门外的东广场都站满了人，面对潮水般涌来的市民，专家只好破例改到广播室去讲课。

许多人索性坐在地上，把本垫在膝盖上记录。这足有 1 万多人前来听课的壮观景象，被新华社记者用相机拍摄下来，一张"槐柏树下大课堂"的照片被英美等国十几家报纸争相登载。外国媒体惊奇地称赞到："这就是中国式的健康教育"。

在吴老的带领下，洪昭光、胡大一、向红丁等一批名医级的列车长登上了健康快车大课堂的讲台。

我就是有这点精神

吴英恺为什么会有这样的成就？

诚然，北京协和医学院在一开始就将培训目标设计得极高，再加上全英文的工作环境，经过艰苦卓绝的磨砺，经受身体、学识、沟通方面的考验，才能顺利毕业，成为一名合格的医生，但西方的标准并不能解释那段炽热

1980 年，被接纳为北美外科医师学院荣誉院士，右为介绍人康纳利教授

1990年5月12日阜外医院隆重举办吴英恺教授80岁寿辰

的岁月，或许更宝贵的，是从一开始就不甘于屈居二流，不满足于亦步亦趋的决心，是敢于挑战美国顶尖医学院的目标，以及实现事业理想的似火热情与至诚付出。

吴英恺说，要问他有什么本事，他的英文怎么说也赶不上北京协和医学院的学生和美国人，就是凭自己工作非常扎实，负责任的态度，才能保证工作时对上对下不出漏洞，不出错误。

他说，人就是要有责任心，换一句话就是要有正确的人生观、世界观和价值观，要有正确的理念和信念。

他说，他在关键时刻的选择都是比较正确的。遇事是想着继续在工作负担重的地方辛苦，还是避重就轻呢？是沿着困难坚持前进，还是找个安乐窝？

若留在国外，不但有事儿做，还要名有名，要利有利，要前途有前途，但那会他就是要回国。这就是关键时刻的选择，这也是一个考验。

新中国成立后，北京协和医院的外科主任，是一个有利于创造个人发展空间的位置，可他在1956年却辞去了北京协和医院外科主任职务，从协和带了一个18人的队伍，到北京的郊区一个偏僻的地方创业，吴英恺对这次选择也不后悔。

他说："我不是天才，也不是了不起的人，我就是老老实实、本本分分地做事罢了。你问我有什么长处，那就是不怕困难，敢于面对困难。人是应该有点精神的，我就是有这点精神。只要是我认为应该做的事，无论有多大的困难，我绝不放弃。"

晚年在对首都医科大学的学生演讲时，他说："要树雄心立壮志，既要做社会主义社会的人民医生，又要做有成就有贡献的医学家。"

在他眼中，好医生必须是人民的好医生，是人民卫生保健的勤务员，不但要为患者看好病，还要成为患者在病中和病后的健康保障及寄托。而医学家则是要做好医学科学的勘探队员。

吴英恺说，像他这个年岁的人，心里都有一本账，旧中国是什么样子，新中国是什么样子，用不着讲大道理。通过读书可以得到知识，但经历是无法篡改的，经历也是无法替代的。因此他忘不了过去那艰苦的时代。

吴英恺曾对学生说，每个人要胸怀十多亿人民的健康，为保障人民健康和解除人民疾苦而努力学习，这样就会方向明确，动力坚强；只为个人名利学习，则渺小得很。

吴英恺用自身的行动奠定了中国心血管病界发展的基调，是现代心血管病学的先驱，也用自身行动诠释了什么是人民的好医生和医学家。

原卫生部长钱信忠在吴英恺去世后的题词是："爱祖国丹心昭日月，爱事业刚正垂千秋。"

整理/杨进刚

黄宛

我从不讲我没弄懂的东西

黄宛幼年时家庭遭遇巨大变故，黄宛姐弟发奋读书。在协和，他体会到了从医的艰辛和不易。在 Michael Reese 研究所的档案记录中明确将心导管术的发展过程分为"黄宛之前"和"黄宛之后"两个阶段。

新中国成立后，回到满目疮痍的北京协和医院，黄宛从修一台使用了30年已显龙钟之态的心电图机开始，坚持了60年。出版了6个版次印数达百万余册的心内科医生公认的心电图"圣经"——《临床心电图学》。

在但任阜外医院任心内科主任期间，他举一反三，触类旁通，首次提出"多发性大动脉炎"的概念，比日本学者提出此概念早10年。

1965年初，黄宛再次面临挑战，去建院时间不长，条件差，连病房和一些起码的基础设施都不配套的解放军总医院任心内科主任。

在长达70余年的医学生涯中，无论社会如何动荡变换，人生如何的跌宕起伏，黄宛从未动摇过学者的求知、求索的执着与坚定。

黄宛治学严谨、诲人不倦，对疾病的诊断治疗提出的意见都有充分的理论及实践根据，从不做空洞的发言。刘力生记得黄宛说过："懂，要真懂。我从不讲我没弄懂的东西！"

曲线上协和

1918年，黄宛出生于北京。幼年时，黄宛家里经济相当富裕，父亲黄子美是中国银行高级职员，与徐志摩、梅兰芳、齐如山等名士交往极深，在20世纪20年代，曾同梅兰芳远赴美国。黄宛共姐弟四人，年龄依次相差一岁，名字都取自于北京的地名。长女黄宣，取字"宣武"；长子黄燕，取字"燕京"；次子黄宛，取字"宛平"；幼子黄昆，取字"昆明湖"。

每当家中有人生病时，黄宛父亲总是请一位从德国留学回来的医生为他们看病。父亲对这位医生的倍加尊敬让幼年的黄宛印象深刻，羡慕不已，决定以后要当医生。

后因父亲调职，黄宛举家迁往上海。然而，黄宛读初中时，父亲黄子美因银行倒闭而失业，家道中落，偏偏此时黄宛的父亲又出走了。

母亲只好带着他们兄妹四人回到北京，投靠亲人。全靠母亲一人的工作和勤俭持家维持生计。苦难促人上进，挫折催人发奋，在经过了动荡与不安之后，黄宛姐弟刻苦读书，小有名气，兄弟三人在北京潞河中学被誉为"黄氏三雄"。

黄宛虽然立志学医，但当时协和是贵族化学校，每年需要600元，可望而不可及。以母亲的收入，全家半年不吃饭，才能供给他入北京协和医学院的费用，于是他被迫放弃了学医的念头，选择了只需要300元的清华大学化学系。

1936年，卢沟桥事变爆发，日本发动了全面的侵华战争，清华大学被迫南迁。但他听说北京协和医学院有奖学金，就放弃了随清华南迁，毅然回到北平考入燕京大学医预系。后来得以顺利考上北京协和医学院，并获取"入学奖金"和奖学金共400元。这样家里每年只需要供他200元就行了，这比读清华大学还少100元。

遭遇尴尬

黄宛说，进了北京协和医学院以后，他才真正体会到了从医的艰辛和不易。北京协和医学院独特的教学方法、严谨的学风和注重实效与能力的严师，都给他留下了极其深刻的印象。他后来在漫长的从医生涯中所形成的工作作风和工作习惯，无不与北京协和医学院4年的教育有关。

有一次，董承琅让他们三四个学生给一个法洛四联症的白俄姑娘查体。黄宛几个人看到她口唇发绀，听诊心前区有响亮的杂音，还有典型的杵状指，

黄宛在协和医院解剖学系实验室阅读标本切片

便诊断为"法洛四联症",满以为可以向董承琅交卷了。

不料两个小时后,董承琅回来,先不问他们是什么诊断。开口便问,心浊音界叩出来、画好没有。他们被问得一个个瞠目结舌不知所措。继而董承琅又问:"最大心搏点在哪里?点清了没有?"4个人又傻了眼。脾气很好的董承琅看看他们,只说了一句话,"这是体格检查,不是猜谜语",便拂袖而去。

这时他们再查书,书上对如何顺序检查心脏写得明明白白,只好一个个灰溜溜地离去。这件事给黄宛印象极深,从此知道应该如何正规地检查心脏了。

北京协和医学院的考试是非常独特和十分严格的。期末考试时,住院总医生分配患者时忽然问了他一句:"你是南方人吧?"他原籍浙江嘉兴,便说:"是。"但他这个南方人生在北京长在北京,对老家话可是一点不懂。

黄宛的患者是13岁的来自江浙一带的瘦小男孩,一问病史便遇到麻烦。黄宛问的话他不懂,小男孩说的话黄宛不懂,时间一分一分地过去了,他们俩一个南腔一个北调,搞了近半个小时,病历结果等于零。做体格检查吧,体温正常,脉搏较慢,心肺正常,只是在查腹腔时,摸到脾大一些,其他正常。

黄宛连忙带去做血尿常规:除了白细胞偏低些,淋巴细胞高些,其他正常。一个小时很快去了,黄宛写的病史除有一个稍稍增大的脾和白细胞略低,近乎空空如也。诊断自然是做不出来。

斯乃博、刘士豪、钟惠澜三位主考教授提着马蹄钟来到黄宛和患者的面前时,黄宛只好说:"由于语言不通,我没有问到病历。"

"那么报告体检及化验吧!"

黄宛说:"只有脾大些,肝却不大。"再问化验结果,"只有白细胞低些,淋巴细胞高些。"

"你的诊断?"

"我没有做出诊断。"

刘士豪听了,气得就要走。

幸好钟惠澜教授是搞热带病的,再看斯乃博却还未动气,就问他:"就算没有病史，那么脾还大，白细胞低些，你考虑该是什么问题呢？"

这一问突然触动了黄宛的灵感，黄宛立即说："莫非他是个伤寒病初愈的孩子吧？！"当时紧张的空气似乎一下子变得轻松了，这么一句答疑把要离开的刘士豪请了回来，顿时使黄宛信心倍增。还获得了较高的评价。

黄宛也继承了北京协和医院重视患者的病史和体格检查结果的优良传统。大约在1954年，当时是陈新担任总住院医生，在某天深夜遇到一个患者难以做出诊断。在电话里黄宛只问了一句话："你详细做了体格检查吗？再去听听患者心脏。"陈新又详细听诊后，听到心包摩擦音，这样，急性心包炎的诊断就成立了。虽然经X线透视、摄片都为阴性，说明还没有形成心包积液。这个患者经收住院治疗后痊愈出院。

有一年，黄宛的弟弟黄昆院士因肺炎住到西苑医院干部病房，黄宛突然让人把已60多岁的陈可冀叫到病房，他指着胸部X线片说："这个胸片拍摄的条件不符合要求，你们以后要注意。"

良苦用心

1943年，黄宛毕业于北京协和医学院，并获得医学博士学位。1947年秋，以总分第一名的成绩，黄宛争取到了奖金，来到美国罗切斯特医学院学习。

他的学习热情像疯狂生长的树叶，如饥似渴，几乎没有在凌晨两点之前睡过觉，从未休过节假日。由于劳累过度，从此留下伴他终身的失眠症。

美国有位教授曾不解地问黄宛："你为什么这样勤奋？"他回答："我在这里时间有限，这么多新的东西，不这样怎能学会？"

半年后，黄宛去了条件和技术更好但竞争更激烈的芝加哥Michael Reese研究所进一步深造。在那里黄宛主要进行了右心导管的工作。美国在那里进修的医生只希望能亲自做导管插入，而对测血压、写分析报告不感兴趣，因此无论是谁做，最后都是黄宛收尾。分析血氧，写报告，让黄宛全面掌握了技术及结果分析。

黄宛在 Michael Reese 研究所工作的 2 年表现极为出色，不仅在心电学领域成绩斐然，还带动了该研究所心导管技术的发展。1948 年，黄宛成功进行了该研究所第一例心导管检查，Michael Reese 研究所的档案记录中明确将心导管术的发展过程分为"黄宛之前"和"黄宛之后"两个阶段。这位不满 30 岁的中国青年赢得了美国同行的一致好评，并开始承担教学工作。

1950 年，黄宛打算回到祖国。北京协和医院接到黄宛的信后非常重视，立即发来聘书，张孝骞主任亲自给黄宛写信催他回来。

黄宛当时还有不少奖学金，他准备等到用完就回来。但他想不通，张孝骞主任的儿女同样在美国学放射内科，怎么他不写信催她回来，为什么一个劲地催自己？黄宛当时很不理解。后来，黄宛回国后才知道，此时的北京协和医院各科室分得很细，他们没有心脏科的学科带头人，迫切希望他回来主持工作。

当时，北京协和医院，既乱又脏，战争的创伤留下了明显的痕迹，根本不像黄宛年少时在此读书的样子。实验室、图书馆都布满灰尘和蜘蛛网，不少贵重的医学仪器被拆得东一块西一块地摊在地上。这么大的医院都不能做心电图，更谈不上做心导管。全国的心电图技术几乎是一张白纸。

黄宛顿时感到自己身上的担子不轻，更明白了张孝骞主任催他回到北京协和医院的良苦用心。

张孝骞对他说："协和医院的恢复和发展要靠你们这些年轻人了，国家目前的情况是这样，只有靠自己的双手了！"

由于在国外时，黄宛主要是学习和研究心电生理方面的知识，临床方面比较薄弱。为了更好地挑起自己身上的担子，在北京协和医院这段时间，黄宛给自己制订了严格的学习计划：每天上午在病房看患者、学临床，从实践上学习；下午在研究室做实验，进行心脏病研究；晚上看书，从八点一直到次日两点，学习 6 个小时。按照这个计划，从 32 岁至 40 岁，8 年期间从未因故中断过，刻苦的学习为他今后的临床工作打下扎实的基础。

高端设备

黄宛被任命为北京协和医院心内科组主任时，全国的心电图技术几乎是一片空白，北京协和医院也只有一台1928年生产的陈旧心电图机。

摆在黄宛面前的心电图机满身灰尘。日本人占领北京协和医院以后，破坏了里面的一些零件。黄宛在清理过程中，发现心电图机的核心部分——"导丝"断了，便与方圻一起考虑把它组装起来。

协和医院的弦线式心电图机
右上图为工作原理图，正图显示的是主机，记录心电图的病人在各自病房经过电缆传到本室进行记录，记录仪挂在左侧墙上，记录出感光的胶片，台子上的圆形物是电磁体及弦线，右侧直立的是光源

心电图内的导丝直径仅有7微米，相当于红细胞的直径，肉眼仅在强光下能看其反射的光线，要装在窄于1毫米的缝隙中间，没有过硬的技术和丰富的经验是很难办到的。但黄宛与技术员刘士珍二人犹如黄金搭档，不但让老式心电图机苏醒，还把心电图机进行了改造，获得了极大的成功。

从此，北京协和医院不仅有了心电图机，而且能做十二个导联的心电图。这台已经工作了近30年已显龙钟之态的"功勋心电图机"，竟在黄宛和刘士珍的努力下一跃成为当时的世界级"高端设备"！

现在的医生觉得做心电图很简单，但在过去这是不得了的事情。

1957年秋，时任水利部部长傅作义自长江三峡考察后回到太原老家突然发病，总理立即指示黄宛速赴太原救治。当时的保健医生认为傅作义患的不是心肌梗死，而是胃肠炎，理由是他服药后呕吐得很厉害。

黄宛详细询问了病情，认为心肌梗死的可能性很大，于是问旁边的医生是否做过心电图，他们回答说这里没有心电图机，黄宛立即让他们马上给太原市所有的医院打电话，询问有无心电图机。最后终于找到了一台。经心电图结果表明，这是一个很明显的广泛心肌梗死，呕吐的原因不是胃肠病，而是服药不适。

60年的"圣经"

1951开始，黄宛就连续在《内科学杂志》上发表文章，介绍多导联心电图的诊断意义和使用方法，并积累了一些临床资料。他想，仅北京协和医院能做这样的心电图远远不行，我们要有一批掌握技术的专业人才。他决定举办全国性的学习班。

就这样，黄宛继承了董承琅的衣钵。1951年春，他在全国各大医院招收学员，每期五六名，学时为6周左右。那时没有多媒体之类教学设备或幻灯片等，黄宛和方圻拿着长达三尺多长的木制的"两脚规"，在黑板上比画，测量心电图的各项数据给大家理解。他们彼此关系很融洽，学员有问题随时问，黄宛总耐心地指导。掌握了技术后，黄宛对所有的学员要求说，回去后要迅速担任起教员的任务，继续办好小班。早期的一些学员现均已成为中国心血管界尤其是心电图领域的资

正式出版前油印的临床心电图学讲义

深前辈。

历史总是将责任与重担交付勇于承担、不畏艰难的强者。1956年，他以心电图培训班的讲义为基础，编著了第1版《临床心电图学》，由人民军医出版社出版发行。他的初衷只是为了更快地普及心电图技术，但黄宛由此确立了自己在中国心电学界的地位。

第一版发行后，到1960年已重印9次之多，后因原来的图形不清晰，人民卫生出版社与黄宛商量，要求再版，于是他以新的概念于1964年又重版了第2版《临床心电图学》，同时与陈新（时名陈星正）同志合编《临床心电图谱》。之后每隔10年修订1次《临床心电图学》，至20世纪90年代已发展为带有生理学知识的第5版《临床心电图学》。

1998年，80高龄的黄宛以极大的热情再度出了新版《临床心电图学》，谱写了人生的绝代华章。至今黄宛已出版6版印数达百万余册的《临床心电图学》，它依然是广心内科医生公认的心电图"圣经"！

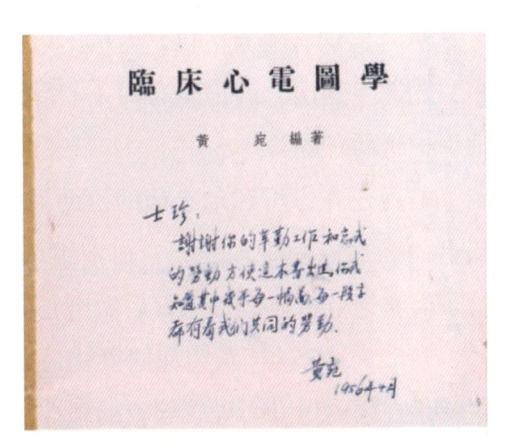

黄宛在第一版《临床心电图学》扉页的题词，该书中的每帧心电图图谱无一不经刘士珍亲手整理
文字为，"士珍，谢谢你的辛勤工作和忘我的劳动，方使这本书出版。你我知道，其中几乎每一幅图、每一段字都有着我们共同的劳动"

因陋就简

朝鲜战争爆发后，北京协和医院的工作和研究更加困难，心导管、电血压计、电血氧测定仪等仪器匮乏。

黄宛认为，作为综合性的北京协和医院仅仅有心电图不行，必须开展心导管技术，否则心脏病的诊断和治疗仍会很落后。

当时，仅有实验室供示范的F6和F7两支心导管。而美国的一条导管最多只用2～3次。因为只有两条心导管，黄宛就像保护自己的眼睛一样细心地保护这两条导管。

黄宛还在方圻和刘士珍的协助下，因陋就简地从废品仓库中找出个蒸汽锅上的表用以测平均压，自血液组取得一组简单、但难以操作的Scholander管子简略地分析血氧，为日后做出心导管各项检查打下了初步的基础。

1952—1955年，黄宛和同事就是凭着这两条导管为10个人做了导管检查，这就是在国内做右心导管检查的开端。

心导管检查最初用于先天性心脏病的诊断，继之观察二尖瓣狭窄手术前后运动耐量、心排血量和肺动脉压力的变化，在当时是唯一客观准确的检查方法。

自1956年开始，黄宛又采用传授临床心电图技术一样的办法，招收全国的学员办小班开展教学，让他们迅速掌握和推广应用心导管技术；另一方面在《内科学杂志》上介绍右心导管，使全国的医务工作者对此有所了解和掌握。

善于动脑

1962年，黄宛与其学生刘力生以"主动脉及其分支的炎症狭窄"为题的文章在《中华医学杂志》英文版发表

1958年秋，北京协和医院改组后，黄宛被分编到阜外医院，担任了阜外医院第一任的心内科主任。

当时的阜外心内科分为三组：高血压病组、冠心病组和一般心脏病组。黄宛在高血压组中研究发现，有一组青年患者血压极高，且多有一些轻度炎症表现，细心自腹腔听诊可以在肾动脉压区听到血管杂音,怀疑高血压是由肾动脉狭窄所致。手术治疗后患者症状明显好转,血压降至正常。

综合主动脉综合征、无脉症等类似病症,1962年,黄宛与其学生刘力生以"主动脉及其分支的炎症狭窄"为题,分别以英、中文写出稿件。英文在1962年《中华医学杂志》英文版发表,黄宛为第一作者、刘力生为第二作者;中文在1963年《心脏内科杂志》发表,刘力生为第一作者,首次提出"多发性大动脉炎"的概念。

20世纪70年代,日本大竹英雄也提出此概念,并到国外进行讲授。到了20世纪80年代初,大竹英雄到阜外医院讲学之时,刘力生便向他们介绍这一情况,并把1962年的文章拿出来给他们看,大竹英雄才顿时感到自己落后于中国,很诚恳地接受这一事实,承认是中国人最先提出这一概念,并希望要见到黄宛,尔后他们在发表文章介绍时始终把黄宛和刘力生的文章列为首例。

黄宛在从医过程中,无论是做临床还是搞研究,都善于动脑筋想问题,举一反三,触类旁通,善于捕捉有价值的新东西。

黄宛还开展了用低分子右旋糖酐溶液治疗Burger病(又称血栓闭塞性脉管炎)。他倡导的奎尼丁逐日增量法,使奎尼丁转复心房颤动效果好且安全性高。黄宛先后完成了胺碘酮、地尔硫䓬(硫氮䓬酮)、氟卡尼(氟卡胺)等抗心律失常药物的临床观察和实验室电生理研究。

1959年6月,黄宛教授认识到在地域广阔的中国进行冠心病危险因素的研究,仅北京是不够的,因此组织了我国部分地区冠心病危险因素研究协作组

他亲自试验，得到小静脉输液非常方便的结论。小小的发明带来大大的便利。

再次面临选择

1965年初，黄宛再次面临选择，继续留在阜外，去解放军总医院兼职，关系仍留在阜外；或是直接调去解放军总医院。

当时的解放军总医院建院时间不长，条件差，连病房和一些起码的基础设施都不配套，且位于很偏僻的西郊地区。不顾家人、同事和学生的劝阻，黄宛毅然决然选择去解放军总医院。

"我想既然组织上看中了我，总医院又需要我，即使有再大的困难也要克服。"黄宛说。

在解放军总医院，他创立的正压呼吸抢救急性左侧心力衰竭严重肺水肿患者的方法，被广泛采用，挽救了大量严重患者的生命；在为越南领导人治病时，他打破了心脏病患者做大手术的禁区，打破了当时肺癌患者活不过两年的说法。1982年，退居二线的黄宛进入专家组。他积极发挥自己的专长，开设英语学习班，义务教授英语，坚持了十多年，带了不少学生。

黄宛与曾获得诺贝尔奖的李政道、杨振宁都是好朋友，经常在一起交流心得。有人问黄宛与他们有什么不同，黄宛谦虚地说："他们两个人天分很高，而我自己的天分只能做到目前这样，达到了可能达到的范围。要说有什么不同，我想我的事业在祖国。"

整理/杨进刚　牛艳红

黄宛和解放军总医院李小鹰左1、范利左3、叶平左4合影

陶寿淇

以理服人，不卑不亢

与西方相比，中国医生队伍中能够脱颖而出，在医学史上留下自己脚印的人很少，但是心脏病学领域的陶寿淇教授却是其中的佼佼者。他领先世界医学20多年，最早认识并报道了抗心律失常药物的致心律失常作用，倍受世界医学界瞩目。

作为中国最著名的心脏病学专家，陶寿淇教授的德艺影响了中国几代心脏病科医生，他在心脏病和心电学领域的卓越成就至今令人感慨称颂，他用一生精力建立的旷世功勋足以傲视天下。

在他的带领下，中美科技协作项目——中美心肺疾病流行病学合作研究的研究成果，为我国心血管病预防指明了方向，有些美国人认为该项目是在帮助中国人，中国人似乎应听从他们的观点。陶寿淇教授则据理力争，表现出中国人不卑不亢的气概。

成就非凡

1918年3月，陶寿淇出生于上海，1934年以优异成绩考入国立上海医学院，1940年毕业后留校任内科住院医师。1947年，经母校推荐，授予他罗氏基金会奖学金，并选送美国哈佛大学医学院附属医院、麻省总医院和密歇根大学医学院附属医院进修心脏内科和心电图学。

在美国，他深得著名心脏病专家怀特（Paul White）教授和心电图权威威尔逊（Frank Wilson）教授的教益。1年之后回国，继续在国立上海医学院任教。1951年参加抗美援朝志愿医疗队，1952年担任上海华山医院内科副主任。1955年起任上海第一医学院医疗系副主任、上海中山医院内科主任，1958年晋升为内科学教授。复旦大学附属中山医院心内科也将陶寿淇教授作为奠基人。

新中国成立后，卫生事业蓬勃发展。20世纪50年代，全国仅有几个大城市的少数医院有心电图机。陶寿淇多次组织心电图学、心血管病诊断技术和心脏病学进修班的教学工作，分期招收心内科进修医生和研究生，为全国各地培养了100多名专业医师，促进了我国心内科专业的迅速发展。到20世纪60年代初，各中、小城市的医院和多数县医院都开展了心电图工作。

陶寿淇一贯重视科研工作，并取得了许多科研成就：1952年，34岁的他在国际上首先报道了"酒石酸锑钾在治疗日本血吸虫病过程中对心脏和心电图的影响"，以后又进一步证明，患者在治疗过程中发生晕厥和猝死的直接原因是锑剂引起的室性心动过速和心室颤动造成的，该研究结果在瑞典召开的欧洲心脏病学会上报告后，受到同道的高度赞赏。

1954年，报道一例应用奎尼丁诱发多形性反复短阵室性心动过速，有时心室颤动而导致晕厥，得出抗心律失常药物本身亦可导致心律失常，这一论

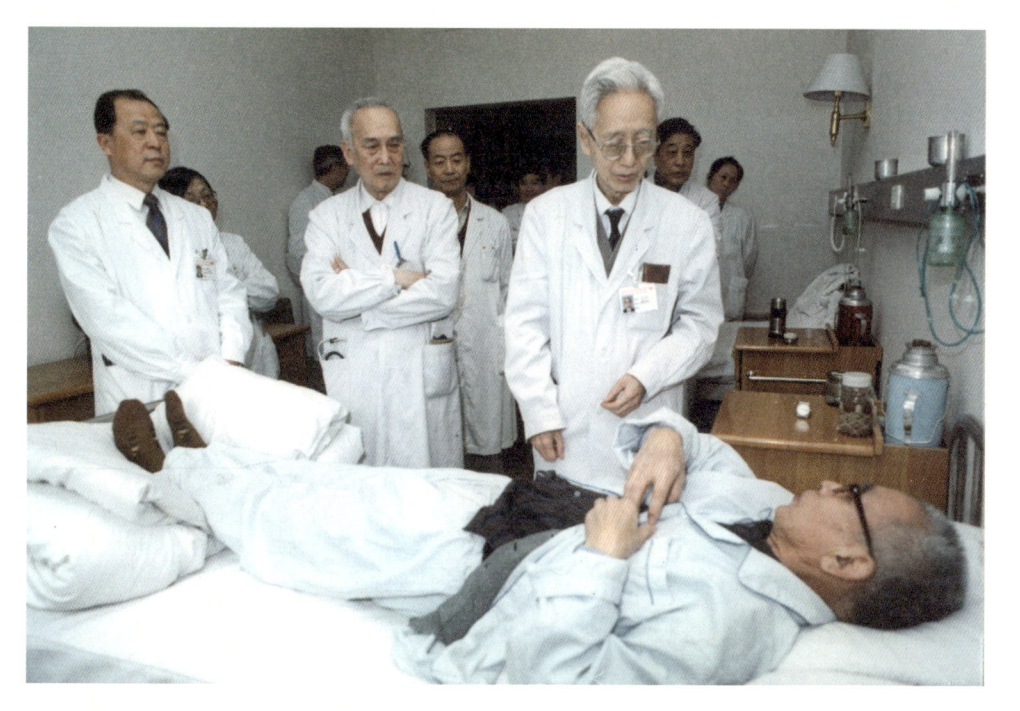

内科联合查房，前排右1为陶寿淇教授

点在当时国际上属首创。

1956年，他在临床实践中发现各种原因造成的体内缺钾，可使原来无心脏病者发生反复短阵多形性室性心动过速和心室扑动、颤动，引起晕厥或突然死亡，而经过及时静脉滴注足量氯化钾，患者可以完全恢复。

1965年起，他对并发休克的重型肺炎，弃用以往常规的血管收缩药，加强静脉内补液和纠正酸中毒，并在大多数病例中加用具有强心和扩血管作用，且廉价的异丙肾上腺素，以此降低心脏排血阻力，改善心功能和末梢循环，这种疗法使肺炎休克病死率由28%降至约5%，研究结果不仅是肺炎休克治疗本身的突破，也是对整个感染中毒性休克治疗方针的一次变革。

1966年，与上海医疗器械人员和第一人民医院协作，在国内首先将同步直流电转复疗法用于临床。

1974年，陶寿淇调任中国医学科学院中国协和医科大学心血管病研究所、阜外医院，任副院（所）长兼内科主任，1980年任院（所）长，1984年起任名誉院（所）长。

他到北京后担任阜外医院的领导工作，参与了国家"六五"至"九五"医学科技攻关规划的制订，促进我国医学科研的发展。他还亲自主持大规模临床试验和心血管病的人群防治，使我国心血管病流行病学研究走向世界。

中美合作

在1979年中美两国建交后，美国也派出了包括血管外科、心内科、流行病学专家的专家组来到我国，开展合作，这一合作就是20年。我国许多流行病学研究专家就是在这一时期培养和成长起来的。

1981年，吴英恺教授代表中国与美国签署的一个中美合作项目——心血管病和心肺疾病流行病学的队列研究，试点分别设在北京的首钢和广东番禺的造船厂。

陶寿淇受卫生部委托，承担中美政府间医药卫生科技协作项目——中美心肺疾病流行病学合作研究，与美国国立心肺血研究所合作，20年如一日，坚持开展流行病学调查研究，在全国范围内建立了以阜外医院为核心的16个心血管防治研究基

陶寿淇与朗方博士签订合作协议

地，用国际标准化质控的检验方法取得了大量有宝贵价值的研究资料，在研究我国冠心病和高血压病发病趋势和特点、发病因素，以及探索适合我国国情的人群防治经验等方面做出了重要贡献。

这是中国最早的一个大型的流行病学研究，将中国的心血管病流行病学研究的技术和能力直接提高到国际最高水平。在方法学、设计、操作和质量控制上及相关技术人员的培训上，这个项目起到了很大的作用。后来国内很多大型研究都是中美合作项目这个"星星之火"燎起来的。

在陶寿淇、蔡如升等专家的积极推动下，我国流行病学研究扩大到了舟山群岛、陕西汉中、山西盂县等10个流行病学调查基地。

因为有了中美合作项目，我国每年就有了固定的医生会送到美国去培训，隔年也会有美国专家来到中国共同参与讨论。从研究设计到具体的方法方面，我国参与研究的医生都受到了美国顶级专家的影响。

"当年参加这个项目的研究生如今基本都是国内顶尖的心血管病、流行病学的专家。"北京高血压研究所张新华说："中美合作项目是一个里程碑意义上的研究。我们的相关实验室是由美国的质量控制实验室直接管理的，当国内还没有太多计算机时，我们就已经开始使用了，大家还没怎么见过数据库的时候，我们就已经开始使用美国专门的数据库管理软件了。"

在中国工程院院士高润霖心中，陶寿淇的研究成果不仅为我国心血管病预防指明了方向，而且多次在国际学术会议上报告交流，为国际心血管病流行病学及预防医学提供了有价值的

陶寿淇是世界卫生组织（WHO）北京合作中心首任主任

重要资料，为我国心血管病流行病学在国际上争得了一席之地。

　　阜外医院陆宗良的文章中提到：在由陶老启蒙、支持和指导的国家"九五"课题；"血脂康调整血脂对冠心病二级预防的研究"——中国冠心病二级预防研究（CCSPS）遭到了一些人的质疑，但结果证明，陶老当年的决断是多么英明！这项研究的重大价值，在于它是由我国医学科技人员独立自主设计研究完成的科研项目。它是以古为今用、洋为中用、推陈出新的思维，用红曲加大米的发酵产物——现代中药血脂康，用常规剂量双盲安慰剂对照的方法，以临床事件为终点的大型、长周期的循证医学研究。历时8年的研究结果一经公布，就受到国内外同行者的认同与肯定，新华社、中央电视台、人民日报、科技日报及健康报等157家媒体做了广泛深度报道。这项"九五"课题的研究总结及其亚组分析结果已在国内外多种著名专业刊物上公开发表。此项成果，被中西医结合专家誉为近50年来中西医结合的四大成就之一，并荣获2009年度中国中西医结合学会科学技术奖一等奖。

不卑不亢

　　中美科技协作20年，期间在中美双方研究团队发生了许多有意思的小故事。据参与了该协作工作的阜外医院吴锡桂教授回忆，以Stamler教授为首的美方科研人员，总的来说对中方科研人员是热情和真诚的。尽管如此，在20世纪80年代初期，中国人在外国人的眼里可不像现在。

　　协作初期，在华盛顿一次讨论会议上双方争议某一问题时，美方一位官员在发言中表示这个协作是美国人在帮助中国人，中国人似乎应该感谢他们，听从他们的观点。为此，陶寿淇教授据理力争，表现出中国人不卑不亢的气概。

　　这时Stamler教授站起来发言说："中国人在很早就发明了火药和印刷，世界是公认的，这要说起来我们谁应感谢谁呢？"

这给吴锡桂留下了深刻的印象。中美协作的平等、互赢还表现在科研论文的撰写和发表的公平。吴锡桂说,每年开会双方少数年长的教授经过协商初步提出可发表论文的题目,经会上讨论后,确定执笔人和修改小组,最后由权威者定稿。中方可单方用中文发表论文,只需说明是中美科技协作的内容即可,这对吴锡桂后来处理国内与协作单位科研资料的使用和成果共享方面,提供了良好的范例。

劝小平"戒烟"

陶寿淇从医几十年的生涯里,相当长时间肩负着党和国家领导人及老一辈无产阶级革命家的医疗保健工作,他为此尽心尽力,也多次受到党和国家领导人的亲切接见和表彰。1995年获"保健工作特殊贡献奖"。

陶寿淇当年读书时就是一位品学兼优的好学生,曾获得国立上海医学院"金钥匙奖"。20世纪70年代调往北京后曾担任中华心血管病学分会主任委员、阜外医院院长。曾为毛泽东主席、周恩来总理、叶剑英元帅等中央领导人做过保健工作,也为多位外国首脑治过病。20世纪80年代初,作为中央高级保健顾问的他,开始了与一代伟人邓小平同志10多年的交往。

1989年5—6月,陶寿淇去看望小平同志时,小平同志正在抽烟。陶寿淇了解小平同志的身体状况虽无大碍,但近90岁的年龄仍然吸烟总不是好事。他决定正式同小平同志谈谈这个问题。

于是陶寿淇对小平讲:"我们医生希望您长寿,全国人民也像医生一样希望您长寿。现在还继续吸烟对您的健康是不利的,还是不吸了吧。"大概是温文尔雅的陶寿淇过去给邓小平同志看病从未用过这样的语气,也许在过去人们也劝说过,小平同志真的有所触动,当时,他看了看手中燃烧的香烟,又望了望陶寿淇说:"不抽也可以么,不抽了。"说完便把烟蒂丢入烟缸。

令陶寿淇没有想到的是,他原以为小平同志只是说说而已。一个老人,几十年的习惯，就这么点"喜好"和"享受"，要突然戒掉确实也为难。后来他从小平同志亲人处了解到，自那次后，小平同志就再没有吸过烟。

陶寿淇当时甚为感慨："从这件事可以看出，小平同志确实是一个毅力和意志非常顽强的人，说不做，就从此不做，坚决不做。也正是这种坚强的性格使他无论在怎样的逆境中都绝不退缩，永远前进。"

陶寿淇主持国际研讨会

以理服人

陈灏珠院士当年在中山医院完成打基础的住院医师岁月后，面临专业选择。他没怎么多想，就挑了当时还不热门的心脏科，原因相当单纯："心脏科的陶寿淇教授身为医学大家，没有半点架子，待人很和气。我乐意追随这样的老师。"

陈灏珠说，陶寿淇在担任中山医院内科主任一职时，他是主治医师兼科研秘书。学院决定选择一些业务骨干予以重点培养，陈灏珠被选为心血管专业的培养对象，他被定为导师。对此他欣然接受，并和陈灏珠一起制订了培养计划并付诸实施。

1957年，陈灏珠被送到中国医学科学院北京协和医院参加由黄宛和方圻两位教授主持的"心脏导管观摩班"。回到中山医院后，他在陶寿淇教授的支持下建立了心导管室，通过大量的右心导管检查确诊大量的先天性心脏病和风湿性心脏病，使这些患者得以接受外科手术矫治。

1954年，在陶寿淇教授的指导下，陈灏珠在《中华内科杂志》发表了"心肌梗死"的论文，在国内首先提出了"心肌梗死"这一疾病术语，并首先用心电图单极胸导联诊断和定位心肌梗死。

1974年，陶寿淇奉命调到北京工作。陈灏珠于同年被任命为中山医院心血管内科主任。

陶寿淇毕生著述甚丰，他和董承琅合作主编的《实用心脏病学》是我国第一部也是最有影响力的心脏病学专著，当时，陈灏珠也被邀请参加编写部分章节。陈灏珠成为参编成员最年轻的一位医师。20世纪70年代末，陈灏珠受命主编《中国医学百科全书：心脏病学分册》。这次，是陈灏珠邀请董承琅、陶寿淇两位教授和黄宛教授任特邀编委。

陈灏珠说，陶寿淇对下级医师一向要求严格，但从不疾言厉色，总是以理服人，使人在受教时如沐春风。

严谨治学

在张新华心中，陶寿淇是一个做事极其严谨的人。张新华回忆："1985年，我当时在阜外心血管病医院读研究生，我们做的项目主要是中美合作项目以及之后的'六五'至'九五'等卫生部的科技攻关项目。我们经常有和陶寿淇教授、刘力生教授合作的机会，特别是在大量的外事活动中，与陶教授接触的时候会更多。"

张新华说："阜外医院作为世界卫生组织心血管病研究与培训合作中心，陶教授作为主要负责同志每年都要向世界卫生组织提交相关的报告，其中有一些报告就是

陶寿淇与吴英恺对94万人群高血压调查进行质量控制

1986年，流行病研究室团队合影

由我们这些研究生来起草，然后经过陶教授修改之后，再向世界卫生组织提交。"

从1985年以来，张新华和陶寿淇在一起工作了很长时间，对陶寿淇很敬佩。"我对陶老最佩服的就是他在学术方面的严谨，可以说他是我们见过的心内科学者中少有的严谨。看过他写的文章就会嗟叹，每一句话的用词都是经过慎重斟酌推敲的，代表了他对该领域在全球进展的认识。他并不是在得到一个数据后，大放厥词以吸引众人目光。"

"对于一些退回来需要返修的稿件陶寿淇教授总是会一字一句地仔细修改，甚至于用橡皮擦除原有笔迹时，都擦得分外干净，新写上去的文字看不出有丝毫修改的痕迹。这让我们这些修改文章潦草的研究生简直无地自容。"张新华说。

陶寿淇不论是向国内期刊、国际期刊投稿，还是大会发言，都会让人感到其言辞间的分寸拿捏得恰到好处。陶寿淇常常说："一个研究设计、一个数据分析，得到的结论应该是客观的，做事应该有严谨的治学态度，而非浮夸。"

整理/张雨　陈惠

蔡如升

看问题的角度决定了结果

蔡如升在北京协和医学院就读期间,成绩不算优秀,他就靠夜以继日地学习来弥补。1941年毕业后,蔡如升留院任住院医师;1956年,西郊黑山扈122结核病疗养院改组成解放军胸科医院(阜外医院前身),蔡如升被任命为副院长。

1972年,在蔡如升的带领下,阜外医院成立了肺心病研究室,以诊治各种肺血管疾病如肺栓塞、肺动脉高压和肺源性心脏病(肺心病)等方面的独到之处闻名全国。他在肺结核病的治疗、肺心病的早期诊断、呼吸功能衰竭的抢救和降低死亡率方面做出了贡献,是开疆拓土的功臣。

1981年,65岁的蔡如升又作为主要领导人之一参与了"中美心血管病和心肺疾病流行病学合作研究"。那是中国心血管病流行病学研究走向世界的标志性研究，使中国心血管流行病学在国际上占有了一席之地。作为心血管病流行病学研究生导师，他还为我国培养了这个领域的首批研究生。他曾说："看问题的角度决定了解决这个问题所花费的时间和精力，甚至结果。"

在"文革"期间，是蔡如升以坚定的信念和宽厚谦慎的作风，团结医院领导和广大职工，想方设法继续开展新手术，进行科学研究，共同安定当时的混乱局面，使院内的医疗和抢救工作能够正常运转。

蔡如升为人谦和，光明磊落，顾全大局，从不计较个人得失，他内在的坚韧，让阜外医院度过了最困难的时期。

他的标签是勤奋

1915年12月，蔡如升出生在福建厦门的一个清贫家庭，家里有三个男孩和一个女孩。虽然生于动荡年代，有时候连饭都吃不上，但治病救人的梦想一直扎根于蔡如升的心底。为此，他勤奋读书，通过自己的努力考取了厦门大学化学系医学预科，再后来以优异的成绩考入北京协和医学院。

勤奋是蔡如升的标签。蔡如升之子蔡尤伯回忆，"在北京协和医学院学习期间，学校实行淘汰制，全班60个学生，第一年就要淘汰1/3。另外，北京协和医学院实行全英文教学，而父亲普通话都说不好，更别提英文了，所以适应得慢，神经一直紧绷着，害怕被淘汰。父亲并不聪明，成绩不算优秀，所以只能靠夜以继日的学习来弥补。"

在北京协和医学院就读期间，蔡如升靠

青年蔡如升

奖学金维持生计，唯有以坚持不懈的努力来感谢这得之不易的学习机会。他总是早出晚归，学习就是他唯一的活动。

1941年毕业后，蔡如升留院任住院医师，一直到太平洋战争爆发；1947年8月—1948年7月，蔡如升教授赴美国霍普金斯医学中心进修结核专业；1948年8月，赴丹麦哥本哈根血清研究所学习。国外先进的医疗环境和优厚的待遇没有留住这位爱国的游子，蔡如升毅然回国。

据蔡尤伯回忆，父亲在他心中永远是忙碌的、执着的，"不是在实验室就是在临床，很少在家陪我们，80多岁的时候还坚持查房，可以说一直没有离开过一线"。他的这种勤奋精神感染着身边的人。

他的学生、北京大学医学部临床研究所副所长武阳丰这样评价自己的导师："他对工作一丝不苟，对科学的追求没有止境，永远朝着认定的方向不懈地前进。"

防治结合治疗结核病

20世纪40年代以前，人们得了肺结核就如同被宣判了死刑，肺结核又常与贫困相伴，本来症状较轻的患者往往因无条件治疗和休养而演变成重症。

当时，国外已经有了基本成型的结核病防治方法。蔡如升与裘祖源和何观清、朱宗尧等选择卫生示范区内部分婴幼儿、小学生、中学生、孕妇，以及北平西城的辅仁大学、西北郊的燕京大学的师生、员工，和河北省定县的部分农村居民等各类人员，共计两万多人，进行了结核菌素试验和X线胸部检查相结合的流行病学调查研究，这一研究花费了2年时间。

如此大规模的调查研究为日后结核病的防治工作打下了坚实的基础，同时蔡如升也提出了自己的结核防治核心理念：早发现、早治疗。他提出，对已发现的患者进行登记管理、家庭访视，同时加强宣传教育等，与今天提倡的健康管理理念不谋而合。

蔡如升通过大量的科学研究，证实口服卡介苗预防和控制结核病在中国人群中有效且并发症较少，对在全国推行口服卡介苗和接种卡介苗工作起到了指导作用。

为了使自己的理念和治疗方法得以广泛应用，迅速加强结核病防治队伍的建设，蔡如升曾多次举办结核病学习班，亲自担任讲师，不辞辛苦地培训在职医生和各级医务人员，培养了许多结核病防治专业人才。

武阳丰说："蔡如升教授对我影响最大的是，他看问题不是割裂的，不是以某个学科为向导，而是以某个问题为向导，寻找正确的解决办法。而且他深知预防的重要性，那个时期既懂治疗又擅长预防的专家很少，他就是其中之一"。

陶寿淇和蔡如升教授等查房

关注学术研究的视角，是蔡如升对武阳丰的重大影响，"看问题的角度决定了解决这个问题所花费的时间和精力，甚至结果"。

与此同时，蔡如升在我国较早开展了矽肺、石棉肺的早期诊断，并提出了我国的矽肺诊断标准。1955年发表的《人工气胸治疗肺结核513例的临床分析》一文，对人工气胸的适应证及疗效做了更加明确的分析研究。该论文被推荐到罗马尼亚第七届全国结核病会议上宣读，受到国内外同行的高度评价。

创立肺心病研究室

1956年，总后卫生部决定将西郊黑山扈122结核病疗养院改组成解放军胸科医院。组建新的医院首先要选拔人才，蔡如升被任命为副院长，自此开始了心胸方面的研究。

1972年，在蔡如升的带领下，阜外医院成立了肺心病研究室（肺血管病诊治中心前身），以其收治各种肺血管疾病如肺栓塞、肺动脉高压和肺心病等方面的独到之处闻名全国。

1973年，蔡如升率领全国肺心病专业协作组，先后7次组织全国和华北地区肺心病专业学术会议，带动全国有关单位深入开展肺心病早期诊断、缓解期中西医结合治疗、呼吸器临床应用、血气分析等临床研究工作，制订各项诊断标准、治疗策略，交流经验并进行普及推广，逐渐织就了一个遍及全国的肺心病防治研究协作网。

经过卓有成效的研究和实践，全国肺心病住院病死率、严重并发症的发生率大幅度下降，造福了难以计数的患者。1980年，他被世界卫生组织聘请为亚太地区老年学临时顾问；1985年，他牵头的"慢性肺源性心脏病的诊断、治疗和病理研究"获卫生部科学技术进步二等奖。

带领流行病学研究走向世界

1981年，蔡如升已经65岁了，他又作为主要负责人之一参与了美国心肺血研究所、阜外医院及广东省心血管病研究所的合作项目"中美心血管病和心肺疾病流行病学合作研究"。那是一项中国心血管病流行病学研究走向世界的标志性研究，使中国心血管流行病学在国际上占有了一席之地，也是最早最有影响力的一次流行病学研究，给政府制定相关政策提供了强有力的数据支持。

这项研究长达20年，开创了流行病学研究的新纪元。蔡如升主要领导了

蔡如升主持全国第三次肺心病心功能专题座谈会

肺病方面的研究，引进和吸收了一整套国际标准化的研究方法，检测了1万人，获得了大量的宝贵资料。

武阳丰回忆说，那次研究并非针对患者，而是普通大众，所以不能坐在医院等人上门，而是要背上各种仪器去敲开老百姓的家门。"非常辛苦，1万人的数据听起来容易，实施起来非常困难，很多老百姓不理解，常常吃闭门羹。"

在这种情况下，蔡如升带领队伍迎难而上，解决了很多难题。通过那次研究，我国学者识别了心血管病和心肺疾病的类型与危险因素的特点，找出了中国和西方人群之间的许多相同点和差异，创建了疾病和危险因素谱，明确了社会经济状况和不良生活方式间的关系，使我国首次在慢性阻塞性肺病流行病学领域取得了与国际可比的资料。

"蔡如升长期从事肺结核的防治、肺心病及呼吸功能的研究工作。在我国肺结核病的治疗、肺心病的早期诊断、呼吸功能衰竭的抢救、降低死亡率等方面做出了重要贡献,是开疆拓土级的人物。"武阳丰评价说。

以身立教 为人师表

作为心血管病流行病学研究生导师,他为我国培养了这个领域的首批研究生。在阜外医院工作的几十年间,蔡如升桃李满天下,如今很多学生已经成为行业翘楚,蔡如升的理念也被一代代传下来。

武阳丰清晰地记得第一次见蔡如升时的场景,"1984年,我到阜外医院参加研究生面试。第一次到北京,又第一次见到学术地位那么高的教授,非常紧张,在口语考试时有点结巴,有些词卡了壳,但是蔡如升没有为难我,不断地鼓励我,有的地方还做了提醒。我当时就觉得,这位老师真和蔼,要是能成为他的学生就好了"。

后来,武阳丰如愿以偿地拜在了蔡如升的门下。"虽然蔡如升对我们要求很严格,但是那种严格绝不是训斥和责难,而是谆谆教诲。他没有高高在上的架子,非常平易近人,总是站在我们的角度考虑问题,最大限度地为我们提供学习、生活条件。"

如今已为人师的武阳丰深刻地体会到了蔡如升的良苦用心,"就拿面试这件事来说,我也像蔡如升那样做的,因为面试是为了全面了解一个学生的状况,而不是故意出一些怪题、难题来难倒他。态度和蔼一些,给学生的空间大一些,反倒能够更好地达到面试的目的"。武阳丰说,

蔡如升(左2)和吴英恺(右2)在石景山

"慢性肺源性心脏病的诊断、治疗和病理研究" 1985年获国家卫生部科技进步二等奖（右1蔡如升）

随着年龄的增长，蔡如升的人格魅力对他的影响越来越大。

武阳丰又举了几个例子：学生经过千辛万苦完成的论文，很多导师会加上自己的名字，有的还以第一作者自居，而蔡如升从来不会署上自己的名字；多方合作的研究，主要领导者可能有几个人，有的人会为了排名争来争去，而蔡如升则从来都是谦让，不在乎排名先后；有的导师认为，弟子是自己的附属品，绝不能逾越自己的管辖范围，而蔡如升则允许弟子参与其他的研究，拓宽弟子的知识层面。

"读硕士研究生期间我师从蔡如升，读博士研究生时则转到了同一科室另外一位专家门下。如果学生这样做，有的导师会认为他背叛了师门，通过各种手段制造麻烦，也不会同意转投。但蔡如升不会，他很痛快地答应了我的请求，我想他是真正站在学生的角度考虑问题，希望给学生更大的发展空间，希望学生从事自己爱好的研究方向。"武阳丰感慨道，自己遇到了一位好老师，"正因为如此，当有一位直博的学生提前向我申请出国时，我想都没有想就答应了，这就是蔡如升潜移默化的结果。"

内在的坚韧

蔡如升任阜外医院副院长期间正逢"文革"，正常的医疗秩序被打乱，一些科室被取消，一批以院长吴英恺为首的专家，纷纷被迫离开本职工作岗位，进行劳动改造。庆幸的是，在其他医院纷纷停业的情况下，阜外医院仍在正常运转。

内科大查房

1984年，流行病研究室陶寿淇（右2）、蔡如升（右4）与首钢医院院长研究流行病调查协作项目（吴锡桂左1）

蔡如升以坚定的信念和宽厚谦慎的作风团结医院领导和广大职工，想方设法继续开展新手术，进行科学研究，使院内的医疗和抢救工作能够正常运转。

回忆起那段岁月，胡镇祥说："蔡院长为人谦和。他那种内在的坚韧让阜外医院度过了最困难的时期。他和我们大家一起共同度过了艰苦的时光。"

蔡如升的学生对他的评价是：一生光明磊落，待人诚恳，作风谦和；顾全大局，一心为公，从不计较个人得失，堪为后人之表率。

整理 / 李正

陈新

自己明白，才能让别人明白

1978年3月，在北京举行了全国科学大会，被称为"科学的春天"，在那次世人瞩目的大会上，或许不会有太多人注意到一家来自偏远地区的青海省的高原心脏病研究所被授予科技进步奖。

一年后，这个去支边、却创立青海省高原心脏病研究所的医师回到北京，回到了他阔别多年的阜外医院。

他在阜外医院提出了心电生理的概念，并创建了我国第一个临床心脏电生理研究室。此后，我国心脏电生理事业迎来了"春天"。

陈新，是一个习惯站在别人身后、常常"以其昭昭使人昭昭"的师者。

立志济世

1929年,陈新出生于上海。他的童年在侵华日军的枪声和不断的逃难中度过,母亲因病去世,妹妹被日军残害。疾病和战争带来的苦痛过早地锤炼着陈新幼小的心灵,使他从小便立志从医,以"解救天下苍生,济世活人"为人生理想。

1947年,陈新考入上海医学院,结束6年的医学生涯后,就职于北京协和医院。在这个名医荟萃的舞台上,他遇到了张孝骞、林巧稚、黄宛等众多医学界泰斗。

"他们独到的医学思想、精湛的医术深深地影响了初涉医道的陈新,这让当时对医学求知若渴的他兴奋不已,他感到了医学海洋的浩渺,却更加坚定了自己对医学的不懈追求"。陈新后来的学生张澍说。

在"医学海洋"中徜徉的陈新很快就有了实践"济世活人"的机会。1953年,北京协和医院组织医师前往朝鲜战争北朝鲜一线提供医疗支援。陈新主动请缨,1953年3月到1954年10月参加朝鲜战争,在中国人民志愿军后勤司令部直属医院工作,治疗和抚慰战士的伤痛。

1956年,北京市修建密云水库,陈新又主动参加了由十几家医院的医师在水库工地上建立的"前线医院",救治工人患者。

1958年9月,陈新被调往阜外医院做内科主治医师,参与了医院的创建工作。

"文革"期间,国家对阜外医院进行整合调动,陈新被派往青海支援医疗。但他没有去组织替他安排好的西宁市,"支援西部就应该到最需要的地方"。在这样的"要求"下,他

1955年,陈新从朝鲜回国

1960年，陈新（前左2）、吴宁（前左3）和蒋文平（后左2）在阜外医院合影

被调去了昆仑山脉与阿尔金山交汇之处的茫崖石棉矿区。

在这片含氧量不及平原地区70%、年平均气温仅1.6℃的高原地区，陈新发现有太多生病的矿工患者需要救治。他不分白天黑夜，随叫随到，实践着当年许下的"济世活人"的理想。那些被救治的矿工争相邀请他去家里做客。张澍回忆，"常常是刚到一家，就有另一家来请，还没有坐多久，就被另一家人拽到家里，就这样一家一家地请，一家一家地去，直到半夜才回自己家"。

但是，忙碌和喧嚣过后，是迷茫和孤独。这里的患者需要他，但他最终要往哪里去？但不管去哪里，他更需要明确的是自己的医学方向。陈新在孤独时读书，阅读了大量国外医学文献，对心脏电生理有了逐步深刻的认识，为后来创办心脏电生理研究室打下了扎实的基础。

1974年，陈新被调往西宁，曾担任青海医学院内科学系讲师、青海医学院附属医院心血管病研究室副主任。为了更好地推进青海省心脏病学事业的发展，他牵头联合西宁几位专家，创建了青海省高原心脏病研究所，这是我国第一个高原心脏病研究所。在任命研究所所长时，他却把机会让给当地医师，自己只担任副所长职务。

1978年，在全国第一次科学技术大会上，高原心脏病研究所因为取得了骄人成果而在大会上获奖。身为副所长的陈新完全可以顺利回京，出人意料的是，他又一次把机会让给了别人，自己在那个艰苦的地方多待了一年，直至1979年才回到北京。

开创之功

回到阜外医院的陈新，愈发认识到心脏电生理对心血管疾病治疗的重要意义，想创建一个心脏电生理研究室。

"临床心脏电生理学诞生于20世纪60年代，以有创性心脏导管技术为主要手段，迅速成为诊断和研究心律失常的一项可靠方法和有效工具，极大地提高了人们对心脏电活动和各种心律失常发生机制的认识，并在心律失常的正确诊断、治疗方法选择和预后判断等方面，为临床医师提供了重要的，甚或决定性的依据。"多年后，陈新这样总结心脏电生理的意义。

但在当时，当他提出心脏电生理这一概念时，却招致很多人的不解和反对。张澍说："由于当时学术界的不理解，不但没有给予支持，反而进行反对并阻挠。"

陈新没有放弃。他一次次找医院领导谈及相关事项，向身边同仁解释心脏电生理的意义。1979年9月，经过反复申请和大量筹备工作，陈新终于在阜外医院创建了心脏电生理研究室，这在我国乃至亚洲心电生理领域都具有里程碑意义。

陈新给进修医生讲课

此后，陈新和他的研究室在我国心电生理领域开始了一系列开创性的工作。带领研究室的孙瑞龙教授和胡绳俊技师在我国首创了临床心脏电生理检查的方法学，并记录到人的希氏束电图，填补了国内空白；20世纪80年代初，使用心脏程序电刺激方法，率先开展对预激综合征和心动过速电生理机制的研究，为后来在我国广为开展的射频消融根治心动过速奠定了理论基础、积累了实践经验；在国内率先开展射频消融的动物实验及临床应用，完成了全国最大系列病人患者射频消融治疗，数量及成功率均为全国第一；在我国首先开展心律转复除颤器植入术；完成了全国最大数量的心脏起搏器植入术，建立了全国最大最早的心脏起搏器植入资料库；培养了大批心脏电生理医师和研究人员，成为我国心脏电生理起搏的摇篮。这些学术贡献无疑对我国心电生理和起搏事业的发展起到了巨大的推动作用。

1994年，陈新联同黄宛、吴宁一起向中华医学会申请成立了中华医学会心电生理和起搏分会，并当选主任委员。他带领学会成功地举办了8次全国学术

1994年，陈新、黄宛和吴宁等申请成立中华医学会心电生理和起搏分会，陈新当选主任委员，图为第一届委员会合影

大会和多次学习班，交流电生理与起搏器应用成果，探讨发展前景，有力地推动了我国电生理和起搏技术的快速发展，缩短了与国外先进技术水平的差距。

为了推动心律失常学研究，提高临床疗效，陈新还于1997年创办了《中华心律失常学杂志》。1997年，陈新与胡大一为我国取得第七届亚太心脏起搏及电生理大会的主办权，共同担任大会组委会主席，这也是首次在中国举办的心血管病领域内规模最大的国际学术大会，使我国心电生理的科研成果正式登上国际舞台。

2003年，陈新作为第一完成人的"心脏起搏及埋藏式心律转复除颤器治疗技术的开展应用及临床系列研究"获得国家科学技术进步奖二等奖。

阜外医院在申报该成果时介绍，他们于1972年开始在国内最早开展起搏器植入术，其中生理性双心腔起搏器比例占61%，居全国领先水平，起搏器5年（1996—2000年）并发症<1.3%，远远低于国内平均水平，达到国际先进水平。而且，他们在全国推广起搏器基本技术及新技术，并为当地培训起搏专业人才，使许多患者在当地得到了及时的治疗，为患者节省了大量费用。

在开创和推广心电生理和起搏技术的同时，陈新时刻关注这些技术在临床实践中的规范操作问题。20世纪90年代初，陈新组织编写了我国心律失常介入治疗的各项诊疗常规，如《射频消融术指南》《心脏起搏器及心内转复除颤器治疗指南》《心房颤动治疗指南》。后又组织中华医学会心电生理和起搏分会专家工作组起草并发表了《心房颤动目前认识和治疗建议》等一系列诊断和治疗的指南性文件，为我国医师的临床操作指明了方向。

1996年以来，他3次召开全国性心电图标准化研讨会，制订了心电图机标准化、心电图操作标准化、心电图测量标准化、心电图名词标准化和动态心电图工作标准化等一系列临床心电图工作指南，为我国的心电图标准化建设做出了开创性的工作，深受心电图工作者的好评。

传道授业

在张澍的印象中，陈新就是韩愈笔下的"传道、授业、解惑"的师者，谦虚严谨，眼界开阔。

早在1965年，陈新与黄宛共同主编了我国第一部心电图专著《临床心电图图谱》，1997年以后又出版了《临床心脏起搏和电生理学》与《临床心律失常学》，囊括了30余年来临床心脏生理和起搏领域里最新理论与临床进展。其间，他还主译了《冠心病监护手册》和《充血性心力衰竭》两本书，将国际上先进的学术引入到中国。

陈新和张澍、张奎俊、华伟、陈柯萍、马坚合影

陈新传授的不仅是技术和知识，他还言传身教给后辈治学之道。

在担任《中华心律失常学杂志》主编时，陈新曾遇到一篇涉及他不太熟悉的外科手术内容的文章，他不厌其烦地多次与作者沟通，直到了解整个手术过程才放心。有编辑对他说，这篇文章已经有专科审稿人审过，为何还要如此"较真"？陈新说："我是杂志的主编，对每一篇文章都应了解，这样才能在学术上把关。"

他的眼睛不会遗漏文章里的每一个字，包括参考文献。张澍说："他看完文章有时会在一些参考文献旁边用铅笔写上'查一查'，编辑查过以后果真能查出一些小问题，让人不得不佩服他一丝不苟的工作作风和业精于勤的精神。"

他还经常亲自查阅文献资料。"我虽然不在临床一线工作，但一定要了解学科的发展，这样才能起到一个主编导向的作用。医生如果3个月不看文献就会落后，半年不看文献就会被淘汰。"他这样告诫自己的学生，也谨守着自己的诺言。

到了晚年，陈新更加关心中青年医师成长。

1998年，在陈新的支持下，马长生在中日友好医院开展了中国第一例心房颤动导管消融手术，之后开展了艰难的心房颤动射频消融之路。"当时，由于手术的成功率低、并发症高，术中经常发生心脏穿孔、心脏压塞需要抢救的情况。因此，国内有很多反对的声音，很多还出自老专家之口"。张澍回忆，陈新能感受到马长生面对的压力，坚定地站在马长生身边，一如既往地支持和鼓励他。

在第一届全国心房颤动会议上，陈新亲自上台表示，支持年轻人的创新和进取。此后，心房颤动导管消融治疗逐渐在国内开展，并接近国际先进水平。"正是由于年轻的专家们锐意进取、不怕困难，才使我国心房颤动导管消融的发展紧跟上了国际先进水平，年轻人代表了未来发展的方向，我们一定要支持他们。"陈新后来又多次表示。他还拿自己有阵发性心房颤动病史的身体作"担保"，"只要你们做到1万例心房颤动射频消融手术，那么我将是你们的第一万零一个消融的患者。"

2012年6月12日，陈新在北京逝世。在阜外医院发布的讣告里，陈新以"我国现代心电生理与起搏事业的奠基人之一"的身份与他关爱的后辈们告别。"一颗巨星陨落，但点燃了一颗颗新星。"张澍说。

张澍总会想起老师陈新给他们的教导——"君子之道，以其昭昭使人昭昭，不能以其昏昏使人昭昭。"这句话出自孟子，意思是，贤人先使自己明白，然后才去使别人明白；今天的人则是自己都还没有搞清楚，却要拿着自己的不明白而让别人明白。

正如陈新自己曾在总结心脏电生理发展历程时所说，"展望未来，我们意气风发，豪情满怀。衷心希望在不久的将来，心律失常这个人类的头号杀手最终将被完全征服""中国学者的名字将与新的重要研究成果和关键性治疗技术联系在一起"。

整理 / 文休

刘力生

不计较个人得失

1957年，解放军胸科医院（阜外医院前身）建院的第二年，刘力生来到了这里，从此与阜外结下了一生不解的情缘。

过去，我国学术水平远远落后于国际。刘力生和同道的工作则改变了这一现状。她也用事实说明，中国在开展大规模临床试验上，有着自己的优势；通过临床试验与国际接轨，中国人也发出了自己的声音。

刘力生认为，无论哪个领域，成才之道都无捷径可走。如果说她曾取得某些成功，那也主要是由于有良好的教育和前辈的指引。

"个人勤奋自然是必不可少的，尤其重要的是要以事业，而不是以个人得失为人生目的。"刘力生说。

协和

刘力生走上从医之路，似乎是一件再自然不过的事情：父亲是老北京协和医学院毕业生，家中的七兄妹中多有从医者。孩提时代的刘力生和小伙伴们玩耍时，最喜欢的就是给人"开方子"，她也因此得了一个"小大夫"的头衔。

1930年，两岁的刘力生随父母迁往南京。在家开设了私人诊所的父亲有个雷打不动的规矩：给穷人看病不收钱。她父亲从不在意个人钱财，他常常告诫子女，待人要宽厚。

刘力生于1949年考入北京协和医学院。当时的体检课是邓家栋教授教的，他说医生应当有鹰一样锐利的目光，能够捕捉到细微的体征。实习医师必须进行全面体检，包括肛门指检。

刘力生班上的一位同学恰是用这种看似多余的指检，曾发现了一位患者的早期直肠癌，使他早期得到根治，并40年后仍健在。

刘力生很喜欢临床，也非常喜欢参加当时由张孝骞主任和朱贵卿、张学德、文士域、张安等研究室主任参加的联合查房。她说，他们以对患者十分负责的精神，分析讨论诊断和治疗问题，许多知识和宝贵经验是书本里找不到的。

收治每个患者，对刘力生来说都是一张新考

刘力生在北京协和医学院的解剖课上

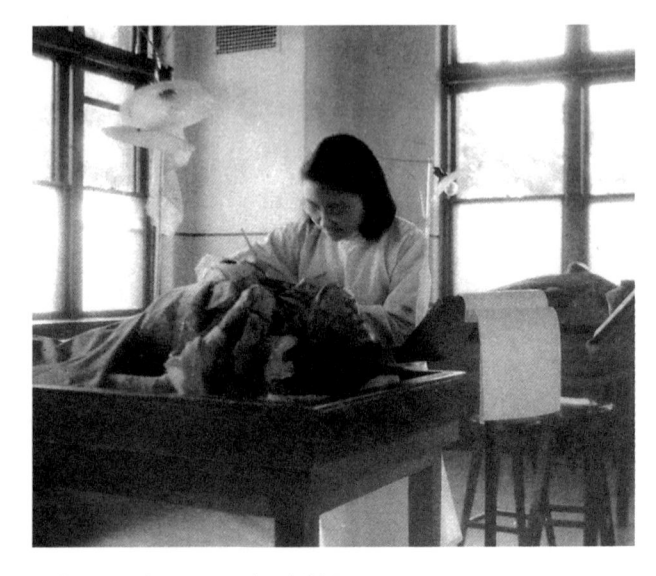

卷。临床工作的确很累，刘力生就是在这样日复一日、年复一年的锤炼中成长和成熟起来。

她愿意多收患者，多做化验，也爱在节假日替别人值班，借此机会去熟悉其他患者，从中学到更多的知识和经验。

在北京协和医学院内科度过的3年实习医师和住院医师生活是24小时负责制度。"紧张充实，自己也感到一种愉快和满足。"刘力生说。

启蒙

虽然刘力生记不清非常确切的数字，但在20世纪50年代的北京协和医院，吴英恺领导的胸外科床位不足15张，学科发展的空间受到了限制。

于是，吴英恺在1956年带了一批人，来到北京西郊的黑山扈，组建解放军胸科医院。

刘力生正式来到解放军胸科医院是在1957年。她跟随朱贵卿教授，打算开展胸内科的相关工作。在刘力生的印象中，朱贵卿讲课讲得好，大家都爱听他的查房，非常生动。"他非常强调查体、物理检查。不能只看数据，不看患者。"

刘力生被分配到解放军胸科医院后，当她和往常一样，穿上白大衣去早查房时，病床上竟是空荡荡的，患者都上后山玩去了。

刘力生顿时大失所望，她想难怪说结核病是"三药两气"没搞头。工作比北京协和医院轻松多了。

朱贵卿主任很器重刘力生，安排她到细菌室和生化科学习，指引她走临床科研的道路。

刘力生表示，或许正是因为她在毕业以后很快就得到朱贵卿主任及其后的黄宛主任的指点，才使她懂得了搞临床不只是经验的积累。"更重要的是勤于思考，发现问题，与研究相结合。"而且，"开展临床研究，才能使道

1971年，美国著名心脏专家怀特·戴蒙德教授来阜外医院访问（前排左起：王诗恒1、陈在嘉2、于秀章3、汤隶文5、刘力生6；二排左起：吴英恺1、刘玉清2、马海德3；三排左起：杨英华2；二排右起：寇文镕1、张英珊2、郑德裕3；三排右起：孙瑞龙1、李平2）

路越走越宽阔。"

刘力生说："朱贵卿主任给予我这样一种思想：作为一名医生，不是只会看病就够了，一定还要在某些方面有所钻研。"

刘力生开始接触一些相关的科研工作，例如如何从痰涂片检查中早期发现肺癌。

"有时肺结核与肺癌从X线片中很难鉴别。不过在那个时候，得了肺癌基本没什么办法，我与朱贵卿教授做过一个100例肺癌的病例分析研究。朱贵卿教授会在过程中教你如何总结工作、如何从临床工作中获得提高。"刘力生回忆。

黄宛主任也启发刘力生走临床科研的道路。他说临床好像一座矿，临床工作者好比去探采矿一样，从临床实践中发现的问题，就有可能通过进一步研究总结出新的规律，关键是你是否用心去观察和发现问题。

黄宛还鼓励刘力生多争取讲课的机会，他说："只有自己彻底懂了才能让别人听明白。收获最大的是讲课人自己。"

结缘

1958年，解放军胸科医院转归地方，迁到市区，这就是现在的阜外医院。医生也都脱下了军装，这也成为刘力生与高血压乃至心血管领域结缘的重要转折。

在响应当时"西学中用"的号召下，刘力生学习了1年半的中医。

刘力生回忆道，准确地说，我国的高血压防治工作就是从那个时候开始的。

1959年，经对全国11个省市的高血压数据分析，发现全国高血压患病率高达5.5%。

"党委书记带着大家一起下去查血压。那个时候还真是很来劲。"刘力生回忆。

从1958年起，刘力生和大家一起，利用周末时间，去给职工和学生量血压，并一个一个记录下来。回忆起这些"苦差事"，刘力生却是一脸的愉悦。这一次，他们调查了16万北京市民的血压情况。

锻炼

1964年，刘力生已经是主治医师，她随医疗队来到湖北北部的大别山。

下基层在刘力生看来却是一次意义非凡的体验："如果不来到这里，永远不会知道基层是什么样子，对于我个人来说，更是难得的锻炼。"

"那一年正好赶上流行性脑膜炎。那里的人真是苦极了，尤其是孩子。冬天没有一件像样的棉衣，里面连内衣也没有。棉袄上沾满了饭渣、鼻涕，由于天气寒冷，棉袄上形成了一层硬壳。有时，父母早上下地干活，回来后发现孩子已经死了。"刘力生回忆道。

在医疗队，刘力生和同事们主要开展巡回医疗，简单地说，就是什么都干。

"我遇到过一个急性胃穿孔的病例。我在给患者听诊，旁边就是驴子拉磨'嘎啦嘎啦'的声音。当时已经根本听不到肠鸣音了，患者的肚子硬得像木板。于是我们赶快招呼老乡卸门板，将患者抬到外科手术点。经过大家的不懈努力，把他救活了。要不是医疗队在，这个患者肯定没了。所以当地的老百姓对我们都非常热情，老远看见我们就喊'高医生'（高明的医生）。"

"下乡的经历坚定了我对流行病防治的决心。又因为我正在从事高血压的防治工作，方向也就这么定了下来。"刘力生说。

没过多久，"文革"开始了，刘力生也回到了北京。

首钢

"我们开始真正意义上在社区里开展高血压防治是在1969年，当时正值'文革'时期。"刘力生回忆。

由于要求知识分子思想改造，刘力生作为小队长，带领12个人的协作组进驻首钢。

大家在首钢下属的炼铁厂、炼钢厂、焦化厂、机械厂、发电厂、白云石车间等10余个厂开展调查，帮助那里的工人量血压等。

这个小队通过1年的工作，共给1万多名工人量了血压。结果令人吃惊，首钢工人中，有高血压的人竟然达到了11.7%。

有了这第一手的资料，1972年，专家组成立心血管病防治组，对高血压工人建立三级防治网，进行分级管理。

经过10年的跟踪随访，60.8%的高血压工人都得到了管理。服药的人中，71%的人的血压降下来了。

后来，由于一些原因，很多下放到基层的工作队陆续撤离。首钢的工人

20世纪80年代初期，Stamler教授等去首钢查现场调查时，当场用Y型管听诊器亲自核对吴锡桂与刘力生血压测量结果是否合格

非常不希望像刘力生这样的专家离开。

有一位张师傅让刘力生印象甚为深刻。

张师傅是全国劳模，舒张压已经到了140 mmHg，即使这样，他仍然坚持在工作岗位上，这种精神确实令人鼓舞。

于是刘力生承诺，要留下一只带不走的医疗队。人员虽然有去有回，但医疗队始终在那里。

1982年，刘力生在世界卫生组织"轻型高血压会议"上报告了首钢高血压管理5年和10年随访结果。世界卫生组织专家进行实地考察后，认为首钢的管理模式是"从生到死"，很有借鉴意义，为流行病研究和高血压管理提供了范例，大医院与基层医疗配合，对高血压的管理效果显著。

"我们现在认为，最适合的方法还是在社区开展慢性病的防治工作，通过提高社区服务站的治疗能力、宣传能力，将高血压的患者在基层管起来，否则有再多的'协和医院'也于事无补。"刘力生谈到。

刘力生不喜欢悲观消极或怨天尤人，她认为人生道路是自己走出来的，任何环境下即使是逆境都要尽力做些有益的事，学些有用的知识。

刘力生也没有想到万名钢铁工人的防治成为了我国第一个高血压防治点。1982年，由于在首钢的工作受到了好评，她也在世界卫生组织的轻型高血压会议上被接纳为国际高血压学会的会员。

留学

1980年，世界卫生组织有支持中国医生出国学习的名额。经过选拔考试，刘力生获得了前往美国亚拉巴马州伯明翰大学进修学习的机会。

到了美国，Dustan教授对刘力生说的第一句话就是：你到了美国，可以学习美国有用的东西，同时也会看到中国有许多优势，值得美国向中国学习。

刘力生在美国也看到，中国确实有许多优势和潜力。

与此同时，阜外医院开始与美国国立卫生研究院（NIH）建立了合作，即"中美合作项目"。

在20年的中美合作项目过程中，培养了一大批流行病学方面的专业人员。现在活跃在该领域的张新华、武阳丰、吴兆苏、姚崇华、顾东风等专家，都是那个时候一批一批送出去学习的。

"这个项目没有任何经济效益，收获的却是一批又一批的人才，这应该就是吴英恺教授的高明之处，"刘力生感慨。

1981年，刘力生回国后第一件事就是引进动物模型和建立动物实验室。在阜外医院生化科张英珊、丁金凤教授的热情帮助下，使得工作进展顺利，并培养了多名硕士、博士

1980年，刘力生在美国伯明翰阿拉巴马大学高血压研究所

研究生。

刘力生原计划这些学生出国回来之后可以很快提高我国实验研究的水平，但由于种种原因，这些实验室创建后又渐渐荒废。毕业的学生每年总有一两名，可是出国的学生却一个也没有回来。

刘力生不免从信任和期待中变为失望和恼怒，并谴责他们不知以天下为己任。然而，她也理解学生们也有他们各自的种种理由和处境，最主要的原因是他们要实现科学上的抱负，就需要良好的信息条件、实验条件和指导教授、需要到国际上去拼搏……想至此，她又感到释然了。

她想，科研本身就是跨越国界的，应该让下一代比我们这一代有更宽阔的国际大视野。如果自己在有生之年能够为他们的回归也创造一点条件，总会有几个人最终要回国来发展事业的。

经刘力生送到国外学习的人也很多，并且遍布世界各地。"我们这些被送出去学习的几乎涵盖了医学研究领域各个专业，有高血压临床工作的、有实验室的、有药物研究的、有专门研究数学模型的，还有专门做人群研究的"。

"被送出去的，基本上已经快能组成一家专科医院了。"世界高血压联盟秘书长张新华说。

另外，刘力生也认为，国内的政策有时也需要反思。选拔人才应该有选拔人才的标准。"这不仅涉及优秀学生的前途，更关系到学科、国家发展的前途。"

机遇

刘力生很喜欢和青年人交朋友，他们朝气勃勃，敢想敢干。

记得在高血压试验研究举步维艰之时，几个研究生为了学科的发展曾多次动员刘力生组织临床试验。

当时她顾虑重重，她说，没有这些年轻人的鼓动我是绝不敢迈这一步的。国际上每个有关高血压的试验经费是以数百万美元甚至上亿英镑计算，我们如何能做得起。但从另一个角度来看，我国又具有无可比拟的优势和潜力，有现成的医疗网点和不少人群防治基地，也许这正是一个应该抓住的机遇！

刘力生经过反复思考并得到何观清、高润泉、龚兰生教授的支持，终于在"七五"投标时争取到一个临床试验课题。为了当好牵头人，她把方案寄给国际同行评议。

后来欧洲又主动邀请刘力生与欧洲十一国协作，搞老年收缩期高血压研究。从这时起的 7 年中，协作组二十几个单位，就在人力物力相当匮乏的情况下，凭一股热情和苦干完成了我国第一次大规模的高血压临床试验。

后来，刘力生又克服种种困难，组织进行了 Syst-China，CCS-1，PATs，FEVER，CHIEF 和 CHINOM 等一系列中国独立或合作设计和完成的研究。

"想在指南上说一句话，需要做相当多、相当久的工作。"刘力生说。在收获研究成果的背后，往往历经了重重的阻力和困难。在国内，开展临床研究"先要经历必要的手续，再到处筹集经费，组建研究协作组，并要与患者及家属多次耐心地沟通。"

刘力生说："如果不克服这些困难，就得不到我们自己的证据，那么在国际上就永远没有发言权。"

刘力生更是带领国内学者参加多项国际合作研究，如 HOT，PURE，ONTARGET，INTERHEART 等多项研究，也包括近期公布的 HOPE-3 研究。结果是几乎所有国际大型人群研究都包含中国人的数据，而中国人也能享受这些研究的成果。

在刘力生担任中华医学会心血管病学分会主任委员期间，中国加入了世界高血压联盟。2007 年，她当选为世界高血压联盟主席，并在 2009 年获得连任。这是中国人在医学专业组织中担任的最高职位。

前任美国心脏协会（AHA）主席 Suzanne Oparil 教授说：刘力生在高血压

的临床医学、组织大规模试验项目及基础研究方面具有罕见的才能。她堪称真正的防控高血压的"斗士"。

牵线

刘力生在心血管和高血压领域可谓独树一帜，与其他人不太一样，关键在于她站得很高，视野更为开阔。作为一名临床医师，她同时也特别重视实验室。但实验室很烧钱，等待基础

2012年刘力生荣获ISH颁发的罗伯特·蒂格斯特终身成就奖

研究能够转化为经济效益还早得很。

20世纪90年代后，来自德国的分子生物学家Ganten教授给了刘力生很大启示，他说，一名临床医师要想搞科研比较难，因为很少有大把的时间用到实验室做实验，但是在分子生物学领域最容易与临床结合，因为标本就来自于患者。

当时Ganten教授有想要建立中德联合实验室的想法，因为当时国际上很多人都认为在高血压领域，仅仅停留在实验室或临床是不够的，必须将实验和临床结合，并且要下放到基层。

最终，在刘力生的牵线搭桥下，Ganten教授与阜外医院达成合作，目的就是要将实验室与临床结合起来，阜外医院为此专门腾出了一整个楼层作为

中德联合实验室。

传承

在刘力生看来，阜外医院从解放军胸科医院时期开始，就不是一家只关注临床的普通医院。吴英恺院士从建立胸科医院起，除了关注临床本身，还带来了搞生理的张琪、搞生化的张英珊、搞细菌的王凤连等，在吴英恺院士设计的构架下，这不是一所简单的医院，更是一家研究机构，这与北京协和医院一脉相承。

但精神的传承有时也受到外在环境的制约。在阜外医院建院初期，医院的发展不用太为钱的事而发愁，大家似乎都是在一门心思地做研究、做事情，专家也都是国内数一数二的专家，培养人才甚至不计回报。

刘力生说："但现在环境已经不是那样了，像阜外这样的医院或研究机构，每年关心的也都是流水多少、财务报表等，在运转上与企业已经没有太大区别了。因此，在精神的传承上也就相对弱了一些。这不是阜外的个别现象。"

刘力生认为，对于年轻人而言，更多活在当下。对于阜外所承载的历史、成长的历程并不是很了解。这恰恰是年轻人及年轻的领导者所需要的。

整理 / 张雨

陈在嘉

用"心"演绎别样人生

　　虽然陈在嘉对化学颇有兴趣且成绩优异，但她最终选择了学医，理由很简单：只为学有所用。学医、做医生，能够治病救人，救死扶伤，为患者服务。

　　陈在嘉就是在这样一种平静心态下，在医学路上漫步：用精湛的医术挽救患者；用科研惠及全国的患者；培养优秀的医生，拯救的更多患者……她演绎出了自己精彩斑斓的别样人生，芳香流年、丰韵今朝。

锤炼

1928年5月16日，陈在嘉诞生在武汉。1946年，18岁的陈在嘉考入中正医学院。她的理由很简单：只为学有所用。

1949年5月，南昌解放，学校立即改名为南昌医学院，后来被华中军区卫生部接管，成为部队医学院。

1952年，因为在校期间成绩优异，陈在嘉被学校推荐到总后卫生部。1953年，陈在嘉被调往北京协和医院内科。

熟悉陈在嘉的人都知道，她是出了名的认真，无论是随诊，还是手术和病理检查结果，只要是由她负责的患者，都会尽其所能地随访患者的动态。几十年来，她始终在白大褂口袋中装着一个小本子，在上面记录她遇到的问题，而这个习惯就来自北京协和医院。

北京协和医院收治来自全国的复杂患者，张孝骞主任学识渊博，经验丰富，带领全科查房，还有邓家栋、朱贵卿、张学德、文士域、黄宛和张安诸多著名教授，在对疑难患者的分析和处理时，表现出的渊博知识与丰富的经验，深深地影响了陈在嘉。

在北京协和医院，陈在嘉收治的第一例患者就给她上了一课。这是一位老年妇女，患者全身疼痛，日夜呻吟，骨骼不能碰触，卧床不起。经过检查，患者被诊断为慢性肾小球肾炎，由于钙排出过多，发生了严重的肾性骨质疏松。当时的主治医师李恩生让陈在嘉去图书

1955年的陈在嘉（上尉军衔）

馆查阅钙、磷代谢和肾功能的相关文献。在上级医生指导下，陈在嘉对患者给予针对性治疗，补充大量维生素 D 和钙剂后，患者奇迹般地好转了，1 个月左右已能下床，行动自如。陈在嘉内心的喜悦不言而喻。

她在日常工作中遇到问题时，总是带着问题学，这样既能及时解决问题，而且印象深刻。她轮转到各专业病房、专业门诊时，则重点学习有关专业知识，并记录笔记，文士域教授曾抽查过她的笔记，并予以指导。她常常抓住各种机会学习，每周全科同事在阶梯教室的临床病例讨论，都是疑难患者的诊治问题，除非病房有事离不开，否则是绝不会错过的。她除了管好自己的患者，也尽可能熟悉其他患者，以获得更多的学习机会，值班时处理全病房患者也能得心应手。通过这种方式，陈在嘉收获很大。

1954 年，陈在嘉（前右 2）与北京协和医院 7 楼地窨子病房医护人员合影

陈在嘉说："临床经验应该随着实践与日俱增，但又不一定呈比例关系，关键在于在实践过程能否抓住诊治中的特点进行总结，使之成为自己的经验。"一语道破天机，临床经验不是一蹴而就的，积累每个患者各自的特点，积少成多，从中认识各类患者的共性和个别患者的个性，从患者诊治中获取经验，是医生成长的关键。

1954年，陈在嘉收治了一名70岁原因不详的昏迷老年人。后来通过检查，发现患者的动脉血氧饱和度很低，而二氧化碳结合力非常高，证明了昏迷的原因是二氧化碳潴留导致肺性脑病。当时只有最原始的人工呼吸器——铁肺。行辅助呼吸后患者清醒。陈在嘉认识到，从事实验室研究工作，对疾病诊治来说非常重要。

陈在嘉精力很充沛，想参加一些实验室工作。当时，只有住院总医师和主治医师以上人员才能进教研组实验室，而她当时只是初年住院医生。黄宛教授知道后，破格让她参加了教研组的工作，并安排她参加缺氧血肺源性心脏病诊断的研究。

陈在嘉一边完成病房住院医师工作，一边利用闲暇时间做实验。实验工作结束后，黄宛安排陈在嘉对资料进行统计分析和撰写论文。她第一次写论

1957年，全国首届心导管学习班合影（前排左起：翟树职1、邵孝鉷2、翁心植3、黄宛4、方圻5、傅世英6、孙纹曾7；二排左起：陈在嘉2、陈新3、崔吉君4；三排左起：刘士珍1、赵易2、陈灏珠3、陈思聪7）

文,还掌握不到要领。初稿没有通过。

在黄宛教授指导后,陈在嘉一鼓作气,集中两天时间修改成第二稿,让黄宛教授也大为吃惊。论文后来发表在《中华内科杂志》上。陈在嘉感到很幸运,认为有名师指导,可以少走很多弯路。

陈在嘉在心肾教研组参加心导管检查,当时只做右心导管。为了将心电图和心导管技术推广到全国,教研组举办了心电图和心导管术学习班。陈在嘉是心电图学习班的助教。她事先预读心电图教学片,把自己不懂的问题向上级医生请教,明白之后再辅导学员。陈在嘉就这样学习了心电图知识。

用心

1958 年,陈在嘉调往阜外医院,从事心脏内科专业。

她还记得,在"文革"期间,有一位感染性心内膜炎患者,有先天性室间隔缺损,并发金黄色葡萄球菌感染,严重毒血症,并发多种严重并发症。经多种大量抗生素治疗,在病情好转之际,突发大咯血 3 次,共计约 2000 毫升,找不到咯血原因,经大量输血后咯血终于止住,最后感染性心内膜炎也治愈。

陈在嘉对出血原因百思不得其解,始终铭记于心。几年后她又见到另一位先天性动脉导管未闭的患者,也是并发感染性心

1960 年,陈在嘉向冠心病患者讲解冠心病防治知识

内膜炎的患者伴咯血，经手术证实为肺动脉细菌性动脉瘤破裂。这时她立即想到，上一个患者也可能是这个原因。2例患者心脏都有从左到右的分流，细菌栓子可以掉到肺循环，若进入肺动脉壁滋养血管，形成细菌性动脉瘤，瘤体破裂即引起咯血。这只是触类旁通例证之一，类似的例子还很多，而正是这些生动事例让人们看到一个专注而用心的医生。

黄宛决定让陈在嘉负责冠心病研究。陈在嘉开启了冠心病研究的大门。至今她在冠心病研究这条道路上，已走过50多个寒暑。

当时，因冠心病尚缺乏诊断方法，因此，着手做心电图运动试验、心电图、葡萄糖负荷试验等有关课题，与生化组协作测定血脂指标，并进行北京地区冠心病患病率调查。

1971年，北京地区防治冠心病协作组成立，阜外医院任组长单位，具体任务落实在冠心病组。陈在嘉作为主要负责人，联合20余家医院探索活血化瘀小复方治疗心绞痛的疗效，与郭士魁医师研究选用方剂，选择稳定型心绞痛患者为对象，主要观察症状与心电图的改变，经几组药方的对比，最后确定冠心Ⅱ号方效果较好，总有效率约为78%。1978年，这一成果获得全国医药卫生科学大会奖，此方后来传播到日本。

同时，陈在嘉还组织协作组各医院总结了本地区多年来急性心肌梗死住院患者的情况，并经常组织交流诊治经验，如在急性期开展心电图监测、防治心律失常、降低休克的并发率、提高心室颤动抢救水平等。后来，急性心肌梗死住院病死率从1972年、1973年分别为23.4%、24.8%，降低至1977年12.2%。1978年，此项目获得全国医药卫生科学大会奖。陈在嘉还在全国首先提出急性心肌梗死患者做心电图除常规12个导联外，应加做V_{3R}、V_{4R}、V_{5R}、V_7、V_8、V_9 6个导联，共18个导联的心电图，以免遗漏正后壁和右心室心肌梗死。

作为一名临床医生，陈在嘉更善于从临床实践中发现问题并找出研究课题。在长期的临床观察中她发现，冬季急性心肌梗死患病率特别高。于是，她联合北京地区防治冠心病协作组与气象局进行研究,在中国最早提出了天气季节与心肌梗死发病周期相关的观点。

重视病理

陈在嘉一直非常重视尸检病理结果。她发现,有些急性心肌梗死患者发病急骤,有些人则相对缓和,还有的患者发病症状不明显,事后才从心电图发现有陈旧性心肌梗死,根本不知道发病的时间。于是陈在嘉翻阅了100多例冠心病尸检报告,发现不少病例的冠状动脉有新鲜血栓。

于是,她与病理科陈国芬医师合作,二人仔细查看心肌梗死患者的心脏大体标本和冠状动脉切片。结果发现,大多数新鲜血栓多发生在含脂质较多的软斑块,斑块局部有破裂、裂纹或出血的现象。她们认为是血栓使管腔急性堵塞,导致了急性心肌梗死。

时值20世纪70年代末,西方国家正为冠状动脉血栓与急性心肌梗死间的因果关系争论不休。陈在嘉等的研究明确指出,冠状动脉血栓是急性心肌梗死的成因,而非后果。她们对斑块不稳定、破裂出血的认识也早于西方。1980年,《中华内科杂志》刊发了冠状动脉血栓形成的局部因素和两者因果关系探讨的论文,取得较好的反响。

此后,陈在嘉

与吴遐教授(右)研究心肌梗死心脏标本

与吴遐教授进一步发现，冠状动脉粥样硬化程度较轻，但由于血栓急性闭塞所致的心肌梗死，其发病急骤凶猛，梗死常贯通室壁全层，心电图表现为ST段抬高，有异常Q波，易并发心脏破裂或泵衰竭。而冠状动脉严重固定狭窄以致管腔缓慢闭塞病变所致的心肌梗死，发病则相对较缓和甚至症状不明显，梗死多限于心内膜下心肌，不易发生心脏破裂，常因多次梗死导致心力衰竭或猝死。这一观点为选择紧急再灌注治疗奠定了基础。

陈在嘉还对一大组心肌梗死患者进行了长达20年的长期随访，发现影响患者长期预后的因素为：梗死次数、年龄、充血性心力衰竭和心脏扩大等，而再梗死多发生在发病后第一年内，提示应着重预防再梗死和加强随访。心肌梗死临床病理和长期预后的研究也被评为卫生部乙级科学技术成果。

1985年，陈在嘉与放射科协作在全国率先开展了急性心肌梗死冠状动脉内溶栓治疗。1986年，陈在嘉领导了"八五"急性心肌梗死溶栓治疗研究攻关课题，参加医院共37家。当时，国内普遍应用蛇毒制剂溶栓，陈在嘉用国产尿激酶进行了对比，发现用蛇毒制剂溶栓患者的病死率与出血并发症明显高于尿激酶，2001年，这项研究获得北京市科学技术进步奖二等奖。

比起荣誉，陈在嘉更看重这一研究的广泛用途。她说，虽然尿激酶溶栓治疗不如后来开展的冠状动脉介入治疗效果快、血管再通率高，但我国幅员辽阔，在农村及偏远地区，尿激酶不失为一种有效的治疗手段。

走向世界舞台

随着国家建设脚步的迅速恢复与发展，陈在嘉也走向了世界舞台，代表中国发声。1984年，陈在嘉代表中国参加世界卫生组织（WHO）在日内瓦召开的心源性猝死科学会议。陈在嘉介绍了阜外医院642例心血管病患者尸检中心源性猝死情况和部分地区心源性猝死的统计资料。并参与了猝死定义、病因等讨论。

1987年，陈在嘉受美国洛杉矶心脏研究所邀请赴美交流，在该研究所介绍北京地区急性心肌梗死发病和治疗情况。回来后将学术会议上关于经皮冠状动脉成形术（PTCA）的最新进展通过《中国循环杂志》向国内的同道传播。

20世纪八九十年代，陈在嘉在欧洲、美国、国内召开的多次国际心脏病学术会议上，报道我国的尿激酶溶栓治疗情况，让世界了解了中国心脏内科发展现状，也让中国更多倾听世界的声音。陈在嘉不知疲倦地充当着一座中外学术交流的桥梁。

搭建平台

如今陈在嘉已是耄耋之年，尚未退休，仍然参加查房和会诊，她见证了自己一手参与组建的心内科冠心病组扩大成立为冠心病研究室，随后又发展为目前国内最大的冠心病诊治中心。

陈在嘉为冠心病研究发展搭建起了一个良好的平台，也培养了一只过硬的医疗科研团队。她曾指导研究生开展对心绞痛病理生理的研究，改进各类心绞痛的治疗，特别是对卧位型心绞痛和变异型心绞痛治疗的改进获得卫生部和北京市科技成果奖三等奖各1项。

陈在嘉与高润霖共

1983年，陈在嘉（左2）在CCU查房

陈在嘉与高润霖共同主编了《冠心病》一书，获得国家图书奖提名奖与全国优秀科技图书一等奖

同主编了《冠心病》一书，获得国家图书奖提名奖与全国优秀科技图书一等奖，已成为国内畅销的冠心病参考书，推动了冠心病诊治技术的发展。

十年来，陈在嘉还不断参与学会有关冠心病诊断和指南的制订。曾担任《中华心血管病杂志》编委、副总编，《中国循环杂志》编委、副总编、总编，《中华心内科杂志》编委及其他一些杂志的编委、顾问。虽已无法参与具体科室工作，但她依旧支持着冠心病诊治中心开展新的研究，而科研人员们也十分乐意求教这位"老师"。

交心育人

从1978年起，陈在嘉被批准为硕士研究生导师；1986年，她又被批准为博士生导师。

对待学生，陈在嘉还多了一份细致的关怀。如今已是阜外医院副院长的杨跃进教授至今仍记得20多年前的一封信。

原本是一名普通军人的杨跃进，在1977年因恢复高考进入大学，毕业后服务于南方某部队基层医院。出于对进一步求学的渴望与对阜外医院的向往，1983年，杨跃进报考了陈在嘉的硕士研究生。报名之后，杨跃进首先就失去了信心：自己以大学的一点基础与基层医院薄弱的工作经验，报考招生名额只有1人的国家顶尖心血管病防治研究院所。他"贸然、冒昧"地给"准导师"陈在嘉写了一封"求助信"。这封信的内容一方面以询问心内科复习重点教科书为名，实则求教有无"捷径"；另一方面则直言询问，作为一名基层考生，在录取中是否会受到"不公正"处理，作为一名军队系统的考生会不会受到庞大的地方考生队伍的"挤压"。"问题过于直截了当，同时也暴露出我对考研的信心不足，虽觉得不妥，但已无法收回。"杨跃进在写给陈在嘉80华诞的寄语中回忆道。

两周后，杨跃进在毫无心理准备的情况下收到了陈在嘉的亲笔回信。在回信中，陈在嘉欢迎他有志于心血管病研究，并明确表示考试没有教科书，而且研究生录取历来按成绩择优，之前有先例录取了来自基层的研究生。

杨跃进想，对自己这样一位素不相识的年轻人，陈在嘉都给予了无私的关怀与鼓励。他立誓要尽自己最大的努力考取这位"准导师"的研究生。1984年，杨跃进如愿以偿地成为陈在嘉的研究生。这封信使他成功跨出了人生与学术征途中的关键一步。

陈在嘉的学生们对老师的点点滴滴都记忆犹新：他们记得老师逐字逐句仔细阅读实验记录和论文的背影；他们记得老师不放过任何细微偏差与错误，并教育学生决不允许弄虚作假的治学态度；他们记得老师总是帮助学生解决生活上的困难，用自己的一言一行教会学生如何做人，如何做一名合格的医生；他们记得老师生活勤俭，却用微薄的收入向灾区或贫困地区捐款捐物。

1987年5月与研究生讨论问题 陈在嘉（右）杨跃进（左）

对于陈在嘉来说，除医生外，她最看重教书育人。培养学生首先要严格要求自己、关心学生的成长——这是陈在嘉对自己执教30余年的经验。

在患者眼中，陈在嘉无疑是位和蔼亲切的医生。而在学生眼中，陈在嘉却是一位出了名的严师。对于学生的论文，陈在嘉总是逐字逐句严格把关，绝不允许出现弄虚作假现象。

研究生开始进入病房学习时，陈在嘉总是要传授如何在临床实践中学习的经验，她还时常叫上病房里其他年轻医生一起听讲。鼓励学生多观察、多

联合查房

阅读、多思考，是她对这些年轻的未来医生时时刻刻的提醒。陈在嘉也特别看重对住院医师的培养。每次查房时，她都将自己的经验与学识倾囊相赠。

对于学生如何评价自己，陈在嘉说："学生们都挺怕我的。"她亲切的笑容让人无法联想到她在临床教学中的严厉，然而，却能让人深切地感受到一位师者的可敬。

自1978年以来，陈在嘉培养了17名研究生，绝大部分人均成为优秀科研骨干或学科带头人，最让陈在嘉自豪的是，"他们都是认真负责的临床医师，很多都是病区的主任"。

对于爱徒们毕业后的去向、动态与他们所取得的成绩，陈在嘉都如数家珍。高润霖、陈纪林、杨跃进、乔树宾都享受国务院政府特殊津贴。高润霖更是青出于蓝而胜于蓝，早已是中国工程院院士。陈在嘉谈起学生们的杰出贡献兴奋不已。陈在嘉1991年评为全国优秀教师并获得奖章，曾获北京市二级教学奖和北京市高教局优秀成果奖，她却认为这是研究生们本身学习勤奋，成绩优秀，为她做导师的增添了光彩。这是授予她极高褒奖和荣誉，同时也是对她的鼓励与鞭策。

整理 / 杨进刚

程显声

想成为大家，需要潜心努力

1956年5月4日，作为中国医学科学院阜外医院前身的解放军胸科医院成立。18天后，毕业于中国医科大学第42期军医班的程显声就来报到，当年他23岁，从东北赶来，风尘仆仆，意气风发。正值夏初时节，阳光灿烂，黑山扈的医院里黄刺玫竞相吐蕊，花意正浓。

倏忽间，60年飞逝。

60年间，他也从一名住院医师，成为了肺血管领域奠基人，不但经历了肺血管学科的蹒跚起步与繁荣，也见证了阜外医院发展的每一个脚印。

早些年，在很多医师的认知里，肺血管病还只是个非常狭小的领域，"既是心，又是肺，既不是心，又不是肺"，虽然命运将他推到这个不被人看好的医学领域，但他立定于此，锲而不舍，几十年间，创建了一个新的专业——肺血管病学，组建了第一个肺血管病中心，提出一个新概念——"右心体系"，培养了一支肺血管专业队伍。

在荣誉和掌声面前，他低调而勤奋。有位患者在程显声精心治疗康复后送给他一幅字——"大音希声"。程教授说，他对这四个字的理解是，要想真正成为一个大家，更需要默默无声，潜心努力，踏踏实实做学问，兢兢业业干事业。

在夹缝中发展

来到阜外医院，程显声先是被分到了胸外科，后转到内科。1963年，程显声攻读协和医院的研究生，选择"肺心病的血气酸碱改变"作为其研究生课题并开展了研究工作。

遗憾的是，研究结束后刚好赶上"文革"，论文没来得及发表，直到1972年才在国内首次报道了关于肺心病血气酸碱改变的部分问题。正是基于研究生期间的工作，程显声之后继续对肺心病及其他肺血管病开展了更多研究。

早些年，在很多医师的认知里，肺血管病还只是个非常狭小的领域，并不为医学界重视，程显声回忆，"有时候人家取笑我们：既是心，又是肺，既不是心，又不是肺。我们也觉得非常艰难"。

甚至在全国第二次心血管病学术会议的会议征文里明确提出不接受肺心病的文章。当年，程显声在招收研究生时，报名肺血管病专业者不多，有几个研究生进来之后很快就转专业了。

1971年，根据保健工作的需要，上级领导考虑

青年程显声

到程显声的研究生课题，将其调到张家口宣化科研小分队，从事支气管炎、肺气肿、肺心病的研究工作。1 年后，卫生部提出将肺心病与冠心病、高血压作为需要防治的三大疾病。程显声被调回北京，受命率领 6 人团队成立肺心病研究小组，并在其中崭露头角。从此之后，他和这个专业就没有分开过。

1985 年，程显声考取世界卫生组织留学生计划，赴荷兰学习肺血管病。肺血管病，这一概念肇始于 1979 年，莫泽（Moser）教授定义其为一种肺血管结构的解剖学狭

1985 年，荷兰第二届国际肺血管病理学习班全体合影（后排左 1 为程显声）

窄，以及机械性阻塞、肺血容量减少和肺血管收缩。实际上，肺血管病是一个统称，包括肺源性心脏病（肺心病）、肺栓塞、肺动脉高压在内的多种疾病。在荷兰，程显声积极学习交流，参加了国际心脏病联合会肺动脉高压工作组。

回国后，他创全国之先组建阜外医院肺心病（肺循环）研究室，以星星之火形成燎原之势，发展到后来，全国多地组建肺循环或肺血管病中心。当时先后开过 7 次全国肺心病会议，基本都是程显声协助蔡如升院长组织开展的。

为了解释清楚什么是肺血管病，程显声花费了大量精力。

1983 年，程显声根据阜外医院 242 例病例资料分析，提出了肺血管病的分类方法。

1991年，他又结合瓦根霍德（Wagenvoort）教授的肺血管病理学分类对分类方法做出补充修改，将肺血管病分为大血管病（包括动脉与静脉、先天性与获得性）和小血管病（类似Wagenvoort的病理学分类）。

1993年，他率先在我国提出肺血管病的定义，在其著作《肺血管疾病学》中将其明确概括为原发或继发引起的局部或整体肺血管结构和(或)功能异常。至于肺血管病分类，也是个大工程。

2010年，他又提出了右心体系的概念。

同事敬佩地说："程教授每一个阶段都能做出成果。"

他从1976年就开始承担国家课题，在国家"五五"计划108项工程之一的青藏铁路工程一期工程中，作为中国医学科学院科研分队成员之一，在高原、缺氧的严酷环境中为铁道兵提供医疗卫生服务，一待就是2年。

在国家的"七五"到"九五"期间，程显声承担了国家肺心病、慢阻肺、肺血管病、肺栓塞等课题，做了大量工作，被中国医师协会呼吸医师分会授予呼吸医师终身成就奖。此外，他关于慢阻肺、肺心病、闭塞性肺动脉高压、肺栓塞和高原性心脏病的研究均获得过国家、省部级奖，共12项，其中国家级2项。

程显声被中国医师协会呼吸医师分会授予呼吸医师终身成就奖

2013年，国际肺血管研究院授予程显声终身成就奖，以表彰他在中国肺血管病研究中的开拓性工作。

肺血管病研究大踏步发展

1973年5月,全国肺心病防治协作组(简称"协作组")在全国第一届肺心病专业会议上正式成立。协作组隶属于卫生部全国气管炎防治办公室,由阜外医院牵头,蔡如升教授担任组长,同时成立了各大区及省、市、自治区肺心病协作组。

程显声讲解胸片

1977年,在大连召开的第二届全国肺心病专业会议上,制订了全国统一的全面的肺心病诊断标准。此后,协作组约每3年举办一次全国会议,至20世纪90年代共召开了7次全国会议。

1980年,黄山第三届全国肺心病专业会议上又分别成立了临床组、基础组、血气肺功能组、中西医结合组、血流动力学右心功能组等多个专题组(心功能专题组由阜外医院负责)。

1988年,卫生部部长办公会议决定全国肺心病防治研究协作组改由全国心血管病防治研究办公室领导。随着科研工作的改革和发展,中国医学科学院批准成立由北京协和医院、基础医学研究所和阜外医院参加的中国医学科学院肺、肺循环研究协作中心,阜外医院有肺心病研究室、病理科等单位参加。

这段时期,肺心病一直是我国医学界研究并防治的重点疾病,早期以流行病学和临床诊治作为研究重点,这也是肺心病防治研究的基础,对总体安排防治研究战略规划具有重要意义。

在协作组及各省市专家的共同努力下，全国范围内组织的大规模协作取得了一系列成果，程显声等将我国肺心病防治工作带来的成就进行了梳理。

首先，肺心病诊断与治疗显著改善，肺心病住院病死率由31.3%降至10%~15%，严重并发症发生率由65.1%降至35.5%，均大幅降低。

其次，肺功能与血气分析逐渐被全国医师认识和推广。1963年阜外医院引进我国第一台血气分析仪，当时采用的方法还是比较陈旧的，做一次检测需要10毫升血液，但这毕竟是我国自己的血气分析研究，此后，血气分析工作逐步在全国开展。

再次，在治疗肺心病的过程中，新型抗生素逐渐应用于肺内感染，在此基础上，肺内感染的细菌学、抗生素临床应用等研究开始发展起来。

呼吸衰竭的抢救也得到飞速发展。早期对呼吸衰竭的抢救只能采用非常原始的"捏皮球"或脚踏式呼吸机，只可定容不能同步。在肺心病研究期间，气管切开、气管插管、机械通气等逐渐推广，用于呼吸衰竭的抢救。控制性氧疗在呼吸衰竭抢救中的地位得到确认，并广泛用于临床。

最后，血流动力学、基础病理学及中西医结合等领域的研究也在那个时期较广泛地开展起来，并取得了一些较高水平的研究成果。

程显声形容道："这20年间，通过对肺心病的防治研究，推动了我国呼吸病学专业大踏步发展，并带动了慢性阻塞性肺疾病（COPD）流行病学等的研究。"

肺栓塞溶栓方案获国际认可

早年间，在临床中诊断肺栓塞非常困难，猝死乃至骨折后突然死亡者一概被诊断为急性心肌梗死。

王辰院士曾说，长期以来在中国存在一个错误的认识，认为肺栓塞在亚裔人群包括中国人群是一种少见病，我们误诊漏诊了大量患者，很多患者因此而丧失生命，因此而致残，作为医师我们为此深感愧疚。程显声教授作为我们国家肺栓塞领域的开拓者，在肺栓塞防治和研究方面做出了历史性的贡献。

1972年，阜外医院开展核素肺灌注扫描用于临床诊断肺栓塞。

1999年肺栓塞溶栓治疗多中心临床试验总结会（右1为程显声）

1995年、1997年程显声先后举办了肺栓塞北京市学习班、全国学习班，将肺栓塞影像学诊断和抗凝、溶栓等治疗方法普及开来，一些单位也组成多中心协作组。

程显声对肺栓塞领域一直保持着高度的关注，他曾发表十余篇关于肺栓塞的综述，详细阐述、深入探讨了各个阶段的问题状况以及研究思路。现在肺栓塞诊断率明显提升，病死率明显下降，一般医院对肺栓塞的诊断率已经提高至以前的几倍甚至几十倍，病死率约从20%下降到10%。

尤其值得称道的是，低剂量尿激酶和阿替普酶溶栓方案的提出是我国学者在肺栓塞领域的重要贡献。程显声等参考我国急性心肌梗死小剂量溶栓方案，并结合国外文献考虑缩短用药时间，最终完成前瞻性多中心临床试验尿激酶20 000 U/（kg·2h）静脉滴注的方案；随后，王辰院士又开展多中心随机对照试验，证实将欧美肺栓塞指南推荐的阿替普酶剂量减半的疗效和安全性，也得到国际同道的认可与推广。王辰院士等（阜外医院牵头）申报的"提高我国肺栓塞症诊疗水平的系列研究"获得2009年国家科技进步二等奖。

从星星之火到风生水起的肺动脉高压研究

1953年，北京协和医院黄宛教授将右心导管术引进我国，开创了我国血流动力学研究的新纪元。1958年，刘玉清院士在我国率先开展了肺动脉造影术，使我国心血管病的临床研究全面展开。虽然在1973年前后，伴随全国及各地肺心病研究协作组成立，我国学者也开始关注肺动脉高压。但在很长一段时间内，肺动脉高压在医学领域并未受到足够的关注。

幸运的是，"七五"期间，程显声一项关于闭塞性肺动脉高压的课题获得了国家100万元拨款，主要由华毅医师完成了许多有价值的工作，诸如急性药物试验、原发性和栓塞性肺动脉高压血流动力学变化及热稀释与Fick公式方法测量心排血量的比较等。

阜外医院病理科阮英茆教授、心外科胡盛寿院士及心内科陈白屏教授等做了一系列先天性心脏病肺动脉高压血流动力学与病理学对照研究，并均获得卫生部科技三等奖。此后，"七五""八五""九五"期间一直都有肺动脉高压的国家攻关课题。

2006年之前，我国学者开展的肺动脉高压研究以血流动力学和流行病学方面居多，也有一些临床研究。

2006年之后，靶向治疗药物的上市和国际对肺动脉高压基础研究取得的进展，以及对肺血管病专业感兴趣的年轻医师的加入，使我国肺动脉高压研究进入快速发展时期。2013年，阜外医院西山科研基地开始运行，阜外医院团队收集肺血管病样本约20 000余份，并充分利用先进的科研设备开展了大量基因学、分子生物学及代谢学等研究。北京协和医院在结缔组织病相关肺动脉高压领域也做了卓有成效的工作。这段时期，靶向药物治疗研究、中国现代治疗前后生存率比较、国家肺动脉高压注册登记研究等也在如火如荼开展。

程显声回忆，从1972年我国首个肺血管病中心（前身为肺心病研究组）

在阜外医院成立，目前我国至少已有 10 余家肺血管病中心，阜外医院目前有两个国内最大的肺血管病团队。2006 年后，中华医学会呼吸病学分会和心血管病学分会分别成立了各自的肺血管病学组，2007 年、2010 年《中国肺动脉高压诊断与治疗专家共识》和《中国肺高血压诊治指南》先后发布。

程显声说，我国肺动脉高压的发展历程从早期的星星之火到如今的风生水起，最可喜的是肺血管病专业队伍已形成规模，后继有人，青出于蓝而胜于蓝。他感慨道："谁能想得到呀！"

认准了一件事情，就要坚持做下去

回顾这 60 年的从医生涯，程显声说，任何一个人，只要你认准了一件事情，认真、努力、坚持做下去，在困境中扼住命运的咽喉，深自砥砺，就一定能渐臻佳境。

当年，命运将他推到不被人看好的医学领域——肺血管病，但他立定于此，锲而不舍，几十年间，创建了一个新的专业——肺血管病学，组建了第一个肺血管病中心，编撰了第一部《肺血管疾病学》专著，提出一个新概念——"右心体系"，培养了一支肺血管专业队伍。他将自己的经验收获撰写成书，编著了诸如《肺心病的防治》《慢性阻塞性肺疾病论文集》《肺血管疾病学》，出版了我国第一部《肺动脉栓塞文集》。2008 年，又主编了《右心疾病——基础与临床》，这也是国内相关领域的第一部专著。

在荣誉和掌声面前，他低调而勤奋，始终心系年轻医学研究人才的培养，致力于推动肺血管专业的发展与繁荣。

经常接触程显声教授的人都知道，他习惯自称为大夫，热爱自己的医师身份，热爱临床工作，重视基本功。查房时，他靠一副听诊器就能诊断出对方是否有肺部问题，是否吸烟，烟龄多长，这令人敬佩的准确程度背后，是无数次的临床实践。

程显声年轻时，没有高科技的检查手段，这就逼着他把基本功打扎实，练就了他这样的能力，也正是那些点点滴滴的积累，让他在听诊领域达到较高的水平。

程显声和部分学生在一起

程显声至今觉得，听诊器在临床上非常有用，甚至有一锤定音之效。他说，通过详细的听诊，可以更有效地选择实验室和影像学检查，减少误诊漏诊，以及减少过度检查的现象。而听诊器还可以拉近与患者的距离，增加与患者的情感沟通，体现更多的人文关怀。

老牛亦解韶光贵，不待扬鞭自奋蹄。如今，耄耋之年的程显声教授，仍壮心不已。他不愿闲居家中，仍坚持查房、会诊、讲课及撰写文章，希望在肺循环领域做些铺垫和培养工作，把多年积累的临床经验和知识总结整理出来传给年轻人。

他认为，对于一位医师来说，比起奖牌加身，患者的口碑才是最大的褒奖。有位患者在程显声精心治疗康复后送给他一幅字——"大音希声"。程教授说，他对这四个字的理解是，要想真正成为一个大家，更需要默默无声，潜心努力，踏踏实实做学问，兢兢业业干事业。

整理／郭贝贝

侯幼临

用生命开拓心脏外科的人

  1944年，吴英恺第一次见侯幼临的时候，侯幼临是一名北京协和医学院学员。而后，吴英恺一直把侯幼临带在身边，转战重庆中央医院、天津中央医院和协和医院。1956年，侯幼临又跟随吴英恺来到解放军胸科医院，担任了外科副主任。

  在阜外医院创建之初，医疗器械匮乏，侯幼临做了很多开创性的工作，摸索着前行，在没有任何人指导的情况下，奇迹般地完成了多个当时难度极高的心脏外科手术。没有体外循环等辅助设施，没有完备的器械，但通过学习和团队的努力，他艰难地为中国心血管外科的发展摸索出一条路。

侯幼临工作起来可以用奋不顾身来形容，对工作极其负责且任劳任怨。在"文革"期间受到的诋毁、侮辱和无休止的劳作，加上常年处在应激状态的工作方式，侯幼临积劳成疾，英年早逝，享年仅54岁。

手术痴

吴英恺在美国学习时，日军大举侵华。吴英恺久居国外，深感不安，遂历经艰难回国。当时北京协和医学院护校和一部分医学院师生都在重庆华西坝，与华西、齐鲁、中央大学医学院组成联合医学院，维持教学。侯幼临和方圻是那时的在校学员。

1944年，吴英恺开始创建重庆中央医院。他学门大开，广纳人才，侯幼临跟随吴英恺到了重庆中央医院。

抗战胜利以后，吴英恺奔赴天津，筹办天津中央医院。侯幼临则跟随吴英恺去天津做住院医师。

1948年5月，吴英恺重返北京协和医学院担任外科教授，侯幼临任第三任总住院医师，而后在胸外科成为吴英恺的第一助手。

1955年，还在哈尔滨医科大学习的朱晓东，被派到北京协和医院做实习生。在那里，朱晓东第一次见到了侯幼临。那时他还不知道，这个人会对他的一生有着怎样的影响。

朱晓东和实习生们在病理科学习时，总看到一个医生拿着心脏标本左抠右抠，摸来摸去。实习生们也不懂，就在旁边看着，都觉得这个人怎么那么"痴"啊！后来一问才知道这位医生叫侯幼临。

当时侯幼临是北京协和医院住院总医师。只要医院有病理解剖，侯幼临就跑到病理解剖室。后来病理科的医生都烦了，临床医生为何总泡在病理科？对他不理解，不太欢迎侯幼临碰标本。那时候，侯幼临就表现出自己超乎寻常的钻研精神和对新手术方式的兴趣。

1951年的中国协和医学院外科学系（左起后排：王树藩、郑扶民、冯传宜、桂世初、陈加尔、黄培哲、黄国俊、刘锟、哈献文、李功宋、吴蔚然；中排：周同轼、徐荫祥、孟继懋、吴英恺、刘瑞华、曾宪九、陆惟善；前排：卢正超、吴德诚、侯幼临、费立民、吴志康、刘国振、赵溥泉）

1956年春，总后勤部任命吴英恺筹建解放军胸科医院，吴英恺院长兼心外科主任，他把侯幼临也带来了，并让他当外科副主任。1957年由于工作出色，吴英恺和侯幼临被评为全军后勤系统先进工作者，出席了全国先进生产者代表大会。

1958年，朱晓东到阜外医院工作，发现侯幼临主任就是当年到病理科研究心脏标本的外科医生，他是为开展二尖瓣狭窄闭式扩张术做准备，当时这项手术刚在国内开展。

1962年，国家批准招收研究生，侯幼临获得带教研究生资格。当时外科学的医生将主要的经历都放在了做手术上。考取研究生意味着三年不能做手术，工资还要扣除10%，对工资本就不多的住院医师来讲，意味着生活将捉襟见肘，所以研究生开始招生，高开低走，外科医生的兴趣不大。

有一位自苏联留学回阜外医院的教授说明做研究的重要意义，鼓励朱晓东报考了侯幼临的研究生,顺利通过考试。朱晓东成为了侯幼临的研究生,并成为他的闭门弟子。朱晓东说考研究生虽非自己主动,但这个决定影响了自己的一生,遇到了侯幼临这样的好老师,也让他的视角从单纯的手术延展到科研领域。

最困难的探索,也是最好的时光

1958年,阜外医院挂牌成立,医院各方面条件得以发展,心内科黄宛教授从美国归来,开创了我国心导管检查,为心血管外科准确诊断创造了条件;以尚德延教授为首的麻醉科,在常温、低温、深低温下心脏手术的心功能恢复和心脏复苏,低温、深低温的病理生理改变,低温下心室颤动的预防和治疗等方面的研究均取得了显著成绩。阜外医院逐步形成了心外科、心内科诊断、麻醉科协同诊治心脏病的格局,促进了心脏外科手术逐步扩大与发展。

阜外医院建院之初,吴英恺担任院长兼外科主任,侯幼临担任副主任。吴英恺有很多行政工作,外科实际上主要由侯幼临主持工作。侯幼临在阜外医院外科做了大量的动物实验、心脏停跳保护等研究,使得后期创新手术成为可能。

侯幼临最好的时光定格在了阜外医院刚建院到"文革"前的那几年。

1956年,侯幼临完成了二尖瓣闭式扩张术、缩窄性心包炎心包剥脱术及动脉导管未闭手术。

1958年,侯幼临完成肺动脉瓣狭窄直视切开术,使得阜外医院成为掌握低温直视手术这种新技术为数不多的医院之一,阜外医院心脏外科手术也跨入心

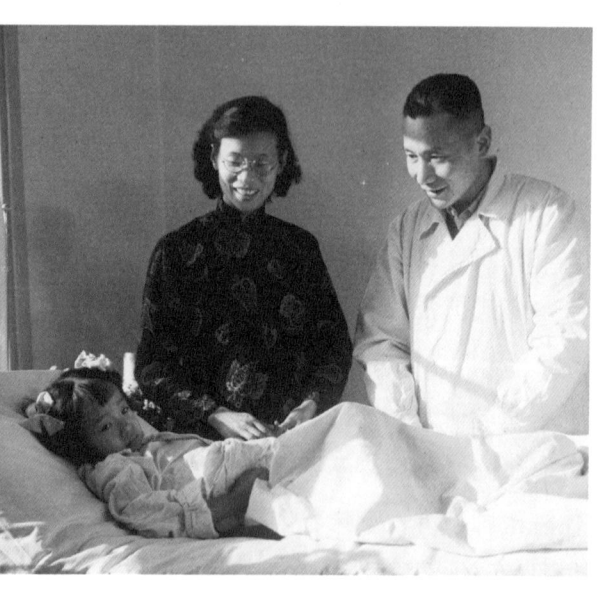

1959年11月,侯幼临(右1)看望首例体外循环手术患者

脏直视手术新的发展阶段。

1958—1959年，侯幼临在掌握低温手术技术以后，逐步开展体外循环下心脏直视手术，心脏直视手术在阜外医院得到快速发展。侯幼临在黄宛、尚德延和郭加强的帮助下，成功完成了单纯低温麻醉下房间隔缺损直视修补术、室间隔缺损低温直视修补术、主动脉瓣直视交界切开术、主动脉窦瘤破裂根治术及部分型肺静脉异位引流矫治术，尤其是在1958年完成的第一例二尖瓣成形术和1959年完成的第一例主动脉瓣成形术，开拓了我国心脏外科的发展，进一步奠定了阜外医院在国内心脏外科领域的领先地位。

1959年，侯幼临在郭加强教授等帮助下成功完成了阜外医院第一例体外循环下室间隔缺损修补术，真正打开了心脏禁区。又于1959年进入更加复杂的发绀性心脏病的研究领域，成功完成了阜外医院第一例法洛四联症根治术，挽救的这个7岁孩子，就此改名叫"毛党生"。

1961年，在低温保护下，侯幼临开展了主动脉缩窄矫治术和主动脉弓部瘤的全弓移植术，其中主动脉弓部瘤的全弓移植术曾被誉为"侯氏术法"，是我国心血管外科发展历程中的里程碑。

1963年，侯幼临完成完全性心内膜垫缺损矫治术。

侯幼临的成功，将阜外医院，乃至中国的心血管外科带入新的发展阶段。

当时侯幼临没有任何人指导，只能自己查阅资料，摸索着完成上面这些难度极高的手术。从动物实验到心脏停跳保护，侯幼临的研究紧跟世界潮流，回头看，与当时的国际先进水平相差无几。在当时十分困难的条件下，我国率先打开心脏禁区，是侯幼临一代人付出极大代价为祖国做出的贡献。

披星戴月、血流成河

开创了多个国内心脏手术先河的侯幼临靠的是崇高的事业心和对患者的关爱。

1958年，阜外医院院领导合影（左起吴英恺2、郭加强3、党委书记张中正4、黄宛5、侯幼临6、尚德延7）

　　心脏手术后，必须对患者进行严密监护和治疗。当时没有术后监护病房，心脏手术后的患者直接推到普通病房。手术完成后，侯幼临经常守护在床旁，24小时吃住在医院，几天几夜，一刻也不敢放松。有时郭加强和朱晓东替他一会儿。当时手术后也没有现代化的监护设备，侯幼临有时也会蹲在地上观察尿液滴速，以此评估术后的肾和心脏功能。侯幼临也没有什么别的爱好，就是看书学习、做手术、术后看护患者，带着科室的医生探索新的领域。并出版了心脏外科的专著。

　　心脏手术是风险很大的复杂手术，那个时候侯幼临每个手术日只做一台手术，每个手术的时间都非常长，一般是上午开始做，下午三四点才能完成，这还是一般的心脏手术，碰到大血管、主动脉瘤这种难度极高的手术，往往要做十几个小时。

　　那时还没有成熟的"深低温停循环"技术，主动脉瘤手术需要在跳动的心脏上把动脉瘤游离出来，动脉瘤本身非常薄，游离时极易造成致命性大出血。一个手术有时要用到上万毫升的血液。当时心脏手术有种说法叫"披星戴月、血流成河"，用来形容手术难度。

为了做好主动脉瘤手术，侯幼临和郭加强一起合作，仔细剥离粘连。一个手术下来十几二十个小时，最长的手术，朱晓东回忆，侯幼临和郭加强轮着做，朱晓东拉钩，从早上九点多，一直做到凌晨，不吃、不喝、不上厕所。用朱晓东的话讲，拉钩并不紧张，而侯幼临和郭加强都始终处在注意力高度集中的紧张状态。

1957年吴英恺（右1）、侯幼临（右2）、黄国俊（右3）在图书馆进行学术研讨

无限风光在险峰

侯幼临性格平静，情绪上很少有起伏，不喜欢开玩笑，也不发火。

朱晓东回忆，手术顺利的时候，侯幼临会不自觉就哼几句小调。有时候一个特别艰难的手术成功了，还会高兴地讲几句类似"无限风光在险峰"的话。侯幼临甚少发火，对人非常客气，对小医生也不骂不说。对他自己带教的学生，侯幼临也只偶尔在手术中对朱晓东说，好好拉钩，我看不清楚了。

侯幼临脾气很好，但在学术上却要求极为严格，朱晓东当时的研究生题目是《体外循环心脏手术的血液酸碱平衡变化》。侯幼临学过五年的化学，非常关注这个领域，血液酸碱平衡对心外科的手术非常重要。

侯幼临比朱晓东大十几岁，带着北京协和医院的严谨，抓大放小，一步步指导朱晓东科研，开启了朱晓东的科研之路。

做课题时，朱晓东遇到困难，就找侯幼临解决，需要设备，侯幼临就给他申请。论文最终成稿后，侯幼临进行了修改。又请科室的其他老师逐字逐句地修改。

朱晓东说做住院医生的时候是国家经济困难时期，侯幼临是主任，有少许补贴。逢年过节，侯幼临会请这些小医生们到他家里吃饭。侯幼临是潮州人，很擅长做饭。侯幼临亲自下厨，受当时条件所限，只能给他们做点鸡蛋。

1965年，朱晓东顺利毕业。1966年，"文革"开始，工作全面停滞。侯幼临这个时期一直在阜外医院做杂务，之后开始恢复工作做一些手术。1970年左右就完全恢复了工作。

用生命做手术的人

侯幼临做的都是开创性的工作，摸索着前行，压力非常大，始终处在应激的工作状态，经常失眠。在手术完成前，没有人能告诉侯幼临这个手术方式是对还是错。侯幼临曾告诉年轻医生他在每个手术前，他都要像过电影一样，设计手术过程的每个细节，为次日手术做好充分准备。

在"文革"期间受到的诋毁、侮辱和无休止的劳作，加上常年处在应激状态的工作方式，侯幼临积劳成疾，虽然1970年恢复了工作，他的身体状况已经非常糟糕，经常带病坚持工作。

1971年的一天，侯幼临没有像往常一样出现在科室，侯幼临的夫人打开他办公室锁着的房门，发现他已病危，后经抢救无效死亡，他为心脏外科事业献出了宝贵的生命，享年54岁。最后诊断为急性胰腺炎和食管肿瘤。

侯幼临把生命都献给了中国的心外科事业，无数人因为他开创性的工作获益。

有人说，侯幼临是用生命为患者做手术，用生命热爱自己的事业，也用生命开启了中国心血管外科之路。

整理 / 许奉彦

郭加强

精神力量铸就阜外品牌

1974年11月8日，一位被严重心绞痛折磨得痛不欲生、50多岁的太钢烧结厂的副厂长，成为我国接受冠脉搭桥手术的首例患者。手术非常成功，这距世界上第一例冠脉搭桥术也仅仅晚了六七年。

这一天，是值得在中国心血管外科史上标记的一天。中国冠脉外科治疗的历史，从此拉开了属于自己的辉煌帷幕。

这台由"上级领导"亲自督战、"只许成功不许失败"的我国首例冠状动脉搭桥手术，由阜外医院郭加强主刀。实施手术的那一天，距郭加强从下放江西省"五七"干校到紧急召回已2年零4个月。

那位患者术后一直健康生活，最后因肺病离世。

庆幸得到了团队的有力支持

1972年7月,"文革"期间,因侯幼临教授不幸病逝,使得阜外医院心脏外科诊疗工作几近停顿,郭加强应召从江西省回到了阜外医院,临危受命,主持阜外医院外科的日常工作。

当时,阜外医院技术人员散失,设备凋零,郭加强在党籍和职务均未恢复的情况下,艰难地开始了恢复和发展医院心外科的工作。

借助十分有限的国外文献及零星来访的国外同行的介绍,郭加强基本掌握了当时国际心外科的进展。

他发现我国心外科与国外的差距巨大,在心血管外科主要的3个领域——心脏瓣膜外科、冠心病外科和婴幼儿先天性心脏病外科有许多空白。其中,"文革"前刚刚起步的人工心脏瓣膜外科陷入停顿,冠心病外科和婴幼儿先天性心脏病外科尚属空白。

为奋起直追,郭加强针对以上三方面,创建了三个研究组,领头开展临床科研。第一个突破口就是冠心病。

郭加强曾说:"我们那时的干劲儿,在如今的年轻人看来简直不可思议。"

冠脉搭桥,怎么搭?无现成经验可循,必须先拿动物"开刀"。可动物实验缺乏相应的手术器械,连合适的针线都没有。他们只好找来眼科手术器械,用人工打磨使之变细后再使用。

郭加强及同道们不分昼夜,"每天一早就抓狗、麻醉,然后开胸。手术一直做到下午,晚上再看着狗,护理并观察记录。"

一年多之后,动物实验终获成功。该上

1951年时的郭加强

1957年，在解放军胸科医院与医护人员合影，第二排右起李功宋3、黄国俊4、郭加强5、黄孝迈6、吴英恺7

临床了，可在那个唯恐业务冲击政治的年代，上级领导对冠脉搭桥上不上临床三缄其口。幸而当时医院的军代表是一位敢于担当、富有正义感的老同志，站了出来，表态"放行"，手术才得以实施。

忆及当年，郭加强曾多次表示对这位军代表的感激之情。他说："庆幸得到了团队的有力支持。"心外科绝不是孤立的，如果没有心内科的陶寿淇、陈在嘉、刘力生，影像科的刘玉清及麻醉、循环、监护等科室的一大批同道的鼎力支持，他们不可能取得成功。

"那时的合作精神、奋斗精神才是最值得珍惜的宝贵财富！"

军人的拼劲

1951年，郭加强毕业于南京中央大学医学院，他的"入行"并不早，直至1958年，完成住院医师培训的他，35岁才拿起了心脏外科的手术刀。但在我国著名心外科专家侯幼临教授的悉心指导下，聪明又勤奋的郭加强很快上路了。

20世纪60年代初期,由于吴英恺、尚德延、侯幼临、郭加强等教授们的辛勤劳动和创造性的工作,阜外医院当时的心脏外科和体外循环水平与国际发达国家差距不大。

正当全国心脏外科开始腾飞之时,"文革"开始了,刚刚起步的新中国心外科事业七零八落。在此期间,大部分医院都被迫停止了体外循环手术,阜外医院1966年全年只做了4例体外循环手术。

郭加强同许多同道一样,被下放至江西省永修县卫生部干校。

郭加强曾是印缅远征军的一员,参与过当时保卫抗日补给生命线印缅公路的战斗,又曾作为南京中央大学地下党组织的负责人参与南京解放,还曾参加过朝鲜战争手术队,并荣立三等功。

凭着军人的拼劲,正义感,担当的勇气,在1973—1977年,他建立了冠心病外科组、心瓣膜组及婴幼儿先天性心脏病三个研究组,亲任组长并直接参加临床科研工作,取得了一系列成就,创下了19个令人赞叹的中国心血管外科"第一"。

除冠状动脉搭桥术外,郭加强还先后成功开展了我国第一例室壁瘤切除术、2岁以下小儿心内直视手术、1岁以下婴幼儿和新生儿心内直视手术;首次开展了先天性冠状动静脉瘘修复术等多种手术,创建了我国第一个液氮保存的同种瓣膜和血管库并将同种血管和瓣膜应用于临床,首次成功完成了完全性大动脉转位行动脉Switch等手术;首次将同种带瓣血管片应用于法洛

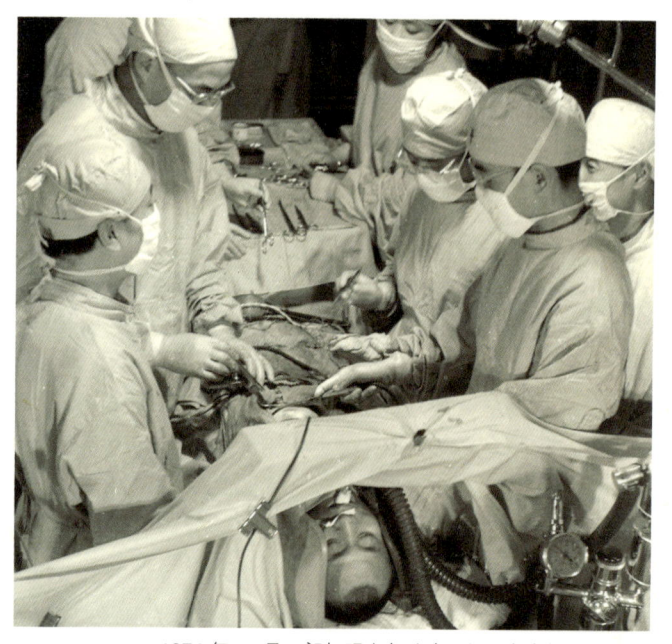

1974年11月,郭加强主任(右2)正在实施我国首例冠状动脉搭桥术

四联症根治术；首次在国内矫治心尖—降主动脉的复杂畸形，成功开展国内第一例胃网膜右动脉冠状动脉搭桥术等新技术，使阜外医院冠心病外科在国内保持了领先地位，为我国冠心病外科逐渐接近国际水平奠定了坚实的基础。

中央电视台《东方之子》专题组记者采访时曾提问："你有一段长时间的体力劳动，而且有很长时间没有具体接触手术，哪来的勇气去开展这些新的手术？"

那时郭加强回答是："不少的外国专家到阜外医院访问时，总是提三个问题：你们搭桥手术做没做过？心脏换瓣手术做没做过？婴幼儿先天性心脏病的手术做没做？我们几乎哑口无言，确实没做过，当时觉得太憋气了。阜外医院的同道们对这个事情的印象非常深刻，于是我们就想办法，我们必须得做。"

院办公楼的干部都记得，每天早上六点多钟，郭加强会骑着那辆"轰轰轰"响的燃油自行车，从家里到医院，在隆冬时节的北方，许多人还在熟睡时，郭加强就开始了新一天的工作。郭加强的另一位得意门生吴清玉（清华大学第一附属医院院长）也曾表示过，郭院长一天到晚一刻不得闲。早晨大家刚来上班，就发现他早已经开始工作了。

留下"带不走的医疗队"

20世纪80年代初，当时全国心血管病治疗年手术量尚不及心血管病患者需求的1%。特别是那些来自边远地区、在阜外医院等半年甚至一年都做不上手术的患者，这些患者无助的眼神深深刺痛了郭加强的心，他根本看不得患者受罪。

他想，自己从学生时代起就投身革命，图的不就是为最广大的人民谋利益吗？他发誓："一定要将阜外医院领先的技术传播出去，造福于更广大的人民群众！"

郭加强任阜外医院院长期间，惜时如金，是医科院系统出了名的"不开会

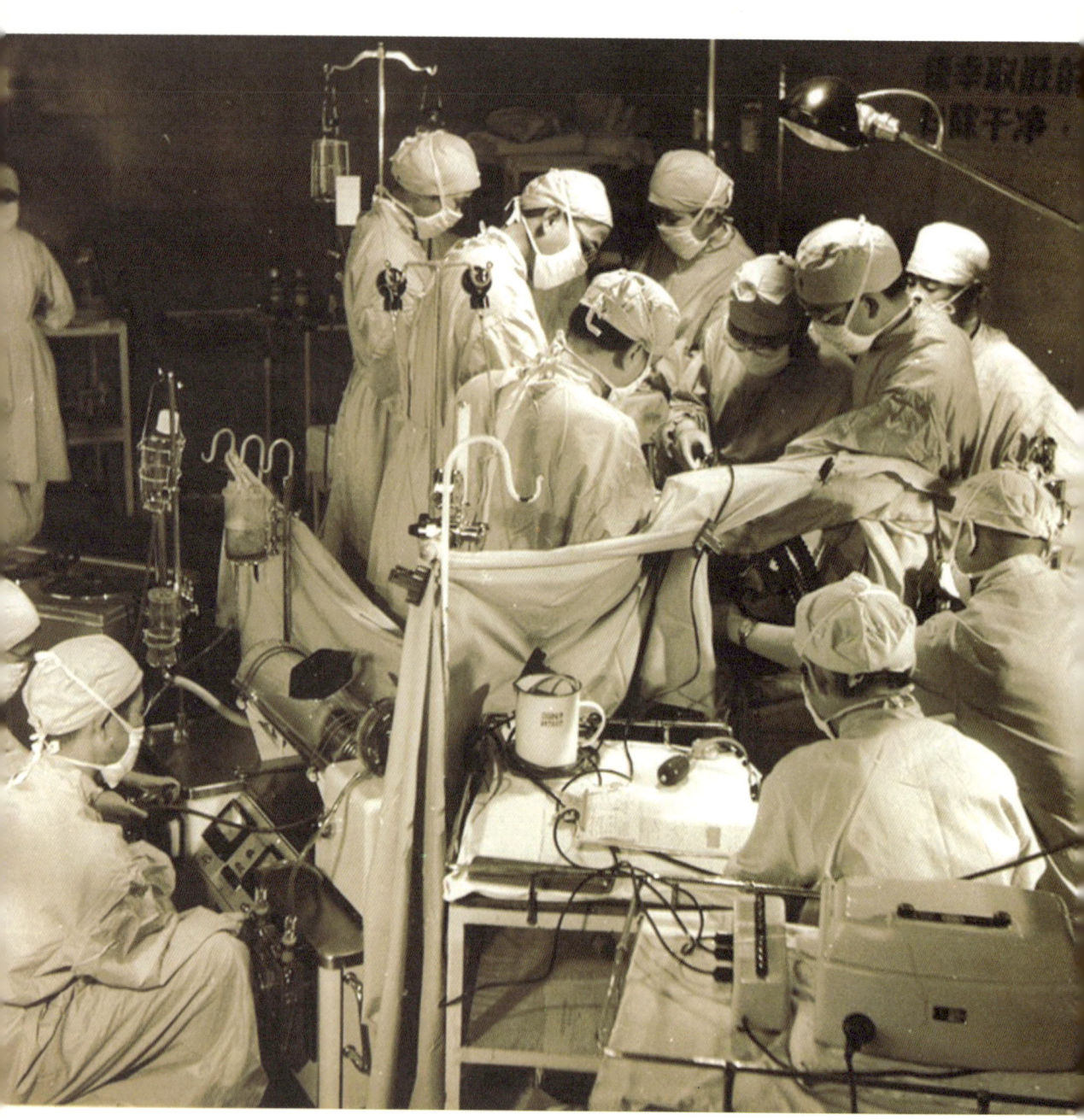

我国首例冠状动脉搭桥术中

的院长"。更多的时间被他用来投入到了医疗教学的第一线。

"为老百姓好"一直是郭加强奋斗终生的目标。于是，1982年，他做了一个提高全中国心脏外科水平的工作：成立中国心血管技术协作培训中心。他要为老少边穷地区培养一大批技术干部，留下一支支"带不走的医疗队"。

郭加强在中国心血管技术协作培训中心十年工作总结暨学术研讨会

他领导的培训中心与全国26个省市的103家医院形成技术协作网络。通过派出技术队伍、培训当地专业人员及向基层推荐国外专家和技术等措施，促进全国44家医院建立了心外科，使30家医院"文革"中被停用的心外科得以复苏，29家医院已经解体的心外科得以重组和发展，培养了各类心血管外科专业人才2000余名。为数十万心血管患者解除了痛苦。

沈宗林教授曾回忆道："那时老师带我们各处跑，没有一分钱报酬。许多地方条件很艰苦。像云南个旧，我们从昆明坐一晚火车到了那里，洗把脸喝碗稀粥就上台了，手术五六个小时站在那儿，靠什么支撑？靠的是精神力量！"

另外，郭加强还以创建中国第一、亚洲领先、世界一流的心脏中心为目标，先后派出321人出国进修和参观访问；共接待来自33个国家423批2326人次外宾参观访问；先后聘请了6个国家10位著名专家、教授担任医院的名誉顾问或教授，为医院的人才培养、扩大阜外医院在国际上的影响做了大量的工作。

2012年，阜外医院成为了国家心脏病中心，据介绍，阜外医院能够申请成为国家级心血管病中心有几个"硬指标":一是,阜外医院多年来一直是中国心血管技术的排头兵;二是,郭加强教授当年创立的中国心血管技术协作培训中心多年来为国家承担提高全国心脏外科、内科诊治水平的工作;三是,郭加强教授主导成立的卫生部心血管病防治研究所,为国家承担了心血管疾病的预防工作。

郭加强及老一辈专家同道们所取得的一系列开创性成就,使阜外医院成为了全国一流、具有国际影响力的国家级心血管病专科医院,进一步奠定并铸就了"阜外"品牌的辉煌。

一拨比一拨水平高是历史的必然

谈到现在的人才培养,郭加强曾说过:"要注意用历史唯物主义的观点看问题,青出于蓝而胜于蓝,一拨比一拨水平高是历史的必然。如果大家多注意

2001年部分学生给郭加强教授庆祝生日

这一点，那么团结和协作就会做得越来越好。"

郭加强自1992年从院长岗位上退下来后，就有意识地离开自己工作多年的阜外心外科，不在这里看病，也不在这里做手术。医院曾有意把他聘请回来做顾问，但郭加强拒绝了。他认为，既然选出了新院长，就该信任他。他把自己全部的时间用在中国心血管技术的培训上面。

郭加强在传授技术和经验的同时，更注重学生人文和求学精神的培养，经常告诫学生们："从医，为官，首要的是学会做人。要不断加强自身修养，培养自己宽阔的胸心。要以一颗仁爱之心对待患者，唯有如此，才能真正做到急患者之所急，这才是激励你们不断探索的永久动力。"

郭加强的儿子郭小平曾说过，性格有些内向的父亲平时不苟言笑，即便是关系很近的朋友来了，也不会或不习惯于兴高采烈、滔滔不绝地聊上半天。但是，当工作中出了纰漏，他一定会首先站出来承担责任，同时宽恕下属。

"如果问家父最厌恶的是什么，一定是那阿谀谗陷，媚上欺下，无能却霸道的恶习、世俗。与之相反家父待人平等，尤其同情患者和弱者。"郭小平记得，父亲多次跟他讲，那些贫困孤弱的患者及家属不易呀，来了的，可能倾家荡产，还有许多来不了的，不是短命就是苦命。因此在治疗中，他尽量从患者的长远利益着想，减少他们精神和经济上的负担。

郭加强更是对学生言传身教，以自己的亲身经历告诫学生们：在治学的道路上，一定要不畏艰难，勇于开拓。

郭加强一生共培养了26名研究生。这其中包括：德国柏林心脏中心副院长翁渝国教授，原中国医学科学院党委书记现天津泰达心血管病医院院长刘晓程教授，清华大学医学院院长吴清玉教授，香港中文大学何国伟教授，还有中国工程院院士、阜外医院现任院长胡盛寿教授。

除此之外，更重要的是，在阜外医院和全国各地，亲聆他的教诲，由他手把手教导的学生成千上万，他们许多已成为各自岗位的业务骨干、医院院长。

阜外医院举办的心血管外科三十五年学术研讨会之际，曾在阜外医院工作过的同志与郭加强院长合影。一排右2李平、右3陈宝田、右4郭加强、左3谢英奎、左2薛淦兴、左1张惠兰；二排右1萧明弟、右2吴清玉、右3杨能善、右4林训生、左4陈其发、左3胡秉忠、左2何梅仙、左1刘淑媛；三排右1殷国森、右3李功宋、右4宫殿富、左1唐承君、左2葛振锋；四排右1沈宗林、四排右2顾承雄

在中央电视台《东方之子》节目采访中，记者说，有人认为，选择做心外科医师就等于是上了贼船。

郭加强则认为，假如在船上也能够很投入的话，就不觉得是贼船，但上去就后悔了，那就没办法了。

记者又问他："您不后悔吗？"

郭加强说："我不后悔。"

整理 / 线媛媛

朱晓东

两股力量支撑我前行

阜外医院建院伊始，朱晓东就来到这里，而且从未离开过。

他在这里成长，他更在这里帮助后来人成长。

他说："从我开始做医生至今，有两股力量一直在支撑着我不畏艰难、坚定不移地一路走到现在，一是解放军的优良传统，二是北京协和医院的严谨作风。"

朱晓东回忆，阜外医院建院时环境简陋，"一排工字楼、满眼荒山、几十张床位，从宿舍走到病房甚至要翻山坡"。

但在查房时，大家都整整齐齐地提着放病历的篮子，跟在专家后面。鞋带没系紧、头发没梳好，根本不可能进病房。查房时不能看着病历报告，必须都背下来。北京协和医院严谨的工作作风，教会了朱晓东要实事求是，学术来不得半点虚假和懈怠。

"反观如今的一些学术腐败、工作毛毛躁躁、科研弄虚作假等现象，在我们那个年代的人看来，简直太不可思议了。"朱晓东说。

回首过往，他时刻铭记的是阜外医院的责任与历史使命，因为他不仅仅只是一名阜外人，更是从起点见证了阜外医院的成长与巍峨。

展望未来，他坚持认为，阜外医院最需要的是创新，最迫切的任务是找到能让更多国人获益的技术，简单、低廉、实用、易于推广，而不是低水平的简单重复。

投笔从戎

1932年，朱晓东出生于河南省开封市的一个教师之家。良好的家庭教育在当时那个炮火纷飞的岁月中，基本上还属于奢侈品。

1950年，18岁的朱晓东正在上高二，但他却做出了他人生中第一个重大选择——投笔从戎，因为朝鲜战争打响了。

当时，我国为朝鲜战争而设立的军事干部学校正招收大批爱国青年。朱晓东和同学们怀着强烈的爱国激情，积极响应号召，报名参加了军干校。从此，他的人生便大不同了。因为进入军干校后，他接受的是军队医学教育。

离开河南老家，来到哈尔滨医科大学军训班接受训练。尽管一直都在准备着，但由于后来战事渐趋平缓，朱晓东最终也没有扛枪开赴战场。学校在此时对教学目标、学科设置等进行了重新调整，军训班从此开始接受正规的医学本科教育。

此时的朱晓东开始显现出其在外科方面的天赋。基础课，他是解剖课代表；临床课，他是外科课代表。1956年大学毕业时，他被授予中尉军衔。

朝气蓬勃

大学毕业后，朱晓东便来到北京协和医院做实习医生。让朱晓东感到最为幸运的，就是能够师从著名的吴英恺教授。

1956年8月自哈医大毕业，朱晓东被授予中尉军衔，副连级

在北京协和医院的日子，朱晓东几乎没有睡过一晚上整觉。"夜里随时都有患者来，实习医生要认真检查患者，写出非常详细完整的病历。不但要工整地写下来，还要非常熟练地背下来，因为第二天查房时，是不能拿着念的。"

在朱晓东看来，在北京协和医院是一种与军事训练截然不同的辛苦。如果说军事训练主要是让人感到身体劳累的话，那么在这里实习却是身心俱疲，始终得紧绷着一根弦，千万不能落后。如果哪个实习医生第二天没写完病历或者写得不好，查房医生就会不留情面地批评，即使个别脾气好点的医生不怎么发火，实习医生自己也会觉得面子上挂不住：别人都写完了，我为什么就完不成、写不好呢？接下来就只好暗自努力。

1956年春天，当年实习的同批医生基本都跟随吴英恺去了解放军胸科医院。朱晓东对当时去胸科医院报到时既兴奋又紧张，朝气蓬勃的样子至今还记忆犹新。

那天，9个人穿戴整齐，扎上武装带，朱晓东喊口令，排成一列纵队，目不旁视，挺胸、收腹、甩臂，向病房楼走去，招惹了很多工作人员观看。到了政委的屋内，谁也不敢坐，政委说："都这么站着干什么？都坐下吧！"他们依次坐下来，挺胸、平肩、屈膝，两膝屈90°，双足并拢，将帽子放在右前方，帽檐向前，一言不发听候指示。政委笑了，带着浓重的河南口音说："干嘛都这么拘束？"

在朱晓东的记忆中，刚参加工作时的条件是这样的："一排工字楼、满眼荒山、几十张床位，从宿舍走到病房甚至要翻山坡。我们这些医生早上排着队'一二一'地一起走过去。"

1959年，吴英恺（中）在图书馆指导朱晓东（右）和唐岳峰（左）

1958年，解放军胸科医院移交地方，命名为阜外医院。朱晓东也就随着脱了军装，由解放军变成了老百姓。

军人传统+协和作风

朱晓东说，有两股力量一直支撑着他不畏艰难、坚定不移地一路走到现在，一是解放军的好传统，二是北京协和医院的好作风。

作为一名军人，部队必须接受党的领导，全心全意为人民服务，重视党组织和干部队伍的建设，坚持艰苦奋斗、勤俭建军的革命精神。这些都教会了朱晓东要一心一意做贡献，团结协作无私心。

业务上对于朱晓东来说，一直以北京协和医院作为标准，虽然环境简陋，但每个人的工作作风都一丝不苟。协和严谨的工作作风，教会了朱晓东要实事求是，学术来不得半点虚假和懈怠。

"反观如今的一些学术腐败、工作毛毛躁躁、科研弄虚作假等现象，在我们那个年代的人看来，简直太不可思议了。"朱晓东说。

一书难求

起初，朱晓东的研究领域并非心脏外科，而是普通胸科，主要开展肺切除、食管癌切除等一类的手术。

朱晓东从20世纪60年代开始参与心脏手术，直到20世纪70年代以后，朱晓东才逐渐将自己的方向转为心脏外科。

1962年，朱晓东成为我国心脏外科开拓者之一侯幼临教授的研究生。师从侯幼临老师，朱晓东说自己"不仅学到了新知识，而且提高了科研能力"。

进入心脏外科领域，朱晓东仿佛来到了一片崭新的天地，每天都怀着愉悦的心情投入工作。在冠脉外科开展初期，为了改进冠脉吻合技术，朱晓东不停地琢磨、练习缝合，甚至回到家也不休息，埋头在乳胶心脏模型上一遍遍练习缝合技术。白天忙完门诊、病房和手术室的工作，晚饭后接着到心导管室，从晚上八点干到翌日凌晨一二点是常有的事。实在困了，就利用换患者的间歇，靠墙站着闭会儿眼。

"有一年夏天，我们穿着沉重的铅衣在不足50平方米、密不透风的心导管室工作，实在酷热难耐。总务科听说后派人来闷热的心导管室看大家工作，不到1小时，那位同志就热晕了过去。第二天，总务科就给心导管室送来了电扇。"朱晓东回忆起这段往事时总会带着微笑。

那个时期，专业参考书在各个领域都可谓稀缺货，医学领域更是如此。朱晓东想，既然没有参考书，能不能借助阜外医院的优势，再结合自己的经验及心得体会，写一部实用的心脏外科参考书呢？

有了想法，朱晓东立即开始动手。从1970年开始，朱晓东抓紧一切零碎时间构思下笔。书桌下福尔马林浸泡过的心脏标本不时被他拿出来翻看核对，时间久了，在常人闻起来很是刺鼻的福尔马林味道，朱晓东已经对其"免疫"了。

朱晓东特别记得黄国俊不仅手术操作漂亮，还会给每个手术配备一份字迹秀丽、图解洒脱的手术记录，感觉读黄主任的手术记录，不仅学习了手术操作的技能，还欣赏了艺术。为了更便于大家理解，美术功底平平的朱晓东还努力练习手绘示意图，并让同为阜外医院著名专家的爱人——吴锡桂教授试看，"如果我看不明白，他就会毫不犹豫地撕掉草图，扔进垃圾筐里重画。有时突然来了什么灵感，他会深更半夜起床去画上一阵子直至黎明。"朱晓东当时著书的情形，在吴锡桂教授的回忆中，就好像还在昨天一样清晰。

十年磨一剑，倾注朱晓东全部心血的《心脏外科基础图解》终于在1980年正式出版发行。原本只是想写一部参考书，没想到却受到大家的热捧，甚至还出现了手抄本。同是阜外医院同事的一位年轻医师，由于没有得到原书，但出于学习的热情和需求，就自己抄了一本。这让朱晓东甚为感动。

《心脏外科基础图解》在1980年、1988年和1995年3次印刷

此后的30年中，这本书前后两版共5次印刷，不断有年轻的同行告诉朱晓东，他们就是照着这本书从心脏外科起步的。"能够对人家有点帮助，就说明没有白干。"朱晓东欣慰地说。

朱晓东在担任阜外医院院长时常说，医院的发展关键在于人才。他在自己的日记中多次提到与学生同台或专门去手术室看他们手术。有一篇日记写

道：最近看宋云虎等几位医生做搭桥手术，有五点可以采纳。他还绘上了图。另一篇则写道：孙立忠大夫手术有他的特点。也绘了一幅漂亮的示意图标明其特点。还有一次提到常谦大夫在主动脉弓手术遇到困难时，表现出的冷静和能力。

术后三天的患者自己跑下四楼

关于瓣膜的研究是朱晓东的重要成就，也正是他首先在国内研制出牛心包生物人工心脏瓣膜并成功用于临床。

生物瓣膜是英国利兹大学 Marian Ionescu 教授采用牛心包研制而成，并于

1985年，朱晓东被任命为心脏外科主任和心脏瓣膜研究室主任

1971年成功用于临床。相比之前一直使用的机械瓣膜而言，用生物瓣膜替换坏掉的心脏瓣膜，极少出现血栓，从而减少了患者因服用大量抗凝药所导致的死亡等风险。

一次偶然的机会，为了进行技术交流，中国医学科学院选派了4名医生到英国进修。朱晓东就是其中之一，并于1974年赴英国进修。

在英国，朱晓东有幸师从生物瓣膜的发明者 Marian Ionescu 教授，也正是因为这次难得的经历，他在回国后便立即开启了针对心脏生物瓣膜的研究。

朱晓东首先找来牛心包，在上面进行了极为复杂的化学处理，再将其仔细地缝到一个特制的支架上。但是这个过程并不容易，任何一个细节的失误

都可能前功尽弃。一遍又一遍的试验，一次又一次的重复，终于功夫不负有心人，经过改良后的心脏瓣膜终于在1976年的动物实验中取得成功。

1976年7月22日，对于朱晓东来说永生难忘。因为这一天，他终于可以将自己研制的BN型生物瓣膜应用于临床。

患者是一名心力衰竭患者，亟须实施主动脉瓣替换术。虽然在英国时朱晓东已经参加过上百台这样的手术，在国内也在动物身上做了大量的实验，但毕竟这是国内首次在人身上开展类似手术，术前那一晚，朱晓东还是紧张得没有睡好觉。

手术开始了，顶着"只许成功不许失败"的巨大压力，主刀医师朱晓东在时任院长郭加强的帮助下，先让心脏停跳，接着打开心脏，将人工心脏瓣膜置入心脏，心脏顺利恢复跳动。整个手术过程如行云流水。时隔40年，朱晓东仍记得当时的情景。

说来也巧，命途多舛的患者，在刚刚做完手术后的第三天，就赶上了唐山大地震。

经历过那段岁月的人都知道，当时北京的震感也很强烈，病房晃动得很厉害。但"出人意料的是，这位刚刚换完心脏瓣膜的患者，术前根本不能下床，而在地震时却出人意料地自己跑下了四楼。个人求生的本能是一方面，另一方面也证明我们的手术很成功，瓣膜的工作效果非常好。"每每聊起这个小插曲，朱晓东笑得都很开心。让他更为欣慰的是，这位患者的生物瓣正常工作长达21年。

朱晓东对于技术从不满足于现状，在此后的20余年里，他不断研究并改进技艺，制成了新一代Perfeot生物瓣，并获得国家发明奖。他负责的心脏瓣膜研究组与北京航天部某研究所合作研制成功的GK式机械瓣，因采用新型材料热解碳使得栓塞率下降，在1986年以后大量用于临床，使数以千计的患者生命得以挽救。

不仅在瓣膜研究领域朱晓东倾注心血，他还在一系列心脏手术方面开展了诸多新技术：1983 年，最先采用"主动脉–左心房联合切口"成功施行双瓣置换术；1985 年，研制出主动脉无缝线金属吻合环并成功用于临床，为夹层动脉瘤手术提供较安全的吻合方法；1989 年，成功开展了同种主动脉根部替换术；1992 年，成功开展了我国首例"心脏瓣膜置换同步冠脉搭桥术"。

不断的突破，让朱晓东蜚声业界。1992 年，他获得国家科技进步二等奖。1993 年，朱晓东被授予"中国医学科学院名医"称号。1996 年，他被授予我国科技界最高荣誉称号——中国工程院院士。

作为一名心脏外科医生，朱晓东并不喜欢向人倾诉他的劳累与苦闷，怕家人担心。有时他在手术中大汗淋漓，汗水流入两眼，痛得他无法睁开，视野模糊。有时，当复杂病人手术危重时，朱晓东不能按时下班坐班车，只好乘公交车回家，车少人多，体力又疲乏。面临工作的艰辛，他在日记中写道，"心外科医生在手术中，术者经常满头大汗，极度紧张。持续五小时在台上奋战，则体力、速度、精力、反应能力都会明显下降，这将导致手术失败，也将会使医生减寿"。为此，朱晓东给自己写了一个座右铭，并谓之转化论，摆在书桌上：

把 "工作的沉重负荷感" 转化为 "愉快的精神满足"；

把 "工余的疲劳和烦恼" 转化为 "球赛'暂停'的哨声"；

把 "工作中的委屈愤怒" 转化为 "自我认识的清凉剂"；

把 "人生中的艰辛跋涉" 转化为 "大自然给予的优惠"；

把 "过分的物质追求" 转化为 "知足者的长乐"。

年轻人应该成为有开创精神的外科医生

"做医生到底为了啥？说大了叫救死扶伤，说小了就是给患者看好病。得到患者的认可，对医生来说就是最大的安慰。"

在朱晓东心里，"医生的经验教训，往往以患者的痛苦甚至生命为代价，因此我们没有理由不爱患者。"这是他的内心写照，他也正是如此要求年轻医生的。

熟悉朱晓东的人都知道，只要患者病情不稳定，他可以几天几夜不回家，一直守在患者身边。在给每一位患者做手术前，他都要去病房看望。即使之后当了院长，亦是如此。

1986年，朱晓东主动报名参加医疗队，在青海高原藏族牧区手绘的手术场景图

1992年，60岁的朱晓东给医院一位67岁的老人进行了冠脉旁路移植术和瓣膜置换术。那时，冠脉旁路移植术在我国刚开展，而同时完成这两项手术，在国内算是首例。

"做完手术后，我才知道，老人在术前一天，把遗嘱都写好了。"事隔20多年后，老人的身体还很硬朗，还特意写了"德艺双馨"的字幅送给朱晓东作为他80岁的生日礼物。

"目前的医患关系紧张，和当前的社会风气有关，但不能排除某些医生的个人素质问题。如果本着'为人民服务'的思想，我想患者都是通情达理，理解医生的。"朱晓东说。

尽管成果有目共睹，但朱晓东常说："是党和人民在阜外医院这个临床基地上培养了我，是前辈老专家教育了我，当年我在协和医院做医生时林巧稚、吴蔚然、张晓楼等老专家热爱患者、一丝不苟、对技术精益求精的精神使我耳濡目染、让我受益匪浅。吴英恺、郭加强等前辈学者和领导对我的教诲，使我终生难忘。"

朱晓东经常记起吴英恺的教导："年轻人应该成为有开创精神的外科医生，而不是照葫芦画瓢的手术匠"。

整理 / 张雨

薛淦兴

沉下心来做事

1950年，薛淦兴毕业于湘雅医学院，1958年分配到阜外医院工作，是阜外医院法洛四联症攻关组核心人员。

1970年，薛淦兴来到海拔3000米高原小镇德令哈，他发现当地先天性心脏病发病率高，却没有就医途径，在当时海西自治州人民医院最先进的诊疗设备只有心电图机的情况下，通过他的推动和努力完成了几百例的先天性心脏病手术。

1979年，花甲之年的薛淦兴调回阜外医院，协助郭加强教授编写了《心脏外科技术图谱》，与朱晓东教授共同主编了《心脏外科指南》。

1992年，年过古稀的薛淦兴带领十几位专家前往邢台，与邢台市第三医院合作创建了冀南地区第一家心血管病医院。他率先创办心脏手术保险，解除患者家属的后顾之忧，这种方法后来也被阜外医院沿用至今。

2002年，阜外医院与郑州市铁路中心医院合作，83岁高龄的薛淦兴再度出山，在学科建设和团队培养方面做了大量的管理工作。

在阜外心外科，流传着这样一句话："薛教授是我们的'救火队员'"。外科手术时，谁遇到问题了，只要把薛教授叫来，问题就能迎刃而解。

年轻的心脏形态研究专家

1950年，薛淦兴从湘雅医学院毕业，此后3年，薛淦兴在湘雅医学院先后任解剖学助教和外科住院医生。1954年他由国家选派赴莫斯科留学，成为苏联医学科学院外科研究所心脏外科研究生，专门从事先天性心脏病的病理形态学研究。通过204具新鲜尸体解剖对心脏结构的观察，薛淦兴发现了心耳形态的规律，即右心耳三种基本形态、左心耳五种基本形态，并对照临床参加手术时，发现心脏解剖与心脏手术径路的关系。

1958年，薛淦兴获医学副博士学位，由卫生部分配至新建的阜外医院心脏外科工作。

20世纪60年代，阜外医院与北京市儿童医院病理科协作，对该院4450例小儿尸体中发现的451例先天性心脏血管畸形标本进行了观察分析，提出了先天性心脏血管畸形病理形态分类方案，并利用各类畸形心脏做成标本，经过不断补充和教学实践，形成教材，用于指导临床教学、科研及人才培养。

1963年，薛淦兴教授（右1）和支启华医师（左1）切磋心脏病理解剖

1960年，宋钦惠副院长（右2）、薛淦兴（右1）、黄宛（右4）与来院访问的美国作家埃德加·斯诺（右3）合影

他还作为阜外医院法洛四联症攻关组核心人员，提出右心室流出道疏通的手术技术改进意见，为法洛四联症外科根治术做出了积极的努力。

开展青海高原心脏手术第一人

"文革"期间，和中国许多知识分子一样，薛淦兴作为"6.26"战士，下放到青海省海西自治州人民医院——地处西宁以西500余千米，海拔3000米的高原小镇德令哈，开始了他的牧区医师生涯。

"德令哈、德令哈，茫茫荒漠少人家，夏天飞沙冬天雪，任牛相伴走天涯"，即使在今天当地的生活条件依然相当艰苦。据当年和薛淦兴一起工作的当地同事回忆，当时的州医院除了听诊器、血压计外，最先进的诊疗设备只有一台上海产的心电图机，是名副其实的既无设备又无技术人员的"双无医院"。

在海西州人民医院，薛淦兴发现当地不少牧民的孩子患有各类先天性心脏病，尤以动脉导管未闭最为多见，他考虑高海拔缺氧可能是疾病的诱因。为了获得第一手资料，他不顾年过半百及高原反应，带领同事们先后到天峻、都兰、乌兰、大柴旦等地进行巡回医疗，在海拔4000米以上的高原上，亲自深入牧民的帐篷检诊患者。

当地的先天性心脏病发病率远高于内地，甚至一户人家多个孩子同患病，且合并不同程度的肺动脉高压。这些患儿家庭大多经济困难，加之不懂汉语和路途遥远，无法到内地治疗。

薛淦兴经过深思熟虑，决心在当地开展先天性心脏病外科手术。在州委领导支持下，海西州医院破天荒地引进了心脏外科的关键设备和器械。1971年，薛淦兴亲自主刀，为当地藏族同胞姐弟两人成功地实施动脉导管切断缝合术。此后又先后成功地完成体表低温麻醉下房间隔缺损直视修补术和体外循环下心脏直视修复术。

3000米高原上心脏外科手术的成功，在当地引起很大的社会反响。邻近地区的患者闻风而至。在学生假期里，不仅每日手术连台，还出现两名患儿共用一张病床的情况。在海西州医院工作的短短几年，薛淦兴主持完成了约300例各类先天性心脏病手术。作为海西州医院心脏外科的创始人，术前检查、术后处理的细小环节他都以身作则、亲力亲为。

高原条件下，大气压低和缺氧，使患者的手术治疗存在潜在风险，尤其是那些合并肺动脉

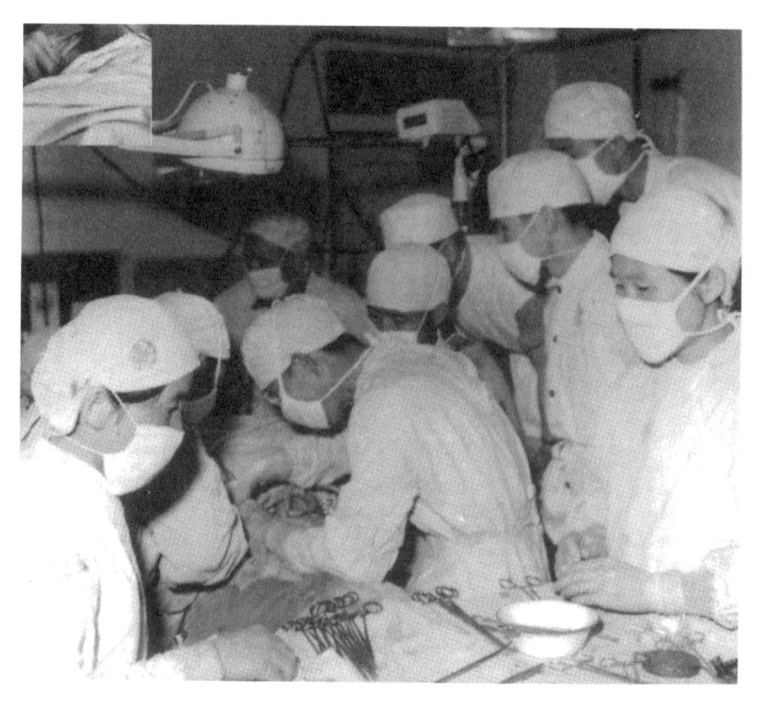

薛淦兴教授在海拔3000米高原开展心脏外科手术

1987年，薛淦兴（左2）在手术中

高压的患者。薛淦兴大胆创新，在州医院设计建造了高压氧舱及与之配套的常压病房，使患者既能在高氧条件下接受治疗，又能在类似于低海拔环境的病区中康复。

薛淦兴在高原牧区医院所做的工作得到青海省领导的高度重视和好评。1979年，他被调至省城西宁市，具体指导和参与筹建青海省高原心脏病研究所（医院）并任副所长。现在该单位已发展成拥有高级人才、先进设备和技术，医疗、教学、科研水准省内领先的心脏病诊疗中心。

薛淦兴在青海生活工作了将近10年，成为当地心脏外科的奠基者和寻路人。一方面他亲自讲课，亲授技术，使青年人直接受益；另一方面他多次选送当地医护人员到北京进修，培养了大量的技术骨干，其中不少人后来成长为学科带头人和专业人才。

即使回到北京后，薛淦兴仍然关注着青海心血管外科事业的发展。他用自身的影响力邀请国内外知名专家前往青海讲学和指导工作，传授先进的理念和技术。他还率领阜外医院的专家小组重返海西州医院，实施教学手术，

131

给当地医护人员和患者留下了终生难忘的记忆。甚至在他退休三年之后，仍有青海牧区的患者，千里迢迢慕名来到阜外医院专找薛淦兴看病。

创办多本杂志，笔耕不辍

1979年，薛淦兴调回阜外医院，迎来了他一生之中医学科学事业的第二个春天。这段时期，花甲之年的他，将主要精力和时间用在临床科研教学和学术著述之中。他协助郭加强教授编写了《心脏外科技术图谱》，与朱晓东教授共同主编了《心脏外科指南》，这两部数十万字的专业著作凝聚、积淀了阜外医院老专家数十年的宝贵经验和丰富学识。此外，他在各类学术刊物上发表了数十篇专业文章，对自己的理论知识和临床经验做了系统的回顾和总结。

薛淦兴先后担任多家国内核心学术期刊杂志的编委、副主编和主编，包括《中国循环杂志》《中华外科杂志》《中国胸心血管外科杂志》和《中华心血管病杂志》等。为办好这些期刊他呕心沥血、笔耕不辍。

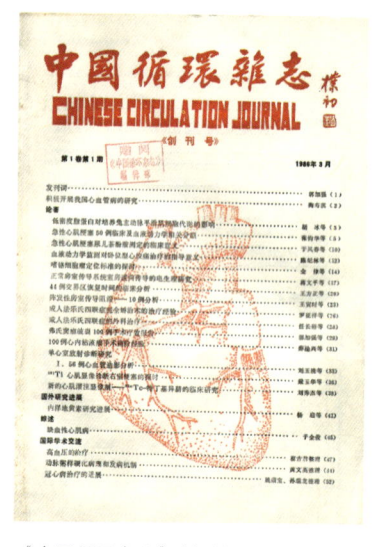

《中国循环杂志》创刊号

这段时间，薛淦兴与郭加强、朱晓东教授等一道先后出访澳大利亚、美国、苏联等国家，也多次接待来中国访问的外国专家。向外宾介绍中国心脏外科成就和进步，也注重学习国外的先进理念和技术，并积极地将其介绍给国内同行，充分发挥了学术交流的桥梁作用。

身居阜外医院这块学术高地，薛淦兴却一直关心和支持地方及基层医院心脏外科的进步和发展。尽管年事已高，对基层协作医院的需求，他总是有求必应，不辞辛劳地前去讲学、会诊疑难病例，以及主持或参加手术。

创办冀南第一家心血管病医院

1992年，年过古稀的薛淦兴退休了，可他"壮心不已"，希望继续为心脏病患者和心脏外科事业贡献余热。邢台是当年的革命老区，心脏外科尚属空白，许多患者得不到有效的治疗。当地领导求贤若渴，辗转找到阜外医院，这个意向正好与薛淦兴先生的心愿不谋而合。他带领十几位北京专家前往邢台，与邢台市第三医院合作创建了冀南地区第一家心血管病医院。

邢台地处较为贫穷的太行山东麓，建院时国家无资金投入，生存、发展全靠自己。在这里，薛淦兴开拓了新的管理方式。他借鉴国内外医院管理的先进理念和经验，设计和实施了"模拟股份制"的运作方式。建院伊始，在资金借贷、设备购置、病区改建的初始环节，他就精心筹划、严格把关。对旧的管理和分配制度大胆改革，消除弊端，制订出一整套科学合理的成本核算和分配方案，既有效降低了运营成本，又充分激发了医院员工的工作积极性，取得了良好的社会和经济效益。他主动和保险公司协商，率先创办心脏手术保险，解除患者家属人财两空的后顾之忧。这种方法后来也被阜外医院沿用至今。

据当时邢台的同事回忆，"每例手术前他便早早来到手术室做好准备，或自己主刀或指导手术。术后就在手术值班室简单吃一碗方便面和一个荷包蛋。针对术后患者，薛老都要到监护室巡查，直到患者病情平稳后，才到办公室打个盹，半夜每二三个小时还要看患者。"

他经常告诫全院职工服务无小事、形象无小节，并约法三章：不准接受吃请、馈赠、劳务。这所医

时任阜外医院院长高润霖前往邢台市心血管病医院洽谈合作

院被当地社会各界誉为"医疗界一方净土""没有锦旗和镜匾的医院"。卫生部领导视察后评价,"我经多方了解住院患者和家属,看到这所医院医德医风是一流的,服务也是一流的。"

为了支持基层医院,帮助更多患者得到救治,薛淦兴开办了"鱼水工程"的学术讲座和交流。曾经先后举办20余次国家和省级Ⅰ类学分讲座,形成以邢台心血管病医院为中心数十家医疗机构组成的协作网。他多次热心地邀请国内著名的心血管病专家前来邢台讲学,把最新的专业技术介绍给当地的同行。每次他都是亲自设计课程,安排专家的生活和行程。

薛淦兴在邢台工作生活了8年,在他离任时,该院每年心脏手术达到300余例,成为冀南地区首屈一指的心血管疾病诊疗中心。

再度出山

2002年10月,阜外医院与郑州市铁路中心医院合作,对其心脏外科中心进行重新规划、设计。83岁高龄的薛淦兴教授再次来到郑州,开始他的第三次"创业"。在郑州,他从学科建设和团队培养方面做了大量的管理工作。他还时时思考和总结邢台经验,希望能运用到郑州市铁路中心医院。

郑州市铁路中心医院胸外科副主任冯光强当时是一名主治医师,据他回忆,那时医院每天有五六台手术,薛老每一台都会在场,从开始站到结束,他就像一根"定海神针",虽然不主刀,但只要主刀医师一有疑难问题,他就上去指导,然后很快就解决了问题。有时碰到危急、重症的心脏病患者,他就一直守着,直到患者病情好转才离开。

"当时薛老一个人住在医院附近一座家属楼的5层,常常深夜10点他才回去。"薛老的学生回忆当时的情景,仍然历历在目。

为了培养年轻医生,薛淦兴经常组织讲课,他的讲课很系统,准备好的PPT每一张都很清晰、透彻。同时他还专门聘请外籍教师,组织英语学习,而他本人更是英语爱好者，经常翻阅英文书籍。他特别鼓励青年作者给期刊投稿，无论是谁，都不厌其烦地为其修改稿件。"他的精力特别充沛，从没看到他特别疲惫的时候。"冯光强说。

2005年，薛淦兴因为身体原因返回北京。郑州市铁路中心医院心脏外科中心从他来之前一年几十例心脏手术，到他回北京之后每年一二百例，且可以独立开展复杂心脏手术，发生了天翻地覆的变化。

沉下心来做事

"薛老帮助我养成了良好的诊疗和手术习惯。他做学问做人都值得我们敬佩，是令人尊敬的老爷子。"这是笔者听到最多的一句话，只要一提到薛淦兴的名字，无论是七八十岁的老专家，还是四五十岁的中青年骨干，无不由衷地敬佩。

在阜外医院心外科，流传着这样一句话："薛教授是我们的'救火队员'。"外科手术时，谁遇到问题了，只要把薛教授叫来，问题就能迎刃而解。他总说："心脏解剖及各类心脏病的病理形态是心脏外科专业诊断、治疗的重要基础，没有打好这个基础就不能做好手术。"看他做手术就是一种享受，如同上了一堂解剖课，讲得清清楚楚、明明白白。

他不遗余力地培养年轻人，耐心细致。记得有一次薛老问他学生一个问题，不是特别难但却是不常遇到的问题，学生一时没答出来。薛老却说："你没能回答出这个问题，我感到非常遗憾。可能是我这个老师做得不够好。"这反而让这位学生心里非常难受，感到无地自容。薛淦兴为国家培养了6名硕士研究生，这些学生现多已成为心血管外科的知名专家。

他鼓励年轻人多写文章，主张文章要有个人观点和个人语言特色。通常他把握文章大方向，如果有不对的地方，他会建议查阅相关书籍并修改。他常说："一篇文章10个人看10个人有修改意见，如果都照着改就没有了个人观点、个人特色。"大多数时候他是引导思路,鼓励大家独立思考。

老人家有一颗永远年轻的心,一辈子都在追求新事物。

他70岁时考取了小汽车驾照,有可能是中国考取驾照最大年龄的人。因为健康的原因真正赋闲在家时已是近90岁高龄,但老先生耳不聋、眼不花、齿不摇,书报不离手,还经常上网关心新闻时事,下载一些文章和诗词。

他案头的所有东西都摆放得整整齐齐、井井有条。他看书喜欢做笔记,一边看一边记录下来。每每学生们前来看望他的时候,便会拿出一本本书籍或者是《参考消息》,有时还会读上其中的一段文字,然后抛砖引玉式地谈些自己的看法,引起几位学生发表言论,参与热议。如果他有不同意见,会拿出平时做的剪报,不慌不忙、有理有据地参与"辩论"……

永远能沉下心来做事,永远不急不躁,对信仰也好,对学术也好,都执着追求着,打上时代烙印的这一代人,无可复制。

整理/闫金凤 陈惠

尚德延

为麻醉事业殚精竭虑

1956年，吴英恺在筹备解放军胸科医院（阜外医院前身）的麻醉科时，这位阜外医院的首任院长觉得，他在朝鲜战争时见到的拥有才华和热情的尚德延应该能够担负这个重任。

当年，阜外医院麻醉科胡小琴风华正茂，被分到了解放军胸科医院，"对麻醉一点都不了解"的胡小琴遇到了尚德延。胡小琴跟随尚德延学会了自强自尊，也学会了"科研为临床服务，临床靠科研进步"的宝贵经验。

尚德延痴迷于麻醉学，并为此殚精竭虑，他呼吁麻醉专业应承担从急救复苏到生物医学工程、从临床医疗到基础理论研究多方面的工作，呼吁将麻醉科列为临床科室……终于在1989年,卫生部下达文件,把麻醉科列入一级临床科室,但尚德延却没有等到这一天。

空白状态

1918年,尚德延出生于沈阳。父母和那个内忧外患年代里的许多人一样,希望尚德延"忠厚传家久,诗书继世长"并从医,或许不能救国,但至少能救人。他的父母即使在漂泊不定的生涯中,也将六个子女前后全部送入各地大学受教育。他们期望尚德延从医,高中期间曾送他就读于北京法文学院和当时上海震旦大学医学预科,迁居兰州后就读于兰州大学医学院。

大学毕业后,尚德延于1945年在兰州中央医院做外科住院医生。

1947年,该院院长、曾是吴英恺教授大学时的外科启蒙教师的张查理选派了一些青年医生赴美国芝加哥美洲医院进修。尚德延也是其中一位,他在美国选择了麻醉学,因为彼时的中国现代麻醉事业处于空白状态。

1949年初,已成为美国麻醉医学会会员的尚德延回国,随即便在兰州中央医院创立了麻醉科并任主任。这是一个富有历史意义的创举——这是我国第一个专业麻醉科。

新中国成立后,兰州中央医院更名西北军区第一陆军医院,后又改名中国人民解放军兰州军区总医院,刚过而立之年的尚德延承担起了麻醉学科的创建工作。

那时,尚德延还兼任医院外科工作。他白天奔波于手术室、病房,晚上伏案阅

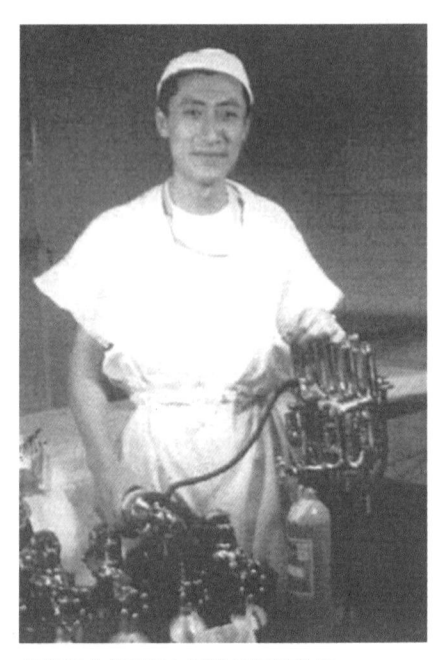

尚德延在美国芝加哥美洲医院进修

读国内外专业文献，探讨麻醉学、外科学相关理论和最新进展。他想让更多的中国人掌握麻醉新技术，这是他的个人愿望，也是国家所需。

遇到吴英恺

新中国成立初期，我国战伤患者较多。尚德延编写了 70 余万字的麻醉学、野战外科学讲义。讲义里散发出的油墨味，至今弥漫在儿子尚华的记忆里。"在他的案头，永远堆放着写满钢笔字的稿纸，油墨印刷的讲义是面向本院、其他解放军及地方医院和医学院学生授课培训的教材"，尚华回忆，从那时起，尚德延就为自己制订了"编写一部《麻醉学》专著"的奋斗目标。

1951 年，尚德延发表了第一篇麻醉方面的论文《周身麻醉时之循环突然停止》，对全麻时循环突然停止的原因、症状、预防、处理及预后进行阐述。同年，他还在西北医学杂志上发表了《战伤麻醉》一文，这是我国在这方面的较早论著。1953 年，尚德延等对西北军区第一陆军医院的 552 例脊椎麻醉病例进行总结，并写成论文发表于《中华外科杂志》上。这些论文都是国内麻醉学方面的最早文献。

1954 年，总后卫生部为了使志愿军伤员晚期战伤得到良好治疗，在辽宁成立了战伤外科医疗研究组，吴英恺任组长。当时还在大西北的尚德延被调到了东北，担任医研组麻醉科主任。这一年，吴英恺开始认识到这位年轻人对麻醉学的才华和热情。

尚德延领导麻醉科配合外科各专科，完成了大量晚期战伤的手术任务，如颅内异物、外伤性癫痫、慢性肺脓肿、慢性脓胸、髋关节创伤后遗症等当时的疑难手术，且无一例患者因麻醉而死亡。

为解决野战条件下的麻醉问题，尚德延制订科研计划，对比观察乙醚、不同比例的氯仿与乙醚混合液和氯乙烷的诱导效果，以及心电图变化，研究结果以论文形式刊发于 1957 年的《人民军医》杂志上。他还参与我国第一部

《野战外科学》的编著，编写了"野战麻醉"和"战伤感染"两章，并翻译了大量战伤麻醉的文献。

在医研组的两年，吴英恺进一步了解了尚德延。1956年春，解放军胸科医院成立，吴英恺在其"雷厉风行，大刀阔斧"的改革中建科设室，把尚德延带到了北京。

痴迷

新成立的解放军胸科医院是一个以治疗肺结核、心血管内外科及非结核胸内外科为主的医疗机构，但随着心血管病治疗比重逐渐增加，地处郊区（北京黑山扈）给医院开展心血管病医疗工作带来很多不便。

1958年，解放军胸科医院转入中国医学科学院系统，迁至阜成门外一所新建的医院，合并成阜外医院。此后，阜外医院的重点逐渐转向心血管病的医疗和研究。不过，尚德延早已投入到心血管麻醉的科研和临床中。

尚德延重视实验研究，为研究胸部和肺手术，1956年刚到胸科医院麻醉科，他便创建了动物实验室，开展低温麻醉动物实验。实验室设在地下，做动物实验被称为"地下工作"。

尚德延对实验研究可用痴迷来形容。"他每天一早就到实验室，参加犬体表泡冰工作，出冰水后亲自上手术台做开胸模拟手术，仔细观察低温麻醉全过程中犬的各种生理变化。他常常一直守在动物旁边，也顾不上吃午饭。我们经常给他带一个馒头，他边吃边观察。"胡小琴回忆。

同时拥有常规实验室和动物实验室的麻醉科，当时全国仅此一家。尚德延根据临床任务和存在问题，遵循实践—研究—再实践—再研究的方针，使临床工作不断得到提高和发展。

有一次，在做动物实验时，尚德延发现低温下犬的心率很慢，但无意中在心包内加了点儿普鲁卡因，结果心率立即变快。尚德延说：你们看到没有，

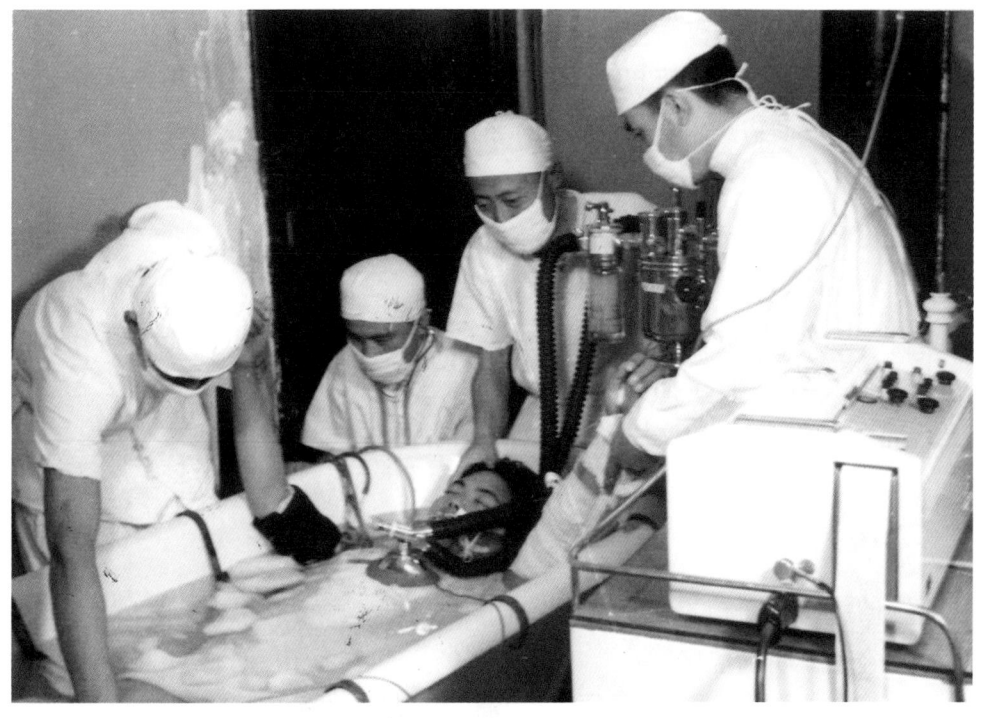

1958年1月,尚德延教授做深低温麻醉

为什么心率变快了?是不是普鲁卡因的作用?我们想局麻药普鲁卡因应当使快心率变慢,怎么会使慢心率变快呢?尚主任说:我们再试试。结果每次心率慢时用普鲁卡因后都会立即变快,尚德延特别高兴,说低温下慢心率有办法了。后来在病人手术时,如遇到心率太慢,从外科医生到手术护士都知道,在心包内放点普鲁卡因,百分之百有效。

有付出必然会得到回报。1956年,尚德延开展了国内首例低温麻醉下的肺手术,1957年开展了体表冰浴低温麻醉下的心内直视手术和大血管移植手术,数百例均获得成功,使低温麻醉成功地应用于临床。

1957年,尚德延还领导团队在实验室首次成功研制出国产氧化亚氮(笑气),并实现投产。此外,他对控制性降压的病理生理学基础和临床应用亦取得很大成绩。这些对我国心脏外科的发展有很大贡献。

尚德延的探索还未停止，他在实验室开始了体外循环研究。1958年，尚德延与阜外医院外科及协和修理工厂合作研制体外循环机，他带领麻醉科进行了体外循环动物实验200余次，并于次年成功实现了首次体外循环下心内直视手术。

他还对半身循环血流动力学改变和并发症提出重要改进意见，提高了其效果和安全性。还在国内首先提倡以枸橼酸血、葡萄糖盐水和右旋糖酐代替肝素血，为大量开展体外循环下心脏大血管手术提供了很大方便，并对由此引起的血液学和血流动力学改变进行了相应研究。

1965年，尚德延自行设计试装人工心肺机并开展了动物实验，在人工肺的研制方面积累了丰富经验，明确了国产人工肺的性能并应用于临床，后来还参加了国内各地的试制鉴定工作，对我国开展心脏直视手术起到了积极的推动作用。

1972年逐渐恢复工作后，尚德延开展了针麻下心内直视手术和中

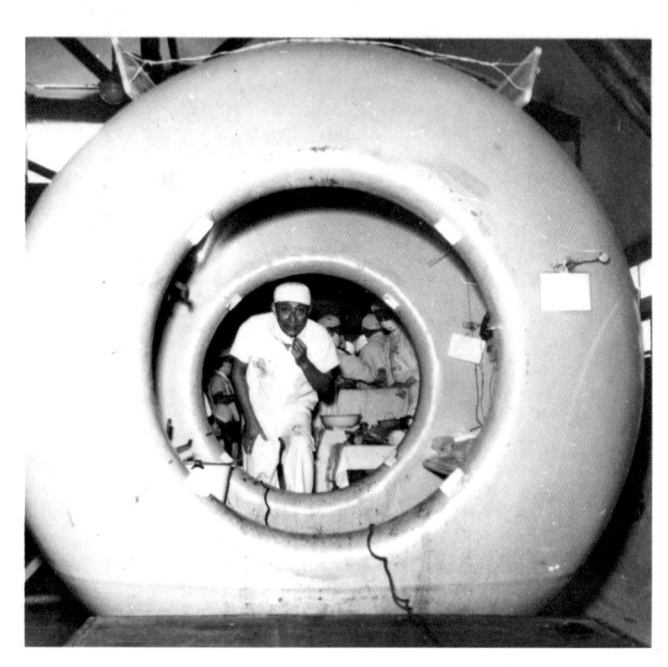

1965年进行高压氧，低温手术

药麻醉，并对洋金花的有效成分进行了分析，并应用于临床，明确了洋金花的有效成分东莨菪碱后用中英文发表，后被国内外广泛采用。

20世纪70年代后，尚德延从事过一段肺源性心脏病（以下简称"肺心病"）的研究工作，对肺心病心力衰竭的抢救治疗，肺心病的血流动

力学改变及肺心病的某些呼吸疗法均发表文章予以阐述。同时，继续进行呼吸功能不全及体外循环各方面的研究，在体外循环下的心肌保护、心脏起搏、循环骤停和心脏复苏及心脏手术时的心脏复苏的研究方面亦取得了较大成绩。

殚精竭虑

越是走在前面的人，越可能体会终点的可望而不可即。"文革"结束后，尚德延多次赴欧美访问考察并参加国际会议，所见所闻让他深感我国麻醉学现代化建设的必要性和紧迫性。他的先知先觉给他带来焦虑，但他知道这不是任何一个人单独就能解决的。

事实上，早在30多年前刚踏入麻醉学事业的大门时，尚德延已经有意识地在科研之外培养麻醉人才，为中国壮大麻醉队伍，他在1956年举办了全国第一届麻醉进修班，1964年开始培养麻醉学研究生。

1979年访问美国克里夫兰心脏外科，与Dr. Floyd D. Loop 合影，右1尚德延教授，左1刘玉清教授，左2郭加强教授

"尚德延非常关心青年人，毫无保留地传授自己的心得和经验。"这是胡小琴1956年初次与尚德延见面时关于"是否喜欢麻醉"的谈话后，油然而生的感觉。

薛玉良有着与胡小琴同样的感觉。这位尚德延1979年的研究生，至今保留着尚德延帮他改过的每一篇文稿。那时，尚德延要求他的学生每个月写一篇麻醉学最新文献综述，他对每一篇都要反复修改。

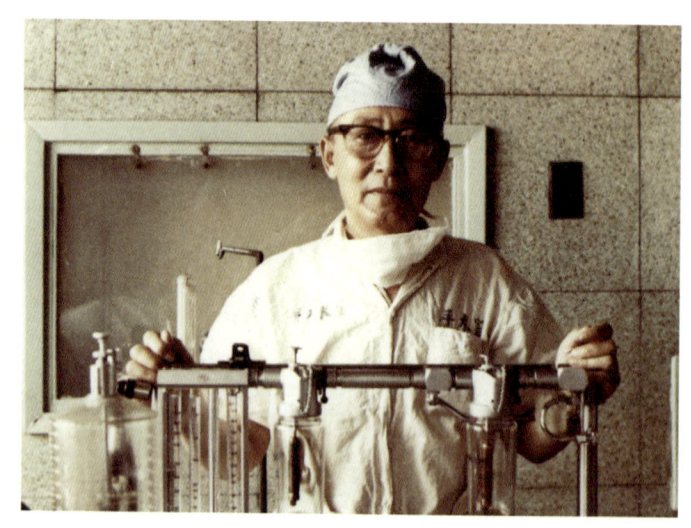

1980年，尚德延在阜外医院麻醉科

"从文章结构到文字表达，铅笔修改的意见写在稿纸的字里行间，很多页间还夹有烟灰的痕迹。"薛玉良说，这让他仿佛又看到了导师辛勤工作的身影。

薛玉良研究生毕业后，尚德延希望他留在阜外医院工作，后来由于天津医科大学第二医院要他回津协助开展心脏外科手术，尽管尚德延一再挽留他，薛玉良仍坚持回到天津，他心想这回主任该怪罪自己了。但没多久就接到了尚德延的电话，原来尚德延到天津胸科医院来指导工作，要抽空来医院看自己。尚德延问他回津后的情况，了解到薛玉良的住房尚未落实，当即找到院长替他反映情况。送走尚德延后院长感慨地说："你真的遇上了一个好导师。"

尚德延每年在麻醉科办一次进修班，培养来自全国的麻醉科医生。他培养的进修生和研究生后来多数担任各地医院麻醉科的负责人，以及地区麻醉学会的领导人，很多成为了新一代麻醉学专家。1988年《中华麻醉学杂志》编辑部出版的《中国当代麻醉学家》一书共收录了195位麻醉学家简历，其中约40人曾在尚德延门下学习过。

尚德延对我国麻醉技术和麻醉人才的贡献，使他被学界视为中国现代麻醉学的开创者和奠基人之一，而他也为了这个事业殚精竭虑。

有一年，春节前在人民大会堂举行有各学科带头人参加的茶话会上，别人都在说成绩、讲贡献，尚德延却在发言中大谈社会对麻醉学专业重视不够，导致学科发展滞后。而当时各医院的岗位津贴都是外科系列多于麻醉科，唯独阜外医院麻醉科超过外科。

出于对中国现代麻醉事业与国外差距的焦虑，尚德延与其他老一辈麻醉学家一起，积极筹备组建中华麻醉学会，创办《中华麻醉学杂志》。

1979年8月，中华医学会在哈尔滨举行第一届全国麻醉学术会议。面对300余名来自全国各地的麻醉学领域的代表，尚德延做了题为《为促进麻醉现代化而奋斗》的报告。

"要求我们解决的问题越来越多"，他呼吁麻醉专业应承担从急救复苏到生物医学工程、从临床医疗到基础理论研究多方面的工作，呼吁将麻醉科列为临床科室……

尚德延和麻醉科同事及国际友人在一起

1979年8月23日，第一次全国麻醉学术会议在哈尔滨召开，中华医学会麻醉学会成立，尚德延当选为主任委员

那次会议正式成立了中华医学会麻醉学分会，尚德延以无记名投票方式被选为首任主任委员。两年后，《中华麻醉学杂志》也正式出版发行，尚德延任副主编。

一切都在向着积极的方向发展，尚德延满怀希望。他翻开他一直坚持的学术笔记，继续编写《心血管麻醉学》。那些日子，他书桌上的台灯每天点亮到凌晨。

1985年10月25日凌晨，他终因精神和体力衰竭而跌倒在地，再也没有起来。在人生最后的日子里，他仍在审校稿件和组织编写《心血管麻醉学》。"就在去世的前一天，他还拖着疲惫衰弱的身体来到办公室，讨论和安排这些事宜。"尚华说。

1989年，卫生部下达文件把麻醉科列入一级临床科室，但尚德延却没有等到这一天。

整理 / 陈海波

徐守春

兴趣多一点，知识面广一点

    徐守春，1954年毕业于北京协和医学院，1956年2月被调到北京黑山扈122疗养院，当年4月阜外医院的前身解放军胸科医院在122疗养院成立。

    早年的条件非常艰苦，与国际医学界交流很少，只能通过医学期刊来获取知识和最新信息。徐守春跟随吴英恺教授，从北京协和医学院到解放军胸科医院，再到阜外医院，亲历和见证了阜外的诞生、成长和发展。

    1958年，吴英恺教授安排外科李平、麻醉科徐守春和生理科的张琪成立了体外循环研究小组，经过一年多的时间，成功研制了自己的体外循环机。之后徐守春改进了半身体外循环法，避免了患者术后的腹腔器官充血并发症；首次发现体外循环手术后引发弥散性血管内凝血（DIC）的病例，并开展紧急治疗方法，成功救治多例 DIC 患者。

徐守春今年已经 89 岁了，他从阜外医院麻醉科退休之后，就协助老伴刘力生，把精力投入到高血压疾病预防和治疗中。

从协和到阜外

第二次世界大战以前，外科手术的麻醉工作都由外科医师兼做。战争爆发后，这种"兼职"的弊端暴露出来。由于麻醉水平不高导致死亡率上升，因此麻醉专业化已成必经之路。为此，西方国家建立了麻醉专科。第二次世界大战后，我国也开始认识到麻醉专业的重要性。抗战胜利后国内开始派遣人员到国外学习麻醉专业，这批人有上海的吴珏和李杏芳、云南的谢荣（1951年回国）、兰州的尚德延、天津的王源昶、云南的谭惠英（1956年回国），他们成为我国第一代麻醉专业医师。

从美国学习回来的谢荣被聘到北京大学医院，兼任协和麻醉主任教学工作。1953 年谢荣在北京协和医院外科办麻醉培训班，北京、天津、东北、武汉、贵阳一共 20 余人参加，北京协和医院第三班的学生徐守春和史誉吾被专门挑选出来接受培训，这是我国麻醉医生专业化的起步。

1956 年 2 月，徐守春被调到北京黑山扈 122 疗养院，同年疗养院改建成解放军胸科医院（阜外医院前身）。当时医院有 8 个病区，每个病区 40 张床，一共 320 张，外科与内科各 160 张。

当时外科主治以上的医生有侯幼临、黄国俊、邵令方和李功宋 4 个人，每人管一个病区。

青年徐守春

他们如鱼得水，每个病区每天都安排手术，每天 4 台，手术室只有两间，所以每间手术室得做两台胸科手术，而最紧张的是当时麻醉只有徐守春一个人。

徐守春在回忆阜外医院成立的背景时写道："那时的麻醉器械很原始，完全需要人工操作、离不开人，我只能先诱导麻醉插管完成一个患者后由一名护士维持着，再麻醉第二个患者。给我当助手的护士是邵令方的夫人张育平，她并没有经过麻醉培训，而且她还有肺结核病做过手术，我们两人每天工作 12 个小时，做 4 台麻醉，每天回到家都是筋疲力尽。"

这种状态持续了半年，一直到 8 月份，总后卫生部又调来一些曾参加 1954 年辽阳战伤外科研究组的人员来胸科医院，住院医师则依靠全国各地来进修的医师担当，大大缓解了压力。同时总后卫生部又从哈尔滨、沈阳医科大学调了 30 名刚毕业的军医来补充基层力量，他们来后不能立即参加临床工作，按不同专业送到全国各综合医院去大轮转实习，一年后回到胸科医院又在院内各科室进行轮转实习，直到 1958 年才正式到各科室担当临床工作。

1958 年，部队精简机构和人员，总后卫生部与中央卫生部决定将北京协和医学院与当时中央卫生研究院（做基础研究）合并，成立中国医学科学院。胸科医院整体转业到阜外医院，成立中国医学科学院阜外医院。

研制北京第一台体外循环机

解放军胸科医院麻醉科于 1956 年成立。当时条件非常艰苦，只能通过医学期刊来获取知识和最新信息。而在此之前，我国麻醉手段非常有限，一直使用的是比较原始的办法，即在患者面罩上铺上十几层纱布，然后采取人工滴注乙醚或氯仿的方式开展麻醉，手术做多久，就滴多久。后来用气管内麻醉，但气囊需要用手捏，一捏就是 5～6 小时，劳动量非常大。麻醉药物如乙醚、

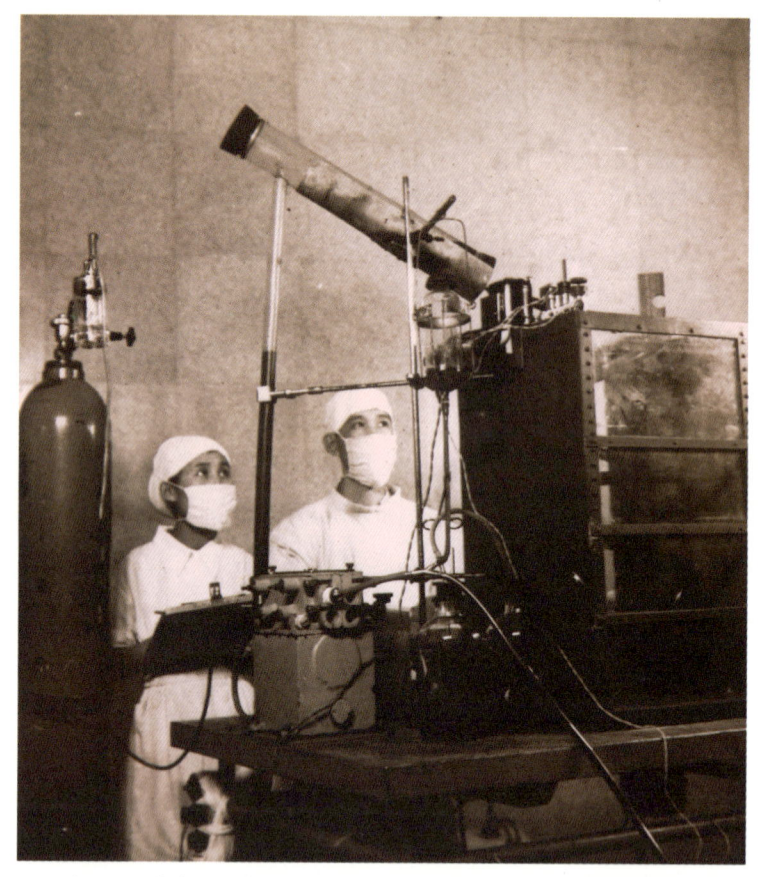

氯仿可由国内自己生产，但全身麻醉所使用的静脉注射药硫喷妥钠，只能靠从美国进口。

1956年徐守春到上海买了呼吸机，又从德国进口了麻醉机，阜外终于有了初步麻醉的条件。

开放式的心脏内复杂手术要用体外循环机，当时国内一些地方如上海已经开始自行研制。1958年，吴英恺教授安排外科李平、麻醉科徐守春和生理科的张琪成立了体外循环研究小组，邀请北京协和医院修理工厂张工程师、赵工长一同研究。5人到上海参观了3家医院体外循环机研制工作。但当时上海也正处在实验阶段，有一个关键技术问题未得到解决。

幸运的是1956年从美国回来的苏鸿熙和从法国归来的范秉哲各自带回了一台美制体外循环机，一次偶然的机会，苏鸿熙带着体外循环机到胸科医院演示。张工程师看到后立即明白，最难的技术在于无极变速，掌握了这一点，体外循环机的研制技术得以突破。

1958年9月，徐守春、李平与医科院仪器厂研制的"北京1号"体外循环机获得成功经过一年多的时间，阜外医院第一台体外循环机被研制出来，名为"北京1号"，开始了动物实验。

那时阜外医院的手术量很大，他们白天进行手术和麻醉到下午3点，回到实验室做动物体外循环心脏手术实验，术后还要给动物术后护理，一直到天亮。常常是一整夜不得闲，困时就只能打个瞌睡。第二天又开始上台做手术和麻醉。就这样试验了上百次，经过一年多的时间，"北京1号"给动物做心脏手术的成活率逐渐上升，终于在1959年被批准用于临床。

"北京1号"后来经改进又制成了"北京2号"，阜外医院用它们做了145例体外循环手术。

发现问题，解决问题

正常情况下心脏手术需要每分钟3000～4000毫升氧合血，但当时体外循环机只能提供2000毫升的血流量，远远不够用。用什么办法取长补短呢？天津医科大学王源昶用半身体外循环法，即将体温从37℃下降到30℃后，加强了身体缺氧耐受力，阻断降主动脉和下腔静脉血运，用小流量灌注上半身和大脑，重点是保护大脑。只用每分钟1500毫升血液供应维持手术，30～40分钟完成手术。

但是，阜外医院在学习应用此法的过程中发现很多患者腹腔器官有充血并发症，徐守春经过思考和分析后认为唯一可能就是手术过程中仍有少量血流进入腹腔而无法流出所引起。

他与同位素室合作，采用同位素碘-131和伊文思蓝进行跟踪灌注血流的研究，结果证实，降主动脉阻断后上半身灌注的血流仍有部分通过侧支循环流向腹腔器官，而下腔静脉被阻断不能回流，导致脏器充血。

于是他改进在下腔静脉放置一根细管，根据压力的变化将下腔静脉血引出，腹腔器官的充血问题得到解决。

兴趣多一点，知识面广一点

　　弥散性血管内凝血是一种病理现象，很多创伤可以引发。它不属于某一专科的病，想主动地去认识这一现象是很难的。徐守春在学习过程中曾看到过文献报道，他很感兴趣，收集了有关文献进行系统学习。20世纪70年代末的一天，一个14岁的小姑娘在体外循环下实施了肺动脉瓣膜狭窄切开术，术后第一天孩子恢复顺利，但第二天，病情直转急下。患者发生休克，全身发绀，浑身大汗淋漓，四肢冰冷，血压下降，心率增快，并且没尿。起初大家怀疑是心脏导致的循环衰竭，徐守春在术后例行访视患者时十分惊讶，觉得不可思议。女孩病情应该很轻，仅仅是肺动脉瓣狭窄，她的心脏并未受到严重损害，而手术时间也只有十几分钟，一般情况下这种患者术后2～3天就可以下地。把女孩那么严重的循环衰竭归咎于心脏是难以信服的，他认为这个女孩的病情是周围性循环衰竭而不是心源性循环衰竭。这么严重的周围性循环衰竭是

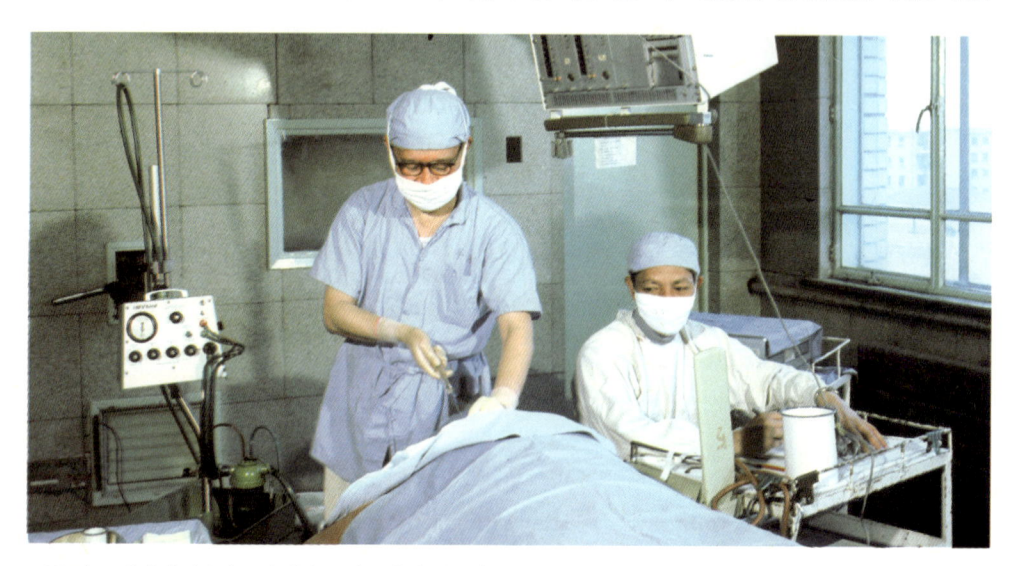

1985年，徐守春（左）正在进行心脏手术麻醉（右邓硕增）

什么原因造成的呢？他联想到了弥散性血管内凝血。他建议外科医师申请协和血液科会诊，化验结果显示异常，但由于不是特异性的，所以还不确定。弥散性血管内凝血是一种极其危急的病理状态，必须及早用肝素抗凝治疗，他把这个想法告诉了当时管理病房的主治医师、他的师弟乐效羣。

但是当时大家对弥散性血管内凝血并不了解，谁也没见过，也不知如何使用肝素治疗。当时女孩的情况万分危急，耽误下去必死无疑，徐守春心中也万分纠结，因为只有他从文献中了解一些，他觉得自己不能见死不救，但患者应由外科医生负责，他不能越权干预，此外，术后患者怕的就是出血，而现在反而要用肝素抗凝治疗，后果如何不得而知，必须冒极大的风险。

病情紧迫，在得到当时的外科主任郭加强的同意、主治医师乐效羣的支持下，他参照文献的经验，用肝素静脉分次注射，随时测定凝血情况，实施24小时严密观察，亲自守在患者床旁。他不断地调节药量和时间，2天后，导尿管出现了清澈的尿液，先是几秒钟出现一滴，然后逐渐增快。第3天，患者四肢开始温暖，脸色红润起来。紧接着患者清醒了，回答问题一切正常，说明大脑没有受到损害。经过半个月治疗，患者完全恢复。所有人都松了一口气。此后相同的病例有15例，徐守春将"心血管手术后并发弥散性血管内凝血"的治疗经验发表在1981年的《中华外科杂志》上，让更多外科医师认识了这一凶险的病理现象。

回忆这一段历史，徐守春说："麻醉医生必须了解全身各个器官知识，包括生理、生化、病理等，广泛阅读文献，了解国内外最新的医学进展，并应用于临床，随时应对术中术后的突发事件。"

学习基础知识使联想更多一些

心肌保护是手术中很重要的问题，在开展心脏直视手术时，必须在干净的术野下才能开展精细的修复。因此要停止心脏供血循环，缺血的时候有时

徐守春参加"2015年中国高血压年会"暨"第17届国际高血压及相关疾病学术研讨会"

需要1个小时，如何保护心肌耐受并恢复正常功能非常重要。

用冷的含钾保护液让心脏"休息"，完全处于静止无氧耗状态是最基本的常用方法。在这基础上各国都在不断探索改进以期获得更好的效果。20世纪上半叶治疗高血压的药物几乎是空白的。20世纪50年代后医药学发展迅速，引发高血压的各种原因也逐渐被揭示出来，如肾素-血管紧张素系统（RAS）就是其中之一。20世纪90年代徐守春从主任的岗位上退下来，在研究室工作。他学习任何知识都希望能知道其所以然，也就是要弄清其中的机制。那时他自己也得了高血压，在学习RAS时他理解到心脏也是一个内分泌器官，也具有RAS，于是他便联想到血管紧张素转化酶抑制药（ACEI）可能改善心肌供血对心肌有保护作用。因此开始带领两位博士研究生研究血管紧张素抑制药对手术时停跳的心脏的保护作用，结果表明保护停跳心肌的效果好，临床应用十分成功，开辟了保护心肌的另一个新领域。他们的论文在1992年荷兰Maastricht会议上报道后引起与会者的兴趣，纷纷来信索要论文。

麻醉医师培训既需"全"又要"专"

如今的四川大学华西医院麻醉科主任刘进，致力于住院医师规范化培训（以下简称"住培"）。四川大学华西医院也是较早开展住培的医院之一，刘进常常被邀请到各大会议讲述其开展住培的经验。而他之所以把几乎所有精力都投入到住培当中，最初是受到了他的博士生导师徐守春的影响。

徐守春说，新中国成立后专业化太早，由于战争的需要，多采用短、平、快的培训方式。但是这种方式已经不适应和平年代医学的发展。麻醉医师所需要掌握的知识多，应经过各个外科培训，而且必须是在综合医院培训。局部、脊髓、硬膜、神经丛、妇产科麻醉，送出去培训1～2年。与外科医师轮转一样，麻醉医师也应具备普遍知识基础，才能进一步"专"。应在腹部外科、泌尿外科、胸外科等轮转4年，掌握新技术，具备较广的知识面。

据了解，美国麻醉医师住培为4年。目前，中国也已制订麻醉住院医师的培训为5年，各地都在积极开展此项工作。

徐守春特别注重培养年轻人，他每天在手术室里巡视，指导"新手"，一旦发现问题，立即纠正。他说，培养年轻人一是要注重具体操作，放手让做，但不能放手不管，"新手"要有"老手"从旁辅导，从易到难。培训后必须经过考核，才能让"新手"操作。尤其是使用体外循环机的培训，就要像驾校培训驾驶员那样，机器必须在离体情况下安装、操作，符合要求后才能上临床。这

1991年，徐守春与刘力生在美国

种培训制度从 20 世纪 70 年代开始延续至今。二是必须重视理论学习，要求多读书，他当科主任期间，要求科里的年轻医师每周进行医学文献报告。科室也形成了每天手术讨论会的制度，即头一天手术后要开会讨论第二天做什么手术，负责医生汇报患者情况，提出麻醉计划，第二天则按照前一天讨论的去做。

最幸福的事

1992 年徐守春从阜外医院退休，他从北京协和医院到胸科医院和阜外在麻醉科工作了 38 年。

但他退后并未休，1994—1995 年和其他医生帮助邢台第三医院建立了心脏中心。如今，89 岁的徐守春仍然每天到北京高血压联盟研究所"上班"，数十年来，他始终不离不弃，默默地站在刘力生的背后，在学术研究、临床实验中，协助刘力生做了许多琐碎的工作。辛苦自是不用多说，但再也没有比这更幸福、更浪漫的了……

整理 / 陈惠

胡小琴

麻醉、体外循环都是至爱

1956年，胡小琴刚刚分配到解放军胸科医院时，医院让她从事麻醉。但对于麻醉，胡小琴脑海却是一片"空白"。

负责组建麻醉科的尚德延对她说，不了解麻醉是很难喜欢上的，就像对一个人，你先了解他，然后才会喜欢他，进一步你会爱上他。

到后来，胡小琴不但喜欢上麻醉，而且爱上了它，并决定一辈子嫁给它。除了麻醉，胡小琴还在体外循环领域倾注了大量的心血。

会爱上他

1950年，胡小琴就读于武汉"省一女中"高三。大时代里小人物的命运往往随着时局而巨变。在朝鲜战争爆发后，胡小琴选择报名从军。父母为了支持她，专门为她买了一身红棉毛衫送行。

由于前方战事需要大批医务人员，胡小琴等一批文化水平较高的学生被安排到哈尔滨医科大学学习。在哈尔滨医科大学，胡小琴树立了理想，学到了知识，也收获了爱情，认识了相濡以沫的人生伴侣何原文。

1956年，她被分配到刚刚成立的解放军胸科医院。从此，她的人生与阜外医院并轨。

1958年，解放军胸科医院划归"中国医学科学院"，胡小琴也成为阜外医院的第一批员工，毕生在手术室为生命保驾护航。"我们那代人服从安排，需要我做什么我就做什么。"胡小琴说。

毕业分配的时候，由于去解放军胸科医院报到比较晚，内科、外科等科室已经没有名额。"麻醉科还缺人，你去吧！"负责分配的焦助理员说道。

"是"，她敬了个军礼就到麻醉科报到去了。

"你喜欢麻醉吗？"负责组建麻醉科的尚德延教授问。

"我还不清楚什么是麻醉呢，大学里也未学过麻醉课程，不知道喜不喜欢。"

尚主任说："这很自然，当你不了解时是很难喜欢上的，就像对一个人，你先了解他，然后才会喜欢他，进一步你会爱上他，你先了解吧！"

刚从医学院毕业的胡小琴，对于麻醉可以

在哈尔滨医科大学学习时的胡小琴

说是脑海一片"空白",就这样,胡小琴进入了阜外医院麻醉科,开启了长达40多年的胸心血管外科麻醉与体外循环工作生涯。

之后,尚主任先把胡小琴送到兰州军区总医院学习普通麻醉,后又送她到上海参加苏联专家举办的低温学习班。回医院后在尚主任和徐守春主任的指导帮助下,胡小琴开始心血管麻醉和体外循环工作。

1956年,胡小琴在黑山扈解放军胸科医院大门口

通过学习,胡小琴逐渐了解了麻醉这个专业,觉得在外科工作中,麻醉是个顶梁柱,尤其后来麻醉科又主管体外循环工作,就更感到这个工作太重要了,外科的成绩无论多么辉煌,也需要麻醉科来搭建云梯。

在尚德延的教导下,胡小琴感到麻醉这个专业很有意思,有太多的问题要去研究,要去解决,有很大发挥个人能力的空间。

自强自尊

新中国刚刚成立时,百废待兴,当时的解放军胸科医院麻醉科也是"白手起家"。

"敢想、敢干,憋着一身的劲儿也要攻克难关。"这是胡小琴在那段"创业维艰"时期的想法,也是阜外医院开基立业那批人的共同心声。

尚德延对下级要求很严格,工作要求一丝不苟。早期,有一次胡小琴给一位肺叶切除手术患者麻醉,术中发生大出血,气管内突然灌满了血,当时都是手捏皮球人工呼吸,阻力极大,一会儿用力做呼吸,一会儿取下接头吸血液,但出血太猛,吸血来不及,无论怎样快速也做不到吸血和呼吸兼顾。外科医生非常着急，严厉训斥胡小琴，为什么不快点吸出血液，对后果要负责任。

胡小琴当时实在无能为力，既难过又委屈。事后流着泪告诉尚德延整个经过，尚德延说："不要哭，要和他们理论！"

后来在病例讨论会上，尚德延很冷静地分析了手术过程，指出应当如何避免大出血，手术程序应当怎样，由于尚德延在来胸科医院前已是兰州军区总医院外科主任兼麻醉科主任，所以外科医生们在他面前无话可说，连连点头。从此外科医生都不敢随便对麻醉医生说三道四。

因为有了一位强大有力的保护神，胡小琴等年轻人心里有说不出的舒坦。尚德延常说，我们要自强也要自尊。

地下工作

1956年，解放军胸科医院成立，吴英恺任院长，尚德延任麻醉科主任，为开展胸部和肺手术，尚主任建立了动物实验室，开展低温麻醉动物实验。他每天一早就到实验室，参加犬体表泡冰工作，出冰水后他亲自上手术台做开胸模拟手术，仔仔细细观察低温麻醉全过程中犬的各种生理变化，一直守在动物旁边，也顾不上去吃午饭。

"吃饭回来给我带个馒头过来，我要在实验室看着狗。"60多年过去了，尚德延主任也早已离去，胡小琴对这句话依旧记忆犹新。

在缺乏借鉴和参考文献的条件下，胡小

尚德延（前排右1）、胡小琴（前排右2）与麻醉科同事

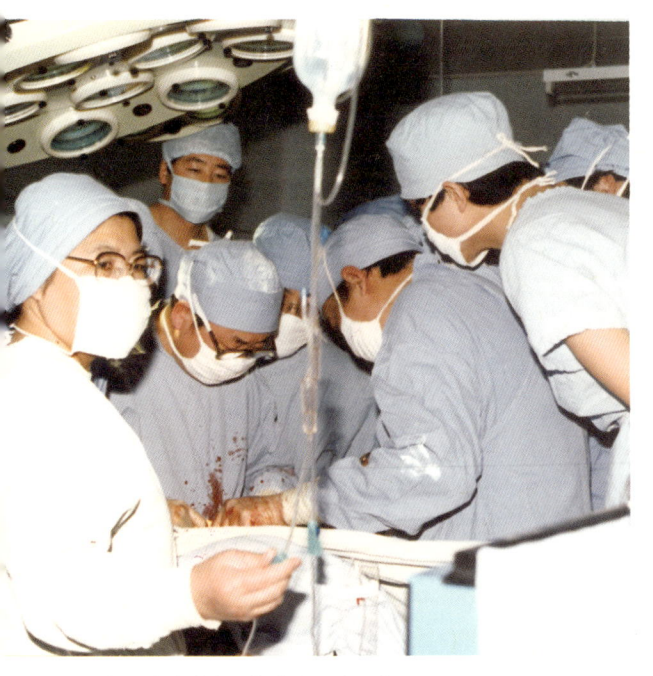

与朱晓东院士一起进行心脏手术

琴所在的麻醉团队开始了我国心血管麻醉事业的奠基和创业。从动物实验开始，他们开始了心血管手术麻醉方法的探索，从低温对机体影响和器官保护作用，到麻药的选择……他们寻找出适合中国心血管麻醉的发展之路。

"解放军胸科医院当时的方向并不是心血管病，到1958年划归地方之后，吴英恺院士看出心血管病的诊疗将会是一个方向，开展心脏手术麻醉与体外循环必须要跟上去。"胡小琴说。

1958年，从胸科医院变成阜外医院的伊始，吴英恺令旗一挥，阜外医院开始组建体外循环动物实验室，从外科、内科、麻醉科、生理科等多学科抽调精兵强将攻克体外循环难题。

当时实验室设在地下室，年轻人风趣地称之为"地下工作"。那个时候地下室24小时灯火通明，经过100余次动物实验，阜外医院于1959年将体外循环成功应用于临床，当时用的是简单麻醉机及协和仪器厂的北京一号指压式血泵。

那是阜外医院开展的首例体外循环手术，接受手术的这名先天性心脏病患儿后来起名叫"谢党生"。

科研为临床服务

1963年，胡小琴发现，若按文献用5%葡萄糖预充，与患者引流出的静

161

脉血在储血槽内有时发生凝集。胡小琴立即向尚德延汇报。

尚德延十分重视，认为对患者存在隐患，叫她做试管实验并指导实验设计，用系列试管内加不同量的5%葡萄糖液，各试管内加入等量的血液，结果在部分试管内出现凝血现象，说明5%葡萄糖液与血液在某些比例下可发生凝集。为寻找解决方法，在凝血试管内加入各种不同成分，最后发现加入阳离子，就可使凝血解聚或不发生凝集。根据临床情况加入生理盐水或碳酸氢钠即可，应用到临床后再未出现凝血现象。尚德延主任鼓励她将此工作写成文章与同行交流，经尚德延修改，文章发表在1965年的《中华外科杂志》，这也是胡小琴的第一篇论文。

胡小琴遵循尚德延的教导，临床上发现问题，就进行实验，仔细观察找原因，找解决办法，将这些办法再回到临床去应用，去验证，每解决一个问题，临床工作就提高一步。

为了保护心肌减少损伤，胡小琴经过临床连续观察，在1979年将心脏手术后复苏除颤电量，成人由50～70瓦秒降至20瓦秒，小儿由30～40瓦秒降至3～10瓦秒。20世纪80年代开展婴幼儿深低温停循环手术时，为避免凝血紊乱，将大剂量地塞米松改用甲泼尼龙（甲基强的松龙）。

1987年，胡小琴继尚德延、徐守春之后成为麻醉科的负责人，由于临床需要，1988年体外循环手术由每天4台增加到每天12～13台。

随着心血管外科的发展，小儿、婴幼儿心脏手术迅速增加，胡小琴带领团队探索并建立婴幼

1982年，胡小琴和郭加强及同事在贺兰山口合影

儿及新生儿相关的麻醉及体外循环方法。1989年，阜外医院成功完成了我国第一例新生儿体外循环下的心脏直视手术。

1993年，在胡小琴的领导下，阜外心血管病医院开展了体外膜肺氧合治疗（ECMO）工作，并为一例换瓣术后发生急性呼吸衰竭的老年患者行ECMO，经73小时抢救后获得

胡小琴教授举办讲座

成功，患者康复出院。

除了麻醉，胡小琴在体外循环领域也倾注了大量的心血。1994年，胡小琴向医院申请成立体外循环科获得批准。

心血管外科的发展要求开展适应于手术的体外循环方法，经过几代人多年来的探索和实践，阜外医院总结出常温体外循环、中度低温体外循环、深低温低流量体外循环、深低温停循环、深低温停循环及脑灌注、并行循环、左心转流，上、下身分别循环，辅助循环多种体外循环方法，促进了外科手术向更深、更难、更广的领域发展，同时体外循环过程中建立各种检测手段，使体外循环更加安全。

1990年，建立灌注师值班制度，提高了体外循环抢救成功率。1995年，胡小琴参加日本第21届体外循环大会，在报告中国体外循环工作时，日本心外科专家对中国建立的灌注师值班制度十分赞赏。

2006年，阜外医院授予她"学科创始人"的荣誉称号，以表彰她在体外循环领域所做出的突出贡献。

"扫屋子"与"让位子"

胡小琴慧眼识才、甘为人梯，大力引进和培养年轻人才。"扫屋子"与"让位子"的故事依旧是阜外医院的美谈。

"出国期间，胡小琴多次动员麻醉人才回国，并向领导申请回国人员的住房，带领科室内同事打扫，使之无后顾之忧。"这是胡小琴80岁诞辰纪念画册中的一段话，对于这段话，中华医学会麻醉学分会主任委员刘进教授有着别样的体会。"那年我已获得美国'绿卡'，在胡主任的热情期待和积极鼓励下，我觉得应回国发展。1993年底，虽然医院的住房极为紧缺，胡主任做了大量工作，为我争取了一套60平方米的2室1厅住房。后来科室的医师告诉我，胡主任拿到住房钥匙后觉得墙壁陈旧，专门组织科室的同志利用周末把房子粉刷一新。1994年，胡主任主动从麻醉科主任的位置退下来，推荐我担任该职务。当时我正好38岁，我当时是大医院麻醉科里最年轻的主任。"

为了体外循环事业发展，胡小琴启用年轻人，她推荐并主动让位给龙村医生担任体外循环科主任，他当时年仅36岁。

担任麻醉科主任期间，胡小琴发现，分到阜外医院的大学生都不愿意到麻醉科工作。每年到了分配的时候，她都会亲自迎接分来的大学生，带领他们参观科室，详细介绍发展

胡小琴与龙村（左）刘进（右）合影

胡小琴与麻醉科手术室同仁合影

情况及未来发展，用真心、真情打消大学生心中的忧虑。

请进门更需要留得住，对于青年麻醉医师的职业发展，胡小琴制订了详细的规划。她为每一位青年医生制订培养计划，指定带教老师。

在我国体外循环事业的发展中，胡小琴为成立体外循环学会积极呼吁，为推动体外循环继续教育奔走，为了体外循环学术专业期刊尽心尽力。在她与同道的努力下，中国体外循环学会成立、《中国体外循环杂志》成为国家级学术期刊、医学院校有了体外循环专业……胡小琴构筑起了中国体外循环的"生态圈"。

胡小琴具有国际视野，"麻醉学科想要发展，必须要与国际接轨，对于麻醉医生来说英语就是'敲门砖'，要多与外界交流。"为提高年轻医生的英语水平，她聘请外籍老师，在业余时间开展英语交流培训，提高医生的语言技能，寻找机会送中青年医生脱产学习英语。争取一切机会，让科室医生出国学习。

胡小琴先后担任硕士、博士研究生导师，为我国的心血管麻醉和体外循环事业培养了大批优秀人才。1986年开始举办体外循环短期培训班。1998年，与医科院合作成立体外循环继续教育中心，开始举办每年一期"全国体外循环理论培训班"，以集中学习、专家授课的方式系统地进行培训。

胡小琴编写教材及常规共23部，主编《心血管麻醉及体外循环》专著，参加18部专业书籍的撰写，发表论文70余篇，曾获国家级及各级科研成果奖多项。

在心肌保护，新生儿、婴幼儿心内直视手术，成人心血管手术麻醉，以及体外循环、体表深低温、自体输血等方面不断总结经验、开展研究，使阜外医院的麻醉和体外循环工作居国内先进水平。

胡小琴从年轻时来到阜外医院，参与和见证了医院早期创业的艰辛，共同奋斗迎来发展和壮大，目睹了阜外医院走向辉煌。在这里有她尊敬的老师，支持工作的领导，并肩奋斗的同事，朝夕相处的朋友，这里有她酸甜苦辣喜怒哀乐难忘的日日夜夜，在这里她把一生奉献给了至爱的麻醉和体外循环事业，无怨无悔。

整理 / 陈朝阳

刘玉清

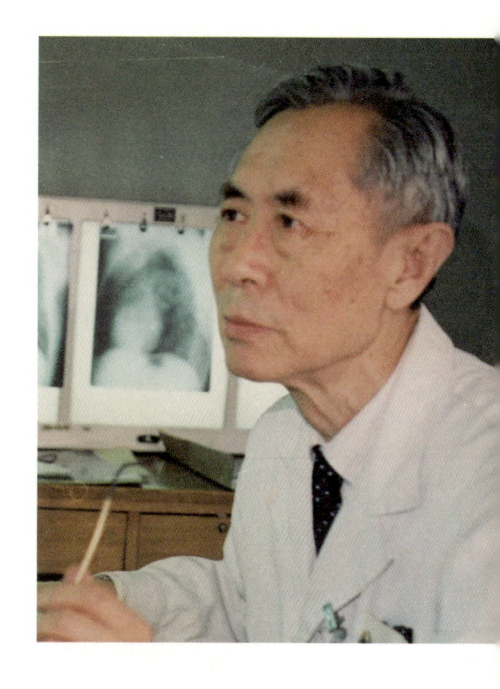

放射学是一门"临床学科"

1994年，刘玉清当选为中国工程院医药卫生学部首批院士。阜外医院院长胡盛寿院士说："刘玉清院士是我国心血管放射－影像学的主要创建人，也是阜外医院放射－影像学科的奠基人……学识和人品享誉海内外"。刘教授则谦逊地说："让我感到庆幸的是，我跟上了半个多世纪放射－影像学发展的潮流。"

在当前，临床医生普遍依赖影像学检查，尤其对高新技术具有盲目崇拜心理，轻视临床检查。刘玉清却坚持，放射学是一门"临床学科"，放射学不能脱离临床实践，而且不要单纯依赖影像学证据作诊断。

刘玉清常常告诫青年医师，不仅要刻苦努力，更要持之以恒，抓紧一切可以利用的时间，节假日也不例外。他常说："没有谁仅仅依靠上班来、下班去，就可轻轻松松地成为科学家。"

精通日语和英语

刘玉清出生在河北省丰润县农村。他父亲竭尽所能让他读书。刘玉清小学毕业后，考上了一所日本人办的中学。但他父亲认为不能忽略中文的学习，每到寒暑假，父亲请中文老师为刘玉清补习中文（汉学）。刘玉清学习努力，寒暑假从不休息，还主动向一位天主教的修女学习英语。这样，刘玉清从小就打下了中文、英文和日文的基础，为其后的临床、科研和对外交流工作奠定了良好基础。

美国著名放射学家 Dr. Simon 曾说："Dr. Liu 从未在英美生活过，却能讲如此娴熟、标准的英语，真是奇迹。"朱贵卿之子朱杰敏教授回忆，改革开放初期，来访的日本学者常问："刘君（桑）是在日本的什么地方长大的？"孰知，当时"刘桑"连一天日本也没去过。另一位懂中文的日本友人曾说："刘先生的日语非常好，是很高雅的那种，有点像中国的文言，现在很多的日本青年都不会说了"。

但并不是说他的日语"过时"了。有一天，一位日本"外宾"在阜外医院急诊室大喊大叫，当时还请了一位公认"日语不错"的教授去做翻译，可是他怎么也搞不懂这个日本人要干什么。刘玉清刚巧经过，护士请他帮忙，刘主任只说了一句'给他个尿壶'就走了。护士执行完"医嘱"，病人马上就踏实了。

学海无涯，六十多年的探索与奉献

1948年，刘玉清从沈阳医学院（现中国医科大学）毕业，因成绩优异留校，在附属医院放射科做住院医师。1950年10月，刘玉清来到北京协和医院放射科进修和读研究生。从1950年到1956年，主要做放射诊断工作，由于业务突出，担任了协和医院放射科诊断组的组长。他在1954年翻译出版了Schwedel教授的《心脏X线诊断学》一书，这是新中国成立后的第一部放射学译著，最先向国内介绍了心脏大血管的X线解剖。

1956年，解放军胸科医院成立，33岁的刘玉清受命创建放射影像科。胸科医院位于颐和园后面的黑山扈，从协和医院调来的几位专家住在城里，医院每日派交通车接送。虽然那时北京没有塞车问题，但因路途遥远，单程也要一个多小时。当别人在车上谈天说地时，刘玉清却总是在看书，尤其是冬天，刘玉清在雪地里看书等车的情景给朱贵卿教授留下了深刻印象。

1948年7月，刘玉清在沈阳医学院毕业

20世纪50年代以来，按照苏联模式，我国将放射学科列为医技/辅助科室，显著影响了学科的建设发展和对病人的及时、正确诊治。对此刘玉清以严谨的科学态度、精湛的医术和对病人极其负责的精神，严肃履行临床医师的职责。他在放射科建立巡诊室，按申请单亲自检查每一位病人，将错误的检查单退还送检医师并加以指导，申明不应因其错误耽误病人的最佳诊治时机并浪费医疗资源。

曾有一位老年女性，下肢疼痛并逐渐加重，经北京肿瘤医院CT增强和MR增强检查表现为下肢沿动脉生长的、边际不清的瘤体，被诊断为神经鞘瘤；病人随后到协和医院会诊，得到同样的结论。由于这种病无法有效治疗，病人十分痛苦和绝望。刘玉清的学生宋金松就前来请教。刘玉清详细地看了片子，听了病史，并仔细看了肿瘤医院及协和医院的诊断资料。就让宋金松做两件事：第一检查患者下肢体温和动脉搏动；第二做一个下肢动态增强磁共振造影。他说通过这两项检查可以最后诊断为肿瘤或其他疾病。通过检查，宋金松发现患者下肢体温下降，足背动脉搏动明显减弱；双下肢的MRA显示：在血管内，沿血管内壁生长的，是一个十分明确的双下肢动脉附壁血栓而非肿瘤。在刘老师的指点下，宋金松给这位患者制订了治疗方案，并取得良好预后。

在胸科医院期间，刘玉清开展了X线与手术切除肺、食管标本的X线-病理对照研究，并逐步形成制度，建立对照记录，定期分析总结，一直坚持下来。这一项工作不断加深和提高了刘玉清对多种胸、肺和食管疾患病理基础的认识和X线诊断水平，推进了科室学术建设。

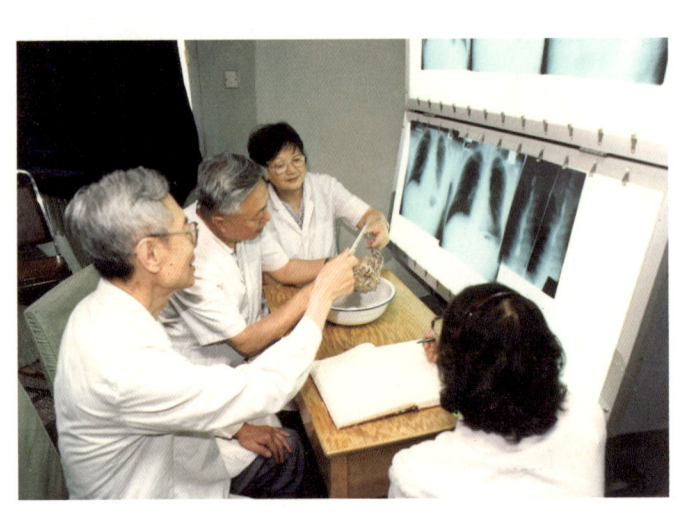

刘玉清、吴遐等进行X线病理对照分析

1957年，刘玉清诊断了5例食管平滑肌瘤，这是一种非常罕见的食管良性肿瘤。他感到这种良性肿瘤很容易与恶性肿瘤混淆，造成误诊或漏诊，因此撰写并发表了《食管平滑肌瘤的X线诊断》一文。一次，刘玉清回到协和医院参加会诊，遇到了当时协和医院大内科主任、著名心血管专家张孝骞教授。作为前辈的张孝骞一见到刘玉清，立即拉住他的手说："刘大夫，请你给我详细介绍一下食管平滑肌瘤的特征"，可见刘玉清的这项新发现具有重要意义。数十年之后，刘玉清回忆起这件往事，对张孝骞教授谦虚严谨的治学风范和实事求是的工作作风仍然充满敬意。他同时认识到，要更好地为病人服务，多学科交叉融合是必不可少的途径。朱杰敏教授回忆："学识渊博、厚积薄发是刘老师治学的特点之一。遇到疑难病、少见病和特别复杂的病例，他总能做出准确的诊断。他第一个做出了'大动脉炎'、'先天性主动脉瘤'、'十字交叉心脏'、'限制性心肌病'的诊断。根据血管造影反映的病理改变，首先提出大动脉炎不仅引起狭窄、阻塞，尚可引起动脉扩张和动脉瘤。通过严谨的学术论文，在国内外权威期刊上报告了当时世界上样本量最大的造影诊断分析，并提出了大动脉炎（aorto—arteritis）的命名，在这一领域树立了国际认可的学术地位。"

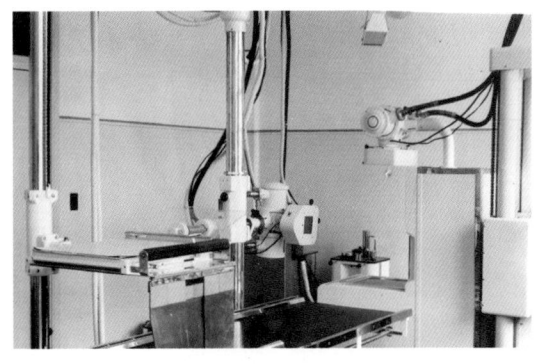

1956年，刘玉清领导放射科开展造影工作，图为当时科室自行改装的第一台造影机

1978年，朱杰敏在门诊透视时发现一个内科拟诊"风湿性心脏病"的英俊小伙儿，不但影像不典型，而且心杂音也不像（当时刘玉清要求放射科医生会听心脏杂音，上班都带着听诊器，他自己也是身体力行）。朱志敏只好让病人拍片。第二天上午读片，大家还是不得要领，最后请刘玉清拍板。分析了X线征象之后，刘玉清提出最大的可能是"闭塞性心肌病"（是一种少见的嗜酸性粒细胞增多性心内膜心肌病），指出这是东非乌干达一带多发的心肌病，国内罕见，仅广西有过1例尸检诊断报告。于是他让病人化验，查嗜酸性粒细胞，如有增高，就应该是散发的所谓的Löffler肉芽肿或称Löffler心肌心内膜炎。刘玉清还特别强调那个"ö"上有两个点，是德文。第三天血象回报，嗜酸粒细胞明显升高（好像是百分之十几）。我们就想：太神奇了！书本上没有，听都没听说过，刘玉清事先并无准备，等于是"突然袭击"，

他却信手拈来。后来经造影证实了诊断,这是我国第一例生前诊断的 Löffler 心肌病(以前只有尸检报告)。这件事不仅显示了刘玉清渊博的学识,也显示了他对心脏平片诊断的深厚功力。

刘玉清常参加中央首长和高级将领会诊。当时没有 CT,胸片上肺内结节是良性还是恶性?成了保健工作中最常见的难题之一。

朱贵卿在家曾谈起一次会诊时的情形。吴英恺、黄家驷、黄孝迈和朱贵卿等"顶级人物"诊断意见一致,只有刘玉清仔细分析了胸片的 X 线征象后提出了不同的看法,使众人受到启发,最后手术结果证实刘玉清诊断正确。后来又发生了几次类似的事情。朱贵卿调回协和以后,当"疑难"病人求诊时,朱贵卿在提出自己的看法之后经常建议:"请刘玉清主任会诊"。朱贵卿说,放射诊断他最信服的有两位,"一位是刘玉清,一位是李铁一。"

建立"X 线-临床-心电图"三结合制度

自 20 世纪 50 年代后期和 20 世纪 60 年代初期,胸科医院逐渐转为心血管专科医研机构。为提高心脏 X 线诊断水平,刘玉清将上述"X 线-病理对照"转为"X 线-手术对照";另一方面,他根据多年经验认识到,对心血管疾病的诊断,临床、心电图和 X 线各有其作用和限制,于是逐步创建了以 X 线为基础的"X 线-临床-

刘玉清与科室人员读片

心电图"三结合的心脏 X 线诊断的思维方法和诊断进程。这样使放射医师能够发现一些临床医师没有注意到的诊断问题，纠正了某些不当的临床印象，从而提高了诊断水平，获得了临床信任。他本人督促青年医师努力学习临床知识，自己检查病人，养成以 X 线影像为主的全面分析方法，为创建心血管放射学奠定了坚实的基础。这些基本功也为促进其后放射科开展介入治疗工作奠定了基础。

推进我国现代医学影像学发展

1972 年 CT 问世，刘玉清敏锐地意识到这是放射学向医学影像学发展的新动向。他结合能看到的文献资料，于 1974 年在国内提出"医学影像学"这一新概念，1977 年最先发表文章较全面地向国内介绍了《电子计算机 X 线扫描体层摄影及其临床应用》的概况。

1984 年，应用电子枪的超高速 CT 样机在美国研制成功，刘玉清于 1985 年即翻译了《CT 电影扫描》，首先向国内介绍可将 CT 用作心脏检查。数字减影血管造影（DSA）技术刚刚起步的时候，刘玉清就看准苗头，引进国内第一台设备，安排王祖良医生重点开展工作，并很快就总结了初步的应用经验，发表了论文。

1983 年，朱杰敏在澳洲进修时见到，他们用经皮腰部穿刺（穿刺针长约 40 厘米）腹主动脉加高压注药的方法来做双下肢血管造影。操作台上鲜血淋淋，操作后常造成后腹膜血肿，病人的感觉也绝非"美妙"。澳洲医生问他：要不要学习这种操作？朱杰敏说："不学！回国后用不上，我们用 DSA"。洋人只能说："啊，你们医院有钱！"其实那时我们真的不富裕。对刘玉清的远见卓识，在异国他乡的朱杰敏心中充满了骄傲。

MRI 作为无创性、非射线成像技术，对于心血管病诊断具有潜在的诊断优势。但当时阜外医院没有购买。刘玉清认为，没有条件，创造条件也要上。

他带着研究生，到其他有 MRI 设备的医院开展相关临床应用研究，每周去两三个半天。

自20世纪80年代中期，刘玉清提出并一直倡导医学影像技术的"综合诊断，优选应用"，以病人及诊治的需要为中心，用最少的代价取得最大的诊治效益。1995年，刘玉清明确指出，现代医学影像学必须走产、学、研相结合的道路。

1996年，国家科委，卫生部和国家医药总局建议，刘玉清主持"中国介入医学发展战略及学术研讨会"，他首次在国内提出介入诊疗已成为与内科、外科并列的三大诊疗技术之一，在此基础上，"介入诊疗技术及相关的器械、器具的应用研究"被列为国家"九五"攻关项目。为表彰刘玉清在中国介入放射学领域做出的开创性贡献，中华放射学会于2010年向他颁发终身成就奖。

"较量"哈佛医生

刘玉清常说放射影像诊断虽属"幕后"，但诊断是否正确、全面，常常

1984年6月，刘玉清应邀赴美波士顿哈佛医学院 Brigham & Women's hospital 做专题学术报告，并被聘任为美国哈佛大学放射学客座教授，是第一位获此殊荣的中国放射学家

直接影响患者的治疗和预后，必须慎重，不能有半点马虎。放射诊断切忌人云亦云，跟着"临床"印象走。

1984年，刘玉清受美国哈佛大学医学院邀请做专题学术报告。他的报告受到极大好评，但真正让美国同行心服口服的是发生在第二天的一个插曲。

那天，刘玉清应邀前往哈佛医学院 Beth Israel 医院（现 Beth Israel Deaconess 医学中心）访问。当时，一位资深放射医师正带领放射科医生读片，讲述完诊断意见后，这位资深医师出于礼貌，向刘玉清征求意见。想不到，刘玉清并没有"出于礼貌"地赞同他，而是提出了完全不同的诊断意见。这位医师十分惊讶，他反驳道：美国放射学权威 Abrams 医生曾经在这个问题上做出过结论，因此他此刻的诊断不会错。刘玉清也不示弱，回答道："学术观点是在不断发展的，不能盲目迷信权威，我坚持自己的意见。"

此时，Beth Israel 医院放射科主任、美国著名放射学家 Dr. Paulin 正巧来到读片室，听到了二人的对话。他解释道："Dr. Abrams 已经更新了这个观点，刘玉清的诊断是正确的。"在场的美国医生大为震惊，对这位来自中国的放射学家刮目相看。那位资深医师更是对刘玉清佩服之至，以后每年在北美放射学会开会期间，他见到中国医生都要打听："Dr. Liu 来了没有"，并且一定亲自前去问候。这次哈佛之行，刘玉清不仅向国际同行展示了中国放射学界的实力，也得到 Harvard University Visiting Professor of Radiology

1994年，刘玉清当选为中国工程院医药卫生学部首批院士

的荣誉，他是第一位获此殊荣的中国放射学家。

刘玉清在 1978—1994 年期间，连续四届应邀担任世界卫生组织（WHO）放射-影像学专家咨询委员会委员，是首位在 WHO 任职的中国放射-影像学家。1988 年担任 WHO 临床影像诊断学研讨会副主席。1990 年，他分别应邀在日本全国放射线学会和磁共振医学大会作"特别演讲"并获荣誉证书，是首位获此殊荣的中国放射学家。

经过多方努力，刘玉清于 1991 年 12 月推进中华放射学会加入亚太放射学会和国际放射学会，正式成为国际学术组织的会员国。1993 年，他参与创建亚太地区心血管和介入放射学会并在首届学术会议做专题报告。同年，作为我国放射学专家组组长率团赴我国台湾省进行学术交流并做专题报告，为拓展海峡两岸学术交流做出重要贡献。刘玉清于 1994 年当选为中国工程院医药卫生学部首批院士。

组建"大影像"概念的现代医学影像学体系

刘玉清于 20 世纪 90 年代初期提出并积极推动组建"大影像"概念的现代医学影像学[包括放射（含介入）、超声与核素成像]体系。他认为，目前上述专业都是独立科室，处于分割状态，不能适应新世纪这一新的交叉学科发展和专业人才培养的需要，同时也给患者带来很多不方便。患者在放射科做完检查，若需要做超声检查，还要再找医生重新开超声检查申请单。

他提出"大影像学两步走"的策略：第一步是先组建"独联体"式的医学影像学部，联合开展学术活动，协调不同影像专业科室的科研工作；第二步是逐步组建统一的医学影像学科。在医院领导的支持下，阜外医院首先成立了医学影像学管理委员会。随后刘玉清的第一位博士李坤成教授也已在他工作的首都医科大学宣武医院成立了医学影像学部。

2009年阜外医院放射科获院最佳医生集体奖，当时的放射科主要科室人员合影（刘玉清前排正中）

重视人才培养，薪火相传

刘玉清认为，在一名医生的成长过程中，第一要重视做人，第二要重视做事，第三才是做学问。刘玉清从1956到1989年担任放射科主任33年，对科里同事一视同仁，严格要求，打造了一支过硬的团队。

刘玉清非常重视基础教育。他要求刚进放射科的年轻医生要先去综合医院轮转一年，然后回到阜外医院，再到超声科、核医学科、心电图室及心内科和心外科轮转一定的时间；开始放射工作的医生必须先看100例正常造影，了解正常影像的特征。这样培养出来的放射科医生，具备较为全面的临床知识和技能，为今后的"可持续发展"奠定基础。

阜外医院放射科有个不成文的培养模式：住院医师第一年熟悉科里的一

般工作,第二年安排写病例个案报告,第三年写文献综述,第四年开始练习写学术论文。刘玉清或高年资医师从帮年轻医生选题,查文献,从复读每一份收集到的影像资料做起,年轻人写出文稿后,刘玉清两遍三遍地修改。多数情况下,发表时年轻人是第一作者,而刘玉清却是第二作者,这样,在晋升主治医师之前,刘玉清已经"推着"年轻人成为"中华牌"学术期刊论文的第一作者,有的还不只一篇两篇。刘玉清两遍三遍地改稿比他自己"一气呵成"要费心费力得多,这种甘当人梯的精神,让很多年轻医生永远不能忘怀。

1996年9月,宋金松从北京协和医院转到阜外医院就读刘玉清的影像医学博士学位。为了博士课题的准备工作,刘老师让他复习文献,更多了解CTA和MRA在心血管的研究进展工作,并让他写一篇以《肾动脉狭窄的CTA和MRA的对照研究进展》为主题的综述。他复习了近百篇国外文献,用了三周把综述写完,并做了多次自查修改后,十分满意地交给刘玉清。宋金松想自己已经硕士毕业,一篇综述不在话下。

过了两天,刘老师让秘书将综述文章退给了他。他的评语是:"综述的目的是什么,如何才能在综述中找到下一步研究重点和突破点,建议再将每篇文献细读,找到这一领域研究的现状及存在的问题。"看完刘玉清的评语,宋金松心里并不服气,但还是按照要求又仔细复习。又用了两周时间将综述重新做了修改后又交了上去。两天后,刘玉清又将综述文章退给他,评语是"重新复习文献,要走在本领域的前沿,归纳总结本领域研究的现状、各种研究方法的优缺点,尤其要找到下一步研究的方向和研究关键点。"

按照老师的要求,宋金松就这样反复复习文献,反复修改,反复被退稿,前后花了半年时间和7次修改,当最后一次刘玉清将文章的标点符号也做了修改时,宋金松真正明白了什么是站得高、看得远,什么是科研和严谨治学。老师的严格要求让宋金松终身受益。他说:"细细想来,这正是我们现在年轻人缺乏的治学精神。"刘玉清的另一位学生李坤成在获 Harvard University Visiting Professor of Radiology 的荣誉时就曾深情地说:"因为我站在刘玉清教授这位巨人的肩膀上"。

严格管理，贵在坚持

刘玉清重视科室的学术建设和科学管理，在放射科建立了雷打不动的集体读片制度和胶片管理规则。阜外医院极少发生胶片丢失情况。他定期参加技术组的质量考评，坚持进行 X 线－手术－病理对照的随访，每个病例均有完整记录，建立了一套严谨的病例卡片登记制度。20 世纪 80 年代中期以前，医院没有计算机，后来购置了早年的"中关村产"计算机也只能用于英文打字，打中文要另备专用的中文打字机。这套完整制度颇有现今（ISO 国际质量认证）色彩，成为放射科能够出色地完成大量科研工作的保证，医患双方共同受益。同道们赞叹："阜外医院放射科的卡片和胶片保管和老协和的病历一样，难能可贵，这与刘主任的威信和努力是分不开的。"

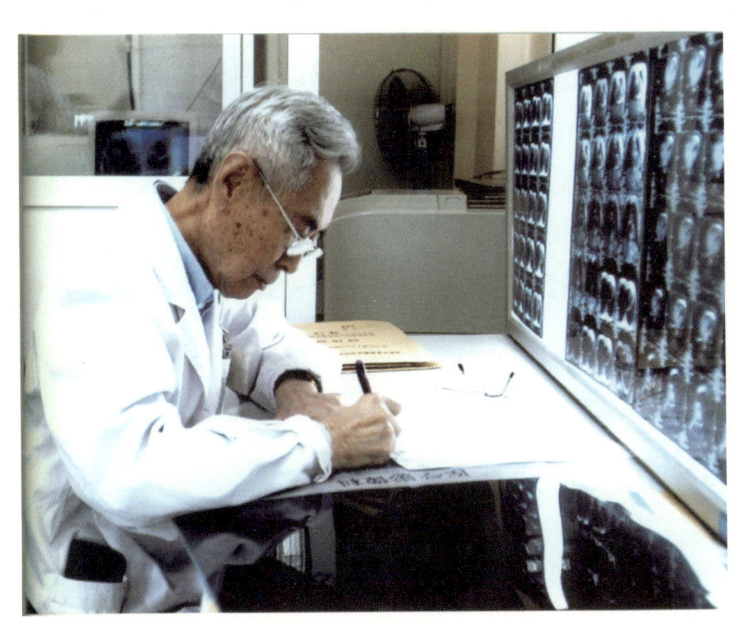

一次，其他科室的一位进修医生在放射科常规的读片时间闯了进来，私自翻找他要的X线片。刘玉清询问他有什么事，他说因为要查房，需要拿走相关患者的

八十岁高龄的刘院士在放射科读片室为青年医师修改疑难病例诊断报告

片子。放射科没有理会他，继续在刘玉清主持下读片。第二天，时任阜外医院院长和外科主任的郭加强教授亲自带着该进修医生来道歉，因他扰乱了放射科正常的工作。放射科在医院的威信可见一斑。

生命之泉

刘玉清经常告诫青年医师，对待实践、学习、总结、著述工作，不仅要刻苦努力，更要持之以恒。他在读片会上请大家各抒己见，放开讨论，然后做归纳性总结。他签发诊断报告、修改年轻医生的稿件字斟句酌，旁加密密麻麻的铅笔小字和眉批；他指导研究生科研，从审核选题、建立方法、核对原始记录到文章的多次修改，力争完美。他说："要想在医学科学领域有所建树，必须认真。"要认真思考，认真总结，在总结的过程中，就能从理论上提高一步，并在新的水平上进行下一次实践。在这个基础上，及时涉猎国内外文献，了解新进展，不断使工作有所提高。朴素的"认真"二字是他坚持了一辈子的信念。他把自己的生命比喻成一条安静的小河，对事业的热爱是这条小河的生命之泉。

"小河虽小，河水流淌之处，总是带来生的气息。"从医一生，难以割舍的是对医学事业的挚爱。"工作已经成为一种惯性，如吃饭、睡眠一样自然。我总是让自己的身体和头脑运动着。"2015年刘玉清被授予中华医学会百年纪念荣誉状。

整理 / 杨进刚　线媛媛

刘汉英

看到超声图像要想到临床情况

到阜外医院看过病的人几乎都知道，对于先天性心脏病、心脏肿物或其他复杂心脏病，阜外医院的医生不大相信外院超声诊断结果。尤其是心外科医生，一定要看到本院的超声诊断才能决定是否进行手术。更有意思的是，很多患者到阜外医院就是专门做超声诊断的。

由于名声在外，巨大的工作量给仅有40余人的阜外医院超声科带来了考验：平均每天检查700多例患者，年超声检查20万例次，而确保检查质量和结果准确无误，丝毫不容懈怠；在很多医院，法洛四联症、心内膜垫缺损等是罕见病例，而阜外医院超声科早已司空见惯。40多年来，阜外医院超声科就是这样行走在挑战与荣誉之间。

这一切，与阜外医院有着"开科元勋"之称的原超声诊断科主任刘汉英教授打下的基础，有着莫大的关系。

独具慧眼

1932年8月，刘汉英出生于辽宁省锦州市。1955年，刘汉英从中国医科大学毕业后，被分配到解放军胸科医院（阜外医院前身）。

20世纪50年代中期至70年代早期，正值青年时代的刘汉英，在阜外医院主要从事肺血管、心血管疾病临床实践及电生理基础研究。而正是这20年的积累，为她日后从事超声医学打下了坚实的临床功底。

超声是一个相对"年轻"的医学影像诊疗技术。20世纪40年代，国外才首次将超声应用于临床诊疗。20世纪70年代初，实时超声显像技术逐步引入我国。

刘汉英教授敏锐地关注到国际超声医学的前沿进展，并对此产生了浓厚兴趣。她前瞻性地认识到，心血管疾病的超声诊断是一大发展趋势，于是果断地向医院提出成立超声诊断科的申请。在她的积极倡导和组织下，1975年，我国最早的独立超声影像科室在阜外医院诞生了。

根据阜外医院超声科的介绍，超声科首建于1975年，系中国超声医学工程学会超声心动图委员会所在地。超声科"开科元勋"刘汉英教授为该委员会首任主任委员。科内每年均派出人员参加国际、国内会议，捕捉国内外研究动态及研究热点，科研始终与世界同步发展。

"开科元勋"4个字，既显示出对刘汉英教授的崇敬之意，也说明了她的开创性贡献——从零起步，创建超声科；发展学术，带出一支与国际超声医学领域同步发展的团队。

从1975年建科直至1994年卸任超声诊断科主任，刘汉英教授还历任阜外医院心血管病研究所超声诊断研究室主任、中国超声医学工程学会常务理事、超声心动图委员会主任委员等职。

"超声大夫"与"超声匠"

在青年时代积淀了20年临床功底的刘汉英教授，思路广博。她总能及时、准确地把握超声诊断科室的发展方向，所提出的一些规划，现在看来仍然非常前沿。

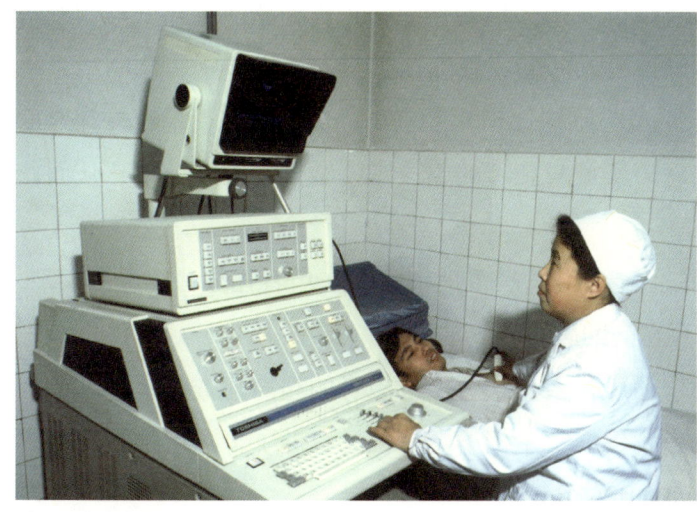

刘汉英在为患者做超声检查

现任阜外医院超声影像中心主任王浩教授，于20世纪90年代初从安徽医科大学附属医院来到阜外医院攻读博士，刘汉英教授就是他的导师。

听王浩主任介绍，初到超声科，眼前的一些景象令他"非常惊讶"。是什么事情用得上"惊讶"这个词来形容呢？

"超声科有一间十几平方米的屋子，里面密集地罗列着一排排的架子，架子上摆满了患者档案。每份档案里有患者每次超声检查的申请单、部分临床资料、检查报告和超声图片。这种病例积累规模在当时科技手段不足、计算机不普及的条件下，特别让人惊讶。2010年统计时已达到65万份。"王浩回忆。

众所周知，今天医学界已经开始采用现代网络信息技术积累临床大数据，用于开展深层次研究。20世纪90年代，信息技术尚未普及，刘汉英教授就认识到数据积累对于超声学科建设的必要性。而且阜外医院作为顶尖的心血管病专科医院，病例数量庞大、病种也十分复杂，这些都是宝贵的医学财富。在她的带领下，超声科成立早期就着手开展临床数据的积累与研究。

王浩教授解释，心电图、超声、X线并列为心血管疾病的三大常规影像诊断技术。其中，超声技术具有较高的时间分辨率，能够动态实时观察心血管解剖结构和血流动力学，对小儿先天性心脏病等的诊断具有独特优势。因此，在很多外科医生的心目中，超声诊断有着非比寻常的地位。很多外科手术都是基于超声报告进行的，而这也意味着，诊断一旦出现失误，手术后果不可想象。

超声诊断还有一大挑战是"个体依赖性"——资深超声医师做与刚刚毕业的本科生做，在技术娴熟度、经验丰富程度上会有很大差距，诊断结果也可能不同。超声诊断水平也与临床知识水平密切相关。只有具备比较深厚的临床基础知识，才能将超声所见与患者的临床紧密结合并加以分析，从而获得正确诊断。

"这就是'超声大夫'与'超声匠'的本质不同。后者往往只会看图识字，而看不出图像背后可能存在的问题。"王浩说。

刘汉英教授严格要求超声科人员将每一位患者的超声检查申请单、检查报告都装订起来，一位患者建立一个档案。这位患者做了多少次检查，每次检查结果如何，都可以进行比对分析。

"那时没有信息化手段，超声科医生要拿着本子到病房逐例抄写手术患者的病历，对照手术前和手术后的诊断情况，看诊断准确率到底如何。对于误诊病例，刘教授要求严格分析原因和提出避免措施。"王浩回忆。

1975—1994年，在刘汉英教授担任科主任的20年间，超声诊断科一共收集了33万多例次超声检查资料，有手术证实的病例达数万例，未手术者亦有较全面的心血管检查资料，积累了丰富的经验和大量可信度强的总结资料，这些都是我国心血管疾病超声诊疗技术研究的"精华"。

有人称阜外医院是"在豆腐干大的地方，干出了全国惊天动地的事"。而超声诊断科在刘汉英教授的带领下，建立了国内领先和达到世界水平的综

1988年刘汉英教授为学习班授课

合实力。病种诊断全面，覆盖成年人、儿童等的各种先天性及后天性心脏病。在技术方法上，建立了M型、二维、三维超声心动图，脉冲、连续超声Doppler定性和定量检查，彩色多普勒血流显像，超声声学造影，经食管超声心动图，血管内超声检查，术中超声检查，以及近年来开展的超声引导介入治疗，包括监测二尖瓣球囊扩张术、动脉导管未闭封堵术、房间隔和室间隔闭合术等新手段。

值得关注的是，我国首例心脏黏液瘤患者就是经刘汉英教授通过M型超声心动图技术诊断出来的，后经手术证实了她的判断。

迄今为止，阜外医院超声诊断科仍保持全国最大组利用超声心动图术前诊断心脏肿瘤的记录，该记录在国外也属罕见；通过对人群的队列研究，超声科获得了国人心血管超声心动图正常值，现仍在临床上应用；应用稀盐酸和碳酸氢钠进行右心声学造影，以评价先天性心脏病和肺动脉高压的血流动力学，获得良好效果；采用超声技术评价肺动脉高压，与有创的心导管检查具有良好的相关性，从而免除了很多患者的痛苦。

不怕超越

刘汉英教授的科研思路十分开阔，从建科开始即要求科研与超声诊断研究室工作并进,带领科室深入开展了大量基础和高科技研究,并与工程技术人员协作进行超声设备研制工作。在阜外医院的40年时间,刘汉英教授科研硕果累累。

"由于阜外医院在心血管病基础研究、学术观点、技术力量上的雄厚基础,比其他单位有优势申请和承担课题。"王浩教授表示。

超声图像处理能力是随着计算机技术水平的提高而同步增长的。早在20世纪80年代初,刘汉英教授就倡导科室建立计算机研究室,聘用相关人才研究超声心动图软件、组织定征及三维重建技术。

作为超声诊断课题负责人,刘汉英教授先后完成国家"七五""八五"攻关课题各一项,卫生部课题一项,自立和合作项目17项。其中,"心脏黏液瘤的诊断治疗和病理研究"荣获卫生部二等甲级成果奖;"GCJ-78型机械扇扫超声显像仪协作研究""CXS-1A型超声及多普勒显像仪的协作研究",先后获得卫生部乙级科技进步奖;"超声心脏显像灰阶分析与彩编方法建立""超声多普勒方法无创测定肺动脉高压""法洛四联症超声诊断及经食管超声应用研究"先后获卫生部三等科技进步奖;"超声心动图自动分析仪研制"获北京市科技进步三等奖。

此外,"超声彩色多普勒的临床应用""声学造影技术改进及临床应用研究""多普勒估价肺动脉压三种方法对比""中西文计算机与超声多普勒分析系统的研

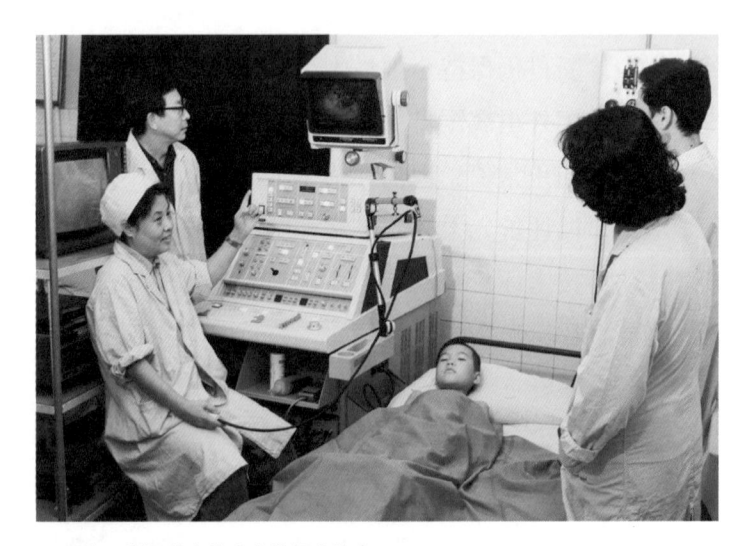

1984年,刘汉英在为患者做超声检查

制与临床应用"等项目，均获中国医学科学院科技进步奖。

已经发表的刘汉英教授主导或参与的学术论文达 210 余篇之多，其中在全国及国际专业刊物上发表论文 185 篇，涵盖血流动力学、超声图像计算机编码、超声设备相关技术研究等众多领域。

刘汉英教授参与编写了 9 部科技专著，《超声医学》《彩色多普勒超声心动图学》《肺血管病》《冠心病》《肺心病》《心脏外科指南》等均已出版发行。

1983 年，刘汉英教授被批准为硕士生导师。1993 年，经国家教委批准为博士生导师。

20 世纪八九十年代，刘汉英教授先后培养了依为民、何建国、张辉、王志民、张玉萍等 8 名硕士研究生，以及樊朝美、李守平、刘醒、王国干、袁定华、周维新、黄云州、王浩、李澎、唐红伟、许闻桥 11 名博士研究生，其中多数学生已成为临床及科技骨干。

"在教育学生上，她十分大公无私。我所会的东西，你想学我一定教你。我不怕你学，怕的是你不学；也不怕你超越我，正所谓教学相长。刘汉英教授在这方面确实给我们树立了一个很好的榜样，并且，她为人很低调，力推新人，这完全是一种培养人才的方式。"王浩回忆。

不要照葫芦画瓢

在工作中，刘汉英教授一以贯之地严谨与认真。而这两点，也是她对学生们提出的主要要求。

"我是她的研究生。每当我给患者做检查时，刘教授就在我后面看着。她培养学生的做法是，先听取你的看法，在你说了之后，她会告诉你哪些思路可能是对的，患者可能是什么诊断，这种情况还需要与哪些其他疾病进行鉴别。这就不一样了，等于师傅教给了我一个工具——不要看到这个图像就

阜外医院博士生导师

觉得是某种病，不要照葫芦画瓢，而要想到还可能有什么临床情况，两者能否联系起来。一下子，我的思路就宽了许多。"王浩教授说。

在同事眼中，对于患者关系的建立，刘汉英教授堪称楷模。"她一向认真、耐心。如遇到患者找到她询问，她总能够十分耐心细致地解答、分析。"

1983年，刘汉英教授荣获全国"三八红旗手"称号；1986年，荣获全国卫生文明先进工作者称号；1991年，荣获国务院颁发的特殊津贴。

1955—1994年，从医40年，从青年时代到人生暮年，刘汉英教授获奖无数，硕果累累，桃李满庭。如今，斯人已逝，风骨犹存。

超声医学历史先驱者、华中科技大学同济医学院附属协和医院王新房教授评价刘汉英："超声宗师，宁静淡泊。桃李芬芳，业绩卓著。"

整理 / 马艳红

刘秀杰

解放思想，艰苦创业

在求学时期，刘秀杰最喜欢的科目是文学，那时他想做一位记者或老师。但事与愿违，他先成了军人，后成了医生。当胸内科医生没当多长时间的刘秀杰，在1961年又被派去创建阜外医院同位素室。

刚开始的时候，同位素室就有两人，什么仪器设备都没有，工作艰难起步。他喜欢读小说，《三国演义》和《西游记》的逻辑思维帮了他忙，赋予了他广阔的想象和创新能力。同时他不畏艰难的军人精神和勇气，使阜外医院同位素室后来成为国内外有一定影响力的心脏病核医学学科。

白手起家

1932年，刘秀杰出生在江苏省吉水县的一个普通家庭，高中在上海求学。

1950年冬朝鲜战争爆发时，刘秀杰和一大批同龄的爱国青年一样，积极响应国家号召，投笔从戎。经过参加军事干部学校，分配到哈尔滨医科大学学习。

1955年，刘秀杰派到北京协和医院做实习医生，毕业后分配到解放军胸科医院（阜外医院前身）胸内科工作。

1961年初，吴英恺找到已经在胸内科工作3年的刘秀杰谈话："医院决定成立同位素实验室，打算派你去原中苏友谊医院同位素培训班去学习，然后负责同位素室的工作。"

刘秀杰听后二话没说，就去培训班学习了。仅仅培训了3个月学习班结业，开始了在核医学领域的摸爬滚打。

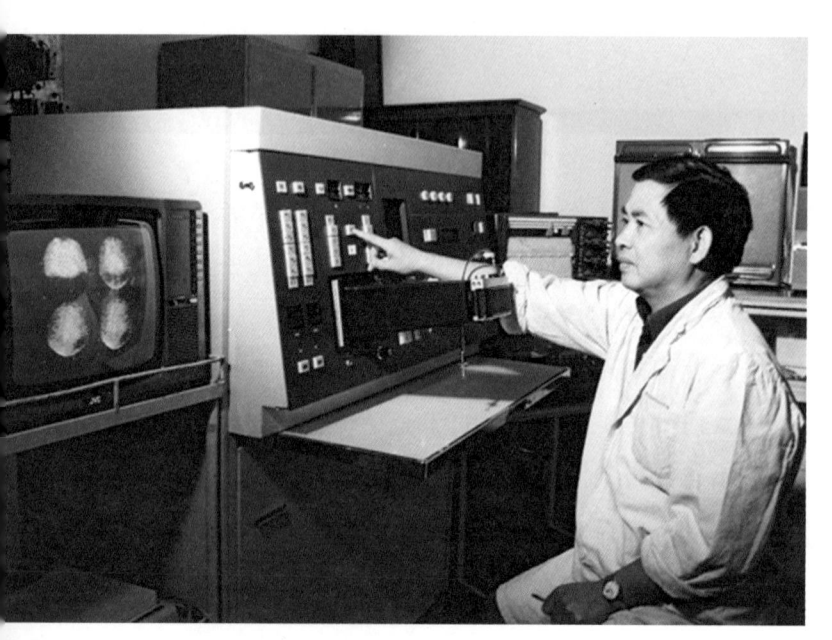

刘秀杰在国产长城γ相机前工作

当时，同位素室隶属于刘玉清主任领导的放射科，刚开始的时候有2人，除了刘秀杰外，还有放射科技术员余槐千。实验室只有三间小房，没有设备。

懂技术的人、探测放射性物质的仪器、放射性示踪剂是成立核医学科的最基本条件，但他们都没有。但他们有激情，不畏艰难，完成了很多不

刘秀杰指导年轻医生进行核医学影像诊断

可思议工作。

同位素室刚刚创立，手头拮据，而当时的仪器均要从国外购买，价格昂贵。刘秀杰和余槐千骑着自行车，多次到房山中国科学院原子能研究院核物理实验室，最终要了2块当时极为珍贵的碘化钠晶体，作为闪烁探测器的原件。

阜外医院还没有购买肾图功能仪，为了方便对高血压患者进行肾功能筛查，他们与中国医学科学院仪器处陈仁镐同志协作，于1964年研制成功我国首台双探头的肾图功能仪，所用示踪剂则是与中国医学科学院放射所王世真教授协作，研制成功的 ^{131}I-邻碘马尿酸，第一篇论文也同期发表于《中华放射学杂志》。

以后刘秀杰多次远赴上海、南京，购置国产"彩色扫描仪"。在当时，"彩色扫描仪"已经是国产的高级设备了，刘秀杰应用这些国产设备开展了很多工作：如首次开展 ^{137}Cs-心肌灌注扫描诊断心肌梗死；^{113m}In-氢氧化铁颗粒肺灌注扫描诊断肺栓塞；心血池扫描诊断心包积液。

1962年，为了制备 ^{131}I-人血浆蛋白，没有实验室与通风橱，他们就在普通桌子塑料布上进行 ^{131}I-标记人血浆蛋白，完成了与麻醉科、外科的科研课题"测定心脏外科手术患者的血容量"。

为了开展新项目，每次临床试验都是在他们自己身上进行。如 ^{131}I-邻碘马尿酸肾图，郭秀珍、吴清文等都亲自做了检查，打了第一针，在保证无副作用的绝对安全基础上，才给患者做检查。

"没有仪器，那我们就自己研发仪器；没有药物，那我们就自己标记药物。"

回想起当时的情景，刘秀杰仍历历在目。也正是由于他敢闯敢拼、不畏艰难的军人精神，使阜外医院同位素室成为我国最早建立的核心脏病学临床诊断和研究科室，并得以快速发展。

协作精神

"文革"期间，刘秀杰被下放到青海同德县公社卫生院工作。然而，高原的艰苦并未磨灭他的意志，2年后他又重新回到了阜外医院同位素室工作。

20世纪70年代初期，阜外医院决定建立核医学科，当吴英恺再次找到刘秀杰时，他依然挑起重担，建立核医学科。

1979年，时任美国核医学会主席、著名核医学专家Johns Hopkins大学的Wagner教授携带有微机的核听诊器与钼-锝发生器访华，在阜外医院首次示

1998年核医学科主任刘秀杰教授在向美国流行病学专家斯丹蒙等介绍我院开展核医学工作（右2刘秀杰、右5蔡如升，左1吴英恺、左3张英珊、左4王诗恒、左5周北凡）

范，应用核听诊器测定左心室功能（包括射血分数和舒张期功能等），记录心脏功能的变化，在临床上颇受欢迎。该仪器之后即留在核医学科，成为了本科室的第一台国外进口检测设备。

为了与国际接轨，研制我国的核医学检测设备。刘秀杰带领本科医生及技术人员与清华大学工程物理系合作，经过了反复测试，不断进行改进，于1982年成功研制了我国首台带微机的γ-心功能仪，当时在全国70多家医院推广应用，对我国临床心功能的测定起到了推动作用，并由此获得国家科技进步二等奖。

1980年，刘秀杰与北京师范大学放射化学系合作，陆续研制成 ^{99m}Tc 标记的异腈类化合物 ^{99m}Tc-特丁基异腈（^{99m}Tc-TBI）、^{99m}Tc-甲酯异丙基异腈和 ^{99m}Tc-甲氧基异丁基异腈（^{99m}Tc-MIBI）心肌显像剂，文章发表在《中华核医学杂志》与《欧洲核医学与分子影像学杂志》。其中，^{99m}Tc-MIBI 生物特性最好，肺部摄取少，肝脏吸收及排泄均快，心肌显像清晰，取得了与国外同类产品心肌显像的效果。

^{99m}Tc-MIBI 的成功研制减轻了患者负担，也为国家节约了上千万的外汇，填补了国内缺少心肌显像剂的空白，为此阜外医院与北京师范大学、江苏省原子医学研究所，共同获得了卫生部颁发的 ^{99m}Tc-MIBI 生产证书和国家科技进步二等奖。至今 ^{99m}Tc-MIBI 仍是临床上用于心肌灌注显像的主要显像剂之一，目前该技术已在国内200多家医院临床应用。

1997年，国内高能所研制的正电子发射型断层显像仪（PET）在阜外医院进行临床应用研究。这是当时核医学诊断检查的最高水平，可从梗死的心肌葡萄糖代谢测定以判断其为心肌冬眠还是坏死纤维化。刘秀杰等在其后的两年时间里做了大量的心肌存活显像检查，探索出一套有效的心肌代谢显像方法，为以后的进一步开展心肌 ^{18}F-FDG 代谢显像提供了宝贵的经验。

刘秀杰常说，临床科研一定要有大协作精神，不能考虑个人得失。核医学是一个边缘性专业学科，它包含了核生物学、核药学、核物理学等专业的技术。因此，在阜外医院，核医学科这样一个小科室，要想开展新的工作，没有上述专业的科室进行合作是不可能的。

这种大协作，体现了优势互补，各展所长的团队精神。例如北师大放射化学系，他们有合成和标记化合物的特长，可以发挥放射化学方面的优势，阜外医院核医学科有先进探测仪器，放射生物学与临床核医学的经验，两者结合就能取得事半功倍的效果。

在求学时期，刘秀杰最喜欢的科目是文学，那时他想做一位大诗人，一连背了三年的古文。他说，古代文学作品也会给我们带来很多的启示。"《三国演义》中周瑜临死前叹道'既生瑜，何生亮！'，仅用了6个大字就生动刻画了周瑜的不甘和无奈。"

刘秀杰说，通读三国可知做人做事一定要精练，抓住问题的关键。因此，刘秀杰给学生批改论文时，经常把四五千字浓缩到两千多字。他也常常告诫学生，在准备学术报告时一定要切入主题，不要把时间浪费在大家都知道的常识介绍上。

《西游记》则是在启发人一定要有天马行空的想象力，莫让紧箍咒禁锢思维。刘秀杰常说，临床上需要有这种转化思维，才能大胆创新。其中去甲乌药碱作为心肌负荷试验药物就是一个典型的例子。

去甲乌药碱是中药附子的有效成分之一，有明显增加心率、心肌耗氧量、冠状动脉血流量以及心肌收缩力的作用。刘秀杰首先想到，去甲乌药碱是否可作为一种心脏显像的负荷试

1993年，刘秀杰与朱晓东在意大利会议期间合影

阜外医院核医学科同事合影

验药物,来代替多巴酚丁胺的使用。随后,他与中国医学科学院药物研究所、珠海润珠药厂合作进行研究,以协和医院核医学科牵头,组织九家医院,进行临床试验,历时 8 年,完成了临床 I ~ III 期临床试验,即将批准上市。该药是我国自主开发的新药,获得国家专利证书。

结合临床

阜外医院核医学科经历了 50 多年的艰苦奋斗,在临床、科研、教学等多条战线上均取得了丰硕的成果,成为国内外有一定影响力的重点学科。

刘秀杰说,吴英恺院长实事求是、严谨踏实、客观独立、捍卫科学神圣尊严的治学精神和全心全意为患者服务的精神对他影响最大。

吴英恺院长提出了 24 小时住院医师制度,要求青年医师必须"住在医院里"，在上级医师指导下对所管患者实行"全面全程负责"，这样才能学好临床基本功，并锻炼观察能力，养成全面看待事物的观点，掌握良好的临床思维方法。

"吴院长甚至会指导我们如何去准备学术报告"，刘秀杰回忆，吴英恺常说，讲课和做学术报告是负责教学科研任务者的基本素质，必须进行历练，所做报告也一定要根据临床实际数据，实事求是。

受导师Wagner教授的影响，刘秀杰要求全科室医生每天早晨进行病例讨论。刘秀杰多次强调，核医学科医生千万不能就图论图，一定要结合临床实际情况，方可给临床提供清晰的诊断结果。

此外，刘秀杰主任作为中国核心脏病学创始人，培养了大批核医学人才，他们毕业以后都在不同的工作岗位发挥了重要作用，有的已成为本学科的领军人物。

1983年，在国家科委八局的领导下，第一届全国心血管核医学会议在青岛隆重召开，除核医学医师及核物理人员、放射性药物科研人员外，还有影像科、心内科、心外科医师参加。

自1983年起，在我国举办了多届国内和国际核医学研讨会，刘秀杰多次担任大会主席，并邀请了国内外知名专家参加，如刘玉清、朱晓东、高润霖、戴玉华、Wagner等莅临会议并做精彩报告，促进了核医学与临床科专业的交流与合作。

2012年4月4日在武汉召开的第一届中国核医学医师年会上，刘秀杰获得"首届中国核医学终身成就奖"。这是对刘秀杰一生奉献于核医学事业的最好总结。

整理／于伟

吴䶮

教条主义是开创事业的大敌

病理学长期以来被形象地喻为"桥梁学科"和"权威诊断"，在临床医学中占有不可替代的重要地位，而最早吴英恺在创建解放军胸科医院时，吴䶮便肩负着创建病理科的重任。

在吴䶮的领导下，阜外医院病理科逐渐成为了集临床病理与实验病理相结合的双肩挑科室，也是阜外心血管病医院的三大支柱之一。阜外医院牵头开展我国动脉粥样硬化病理普查则是我国病理学，同时也是动脉粥样硬化研究领域中的里程碑，是目前为止国内最权威、样本量最大的人体资料，被《中华病理学杂志》列入新中国成立50年来心血管病理方面最具代表性的研究。

多年来，吴遐一直呼吁病理科要与临床医师共同研究外检、尸检资料，寻找其中存在的问题和尚未解决的难点，探讨和发现新的研究课题。

总体来说，目前病理科的设备条件在医院里还处于相对落后的状态，这与医学科学的发展对病理工作的要求极不相配。但他指出，问题的解决要靠医院领导的支持，更要病理科做出成绩来不断争取。

从无到有

1925年，吴遐在素有"天下第一江山"之美誉的江苏省镇江市出生。1948年，他背起行囊，离开家乡，来到贵阳医学院开始求学之路。肄业后又就读于华北医科大学和天津医科大学。研究生毕业后，吴遐进入了总后卫生部战伤外科医疗研究组及医疗科学研究委员会担任秘书工作。丰富的求学经历和在总后卫生部的工作经历，为他今后在心血管病理研究领域的成就奠定了基础。

1956年，吴遐调入当时位于北京西郊黑山扈的解放军胸科医院。由于医院刚刚成立，百废待兴，吴遐便承担起了筹建病理室的重任。当时人员较少，病理只能作为小组，与生理、生化、细菌、临诊各小组组成一个基础研究室。

医生少、条件差、设备缺等困难都未能使他退缩，他带着两名技术员和一名实习生，夙兴夜寐，苦心经营，对困难逐个击破。有志者事竟成，短短一年间，吴遐带领的研究小组就使病理室走上了正轨，到了1957年春，已积累尸检18例；规范了胸科标本病理检查及诊断，并开展了痰瘤细胞检查，而此项诊断方法也成为了病理科强项。到1957年底时，吴遐领导的研究小组已积极对胸科领域（肺、支气管）做了大量研究，而这些都是医院今后向心血管领域转型的牢固基石。

迎难而上

1958年，胸科医院迁到北京阜成门外，改名阜成门外医院（简称阜外医院），隶属中国医学科学院。医院工作重点转向心脏血管疾病，吴遐任正式成立的病理科主任。

医院性质转向心血管专科后，吴遐领导病理科积极开展诸如冠状动脉解剖、心肌肥大的形态标准等的心血管病理基础研究工作。经过十几年的积累，阜外病理室在20世纪70年代时已对冠状动脉粥样硬化形态研究具备了一定经验和较多的尸检材料。

青年时期的吴遐

吴英恺为了解新中国成立后国人动脉粥样硬化的发病及其自然分布情况，以配合当时刚起步的冠心病流行病学研究和人群防治工作的需要，高瞻远瞩，提出了由阜外医院牵头开展我国动脉粥样硬化病理普查的任务。

在吴英恺院士的号召下，由阜外医院牵头协同19个大、中城市25个医疗、科研单位和医学院校，组成了动脉粥样硬化病理普查协作组。课题组在没有任何经费的条件下，不计名利、不辞辛苦，在短期内收集到各单位1949—1979年积累的尸检标本近万例。

课题组也遇到了工作量大和各地资料填写质量参差不齐等问题。有的人觉得价值不大不愿继续下去，但吴英恺认为很有价值并加以肯定，才使得这项工作没有半途而废。原副院长蔡如升教授和科研办公室主任周北凡教授指派病理科工作人员按统一标准与各单位反复核实相关数据，并派遣北京部分专家到广州、延吉、武汉、哈尔滨、广西等地复查心脏和主动脉标本，对不符合标准的病例坚决删除。

吴遐带领病理人员共统计分析了冠状动脉7159例、主动脉2044例的相

1982年10月在石家庄举行的全国"动脉粥样硬化"学术会议合影（三排左1为吴遐教授）

关病理数据。到目前为止，这仍是国内最权威、样本量最大的人体资料。

该普查研究应用大量尸检材料，涵盖从沿海城市到雪域高原、从新生儿到105岁的地域及年龄跨度，地域上分秦淮南北，时间上分新中国成立前后（新中国成立前的资料是根据王德修、胡正祥885名中国人与白种人的对照研究），揭示了我国各地人群中动脉粥样硬化病变的发生规律，获得了中国人血管壁结构和动脉粥样硬化宝贵的数据，动脉粥样硬化病理的结果也与冠心病的临床和人群流行病学的调查一致。

该研究证实，不能将动脉粥样硬化视为老年病。冠脉狭窄在中年时期发展最快，在35—55岁的20年间以年平均8.6%的速度递增；动脉粥样硬化起病在童年，10岁以下的孩子有1.17%存在冠状动脉粥样硬化，有11%的孩子存在主动脉粥样硬化。而斑块最早见于12岁的男孩，10—20岁的青少年有3.64%有斑块。

研究还显示，冠状动脉在69岁以前，主动脉在49岁以前，同等程度的病变新中国成立后较新中国成立前早发10年左右；动脉粥样硬化的检出率在地区之间有明显差别，秦淮以北的相同程度病变比秦淮以南约早10年。

1983年5月，《中华病理学杂志》发表了署名动脉粥样硬化病理普查协作组的论著《7159例冠状动脉和2044主动脉动脉粥样硬化病理普查总结》。1985年该文发表在国际病理学领域 *Pathology Research & Practice* 杂志。其研究成果被评为当年卫生部科技进步甲等成果奖。该研究是我国病理学，同时也是动脉粥样硬化研究领域中的里程碑，是我国相关领域引用最多的论著。它是目前为止国内最权威、样本量最大的人体资料，也被《中华病理学杂志》列入新中国成立50年来心血管病理方面最具代表性的研究。论文的署名处只署单位没署个人。

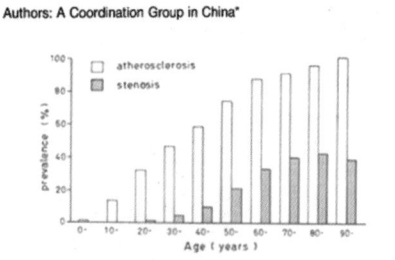

中国动脉粥样硬化病理普查研究分析7159例冠状动脉资料，是迄今国内最权威、样本量最大的人体资料，证明动脉粥样硬化起病在童年，在中年时期发展最快

教学相长

吴㭎多次呼吁要组织好全院性临床病理讨论会。因为医院各科在诊断治疗中总会碰到一些疑难和特殊的问题。这些问题单纯从临床和病理工作方面都难以解决。组织好全院性临床病理讨论会，大家都能从中受益。

他举例，阜外医院外科曾有一例法洛四联症患者，手术效果很好，但术后心跳就是不复苏，用尽一切方法，未能挽救患者。后来经过尸检并召开了临床病理讨论会，才了解到患儿冠状动脉分布异形，是1例单瓣冠状动脉，

1987年，吴遐进行病理标本讨论（坐者：吴遐右4、赵培贞右3、陈国芬右5；站立者：赵红左2）

其左冠状动脉分段未发育好，只有右冠状动脉经右横沟分布到左室前壁，而右室前壁的外科切口正好切断了该动脉，造成右室及左室前壁血流供应中断，心跳必然不能复苏。当时由于条件所限，未能在术前做冠状动脉造影，造成手术的失败。

吴遐还认为，病理科应接受临床各科短期的进修生。病理知识是做个好医生重要的基础之一。接受短期的临床各科进修生，不仅仅是为临床培养更好的医生，同时对病理科本身的发展也有很多好处。临床医师在防治工作中所遇到的问题和困难，病理科不一定全知道，他们所提出的意见和问题，特别是他们的临床经验正是病理科加强业务训练和提高病理诊断水平所需要的。通过教学相长，彼此都有收获。

阜外医院在建院初期就创立了标本室，以供学习研究之用。现在阜外医院的标本展览室已积累有千例以上的标本，培养了阜外医院乃至全国各兄弟医院的无数医护人员和专家学者。它的存在使几十年来数不清的参观学习者们豁然开朗，受益良多。但不为人知的是这个标本室的背后凝结着吴遐很多的心血。

标本室成立之初还很简陋，标本也很少。为满足医疗及教学需要，吴遐带领大家不断将其发展完善。他如同在创作一件件精美的艺术品，一个标本一个标本地挑选制作。日积月累，终于使阜外病理标本室发展成为了囊括从胚胎发育各个时期直至成人的正常心脏、正常冠状动脉解剖、各种先天发育异常的心脏及后天性心脏病等各种常见类型心脏及疑难心脏病病理标本的齐全标本室。前来参观学习的人们面对着丰富的展览标本赞叹道："参观前一头雾水，参观后豁然开朗。"

并不在意

20世纪70年代末，冠心病的发病率和病死率在中国呈迅速上升趋势，成为中国居民死因构成中上升最快的疾病，亦成为威胁中国公众健康的重要疾病。吴遐对这一状况深感忧心，他认为要解除这一健康威胁，就必须对冠心病、动脉粥样硬化，尤其是冠心病的发病原因及发病基础有一个清楚的认识。于是他积极与陈在嘉主任先后共同进行了几百例心肌梗死尸解病例的临床－病理对照研究。

研究过程十分辛苦，因为需要长时间待在弥漫着刺激药水味的标本室。但吴遐并不在乎工作环境的好坏，而是一心想要完成研究任务，使医学事业向前发展。有时为了明确一个微小病变与临床表现的关系，他甚至不顾福尔马林刺鼻的气味，反反复复地看上几个小时，甚至几天。有时候面对临床医师的提问，他即刻想到从标本中寻求答案，而忽视了福尔马林对皮肤的刺激，

解放军胸科医院病理、检验及生化人员合影（后排右起第四人为吴遐主任）

甚至连乳胶手套都忘记戴上，但他并不在意，还风趣地说："没关系，看完标本手上擦点凡士林就好了。"

这些工作没有白做，吴遐发表了多篇论文，从病理学角度为临床认识冠心病提供了可靠的形态学依据，也对现代化的急救和治疗技术的发展做出了很大贡献。此后，公众的健康防病意识逐渐提高，而这对吴遐来说比什么都重要。

临床病理与实验病理相结合

从 1956 年来到解放军胸科医院，到 1987 年离休，吴遐用前后 30 多年的时间陪着阜外医院成长壮大。期间，一度有病理科医师、技术员派往基层或外调其他单位，在这种人员极其缺乏的条件下，吴遐仍坚持带领着病理科，完成各项任务，有时他甚至得独立进行尸检或接受外检。

在吴遐的努力下，病理科人员逐渐增加。吴遐为年轻医生们创造各种学习锻炼的机会，外送他们学习普通病理 1 年，努力让他们脱产学习英文等。

年轻的同志们经过学习及实践的培养逐渐成长了起来。

吴遐为了常规、教学、科研工作的进展，还努力为病理科增加设备，建立新技术。自20世纪70年代起，在吴遐的领导下，阜外病理科进入鼎盛时期，他积极为全科工作人员创造并提供了一个求真、探索、拼搏、宽松、和谐的学术氛围，陈国芬、宋来凤、阮英茆、黄文英、赵培真等各位专家在他的领导下，积极发挥着各自的专业特长，不断填补着心血管病理的空白，亦是从那时起，病理科真正成为了集临床病理与实验病理相结合的双肩挑科室，成为了阜外心血管病医院的三大支柱之一。

吴遐每逢节假日必定自动加班半天。在做任务时，结合每个人的特长和优点，让每个人都能发挥最大的价值，产生浓厚的归属感。是吴遐强大的凝聚力让病理科先后获国家级、卫生部级、医科院协和医大级及本院所级科研成果奖及医疗成就奖36项，培养硕士研究生6名，发表论著216篇，并参与编写4部专著的部分章节。

钻坚仰高

1956年，吴遐在刚刚建立的胸科医院率领小组人员克服各种困难，在短短2年时间里，根据医院特点围绕胸科领域（肺、支气管）积极做了大量工作，并及

吴遐、陈在嘉、王凤连和张琪看望吴英恺

时总结经验，先后发表多篇论文，并参加著名心胸外科学家吴英恺教授主编的《胸部疾病》之"肺结核病的病理学"章节的编写，这些病理经验的总结对当时的临床工作起了直接的指导作用。

之后胸科医院改为阜外医院，在工作重点开始转型的时期，吴遐仍积极处理过渡期间遗留的对消化道疾病诊治的病理研究工作。当时吴遐对食管癌已积累了较深的认识，在院方的安排下，以阜外医院病理科为主办单位，邀请了多个单位的病理工作人员，各自携带食管癌标本，由山东医学院病理科孙绍谦教授指导，在阜外医院成立协作组，对100多例外科切除的食管癌标本进行深入观察、探讨，提出食管癌类型的分型并联系临床，在发病学上发现食管癌有多发中心。这些研究成果不久后整理成文并先后发表。其中"食管癌和贲门癌病理形态和 X 线诊断的综合研究" 获院校表彰，并参加了 20 世纪 60 年代在莫斯科召开的世界肿瘤会议。

20 世纪 80 年代末期，吴遐由于年龄原因卸任退居二线，但他依然用活跃的学术思维，将更多的精力投入到心血管临床病理的研究工作中。由于他的科研工作主要以病理形态结合临床诊断为主，在此方面有非常丰富的经验。因此，他先后参与编写了刘玉清院士《心血管病影像学》和著名病理学家武忠弼教授主编的《外科病理学》的相关章节等。

吴遐离休后笔耕不辍，继续整理过去未完成的研究工作，对于有学术争议的问题积极发表自己的学术见解，获得了学界诸多赞扬。

吴遐说，我们在日常工作中常依靠前人所开拓的方法和经验来学习，但逐渐会变得墨守成规，时间长了往往就停滞不前，甚至形成教条主义。这是我们开创事业的大敌。

病理学发展的机会在哪里？他的答案是我们应把病理知识紧密地与临床和其他检查项目相结合，在不断的研究中解决实际问题，进而走出一条新路，这也是我们事业成败的关键。

整理 / 刘能静

张英珊

以退为进 峰回路转

张英珊认为有几件事影响了自己的一生：上了最好的私立中学，却为打好基础自求降级；为了学医，从天津唯一的大学退学，如愿以偿地考上了燕京大学医预系；在燕京大学激烈的竞争中，考入北京协和医学院；她正憧憬着成为一名妇产科医生时，她一侧的耳朵突然没有任何征兆地失聪，耳鼻喉医生的结论则是：等待是唯一的办法。

命运关上了一扇门的同时，就会打开另一扇门。张英珊申请来到了当时的实验所，跟随著名内分泌学家刘士豪做临床生化实验室和内分泌相关的研究工作。这反而让她独树一帜。

1956年，张英珊被吴英恺点将，到黑山扈解放军胸科医院基础研究室工作。张英珊多年来主要从事动脉粥样硬化有关的脂质、脂蛋白及蛋白聚糖的生化研究。张英珊始终有强烈的学科意识，她说，我们是生化研究室，不是生化室。我们的责任，不单单是为临床服务，更需要一肩挑两担，既结合临床，又从事科研，从临床上发现问题，通过基础做研究，最终把研究成果服务于临床，形成一个良性循环。

欲自强自立，必须有能力

张英珊1925年10月16日出生于山东省黄县，之后一直居住在大连。父亲和伯父以经商为生，家境尚可。当时大连有两种学校，一种是中国人开办的公学堂，一种是日本人办的学堂。日本人办的学堂比公学堂的教学质量好很多，但是用日文。父亲不想孩子变成亡国奴，便和朋友一起，将孩子们集中到家中，请几个老师来教书。张英珊从小在学习上就表现出超出一般孩子的认真刻苦。

张英珊的家庭环境比较特殊，他的父亲纳妾并吸食鸦片烟，家里总是乌烟瘴气，母亲在张英珊11岁那年因肺结核感染去世。令她心生厌恶的家庭气氛和过早感受人世变故的经历，使得张英珊形成了自立的性格。她很早就开始思考自己的人生——女人欲不受欺凌，必须自强自立；欲自强自立，必须有能力；欲有能力，需努力学习本领。她立志学医！

之后，国家政治局势动荡，大连不能久待，张英珊随家人一起来到天津。因为之前是在家中念书，没有毕业证书，加上天津的好学校初三不招插班生，所以张英珊只能通过父亲托人进入天津的一所私立普通学校。虽然张英珊仅初三一年在学校就读，但仍然在毕业考试上取得了第一名的优异成绩。

初中毕业后，为打好基础，继续深造，考上更好的大学，张英珊决定换一所好学校。当时，天津最好的私立高中是英租界的耀华中学。耀华中学在当时非常有名，一般不对外招生，只有在本校初三的学生升到高一后还有多

1980年生化研究室工作人员合影（二排左3为张英珊）

余名额的话，才面向社会招生。

张英珊顺利通过了耀华中学高一班的入学考试。正常的开学时间是每年的9月初，而外招的学生只有等到10月初才能正式入学，所以张英珊拖后了近1个月才真正地进入耀华中学读书。耀华中学除了语文外，全部是英文授课。张英珊英语功底不深，上了2周课程之后，感觉跟不上进度，于是决定向学校教务处申请降级至初三重新学习。

学生主动申请降级，这在当时的耀华中学是没有先例的，学校不同意。但是，张英珊继续多次向学校申请，诚恳地说明她自求降级是想为以后打好基础。终于，学校史无前例地同意了她的降级请求。这是她此生做出的一个重要决定。

回到初三重新学习后，张英珊才发现，由于当时教材并不统一，有好多知识她并没有学过。谈及在耀华中学的四年学习时光，张英珊说，"学得很踏实"，为这一生的学习打下了非常扎实的基础。

命运的玩笑

1945年，张英珊高中毕业。当时日本刚刚投降，国家仍处在动荡之中。张英珊想去北京学医，但是家人不同意，因为一是北京没有亲戚朋友，无法照顾，二是铁路不通，经常被扒、被炸。

当时天津没有医学院，张英珊考到了天津唯一的一所大学——天津工商大学，修国际贸易系。专业并非兴趣所在，上了1周的课程之后，她越发觉得毫无意思。张英珊毅然决定退学，准备来年去北京学医。这是她此生做出的第二个重要决定。

退学在家的日子百无聊赖。偶然一天张英珊得知，日本投降之后，燕京大学、南开大学、清华大学、北京大学都要陆续搬回来，而且燕京大学有医预专业。于是赋闲在家的张英珊，在10月初，满怀信心地去北京米市大街北京协和医学院旁边的女青年会参加了燕京大学的入学考试。她如愿以偿地考上了燕京大学医预系，这为其之后考进北京协和医学院，从事梦寐以求的医学工作，奠定了良好的开端。

在燕京大学的3年，是一段归于沉默、追求希望的时光。当时的系主任是一位美国老太太，终身未婚，重男轻女思想严重。这使得像张英珊这样的女生必须拼命学习。迫于压力，班里为数不多的几个女生中，有一些还是坚持不下来，转到相邻的生物系了。

当时，张英珊一心希望去北京协和医学院深造。她知道，单靠学习成绩好是不够的，起决定作用的是系主任的推荐信。为了在班级里出类拔萃，给系主任留下深刻印象，最终考入北京协和医学院，张英珊始终未曾放松警惕，不断鞭策自己。

1984年生化研究室和病理科部分工作人员与来访的外宾合影（前排右2为张英珊，右3为Dr. Vincent C. Hascall）

她回忆起在上无脊椎动物课程的时候，教授要求所有学生画图。本来画图是张英珊最不擅长的，但是为了能像其他同学一样将自己的作业展出在全班同学和老师面前，她反复练习，最终获得了老师的肯定。

最终，功夫不负有心人，张英珊如愿以偿地考上了北京协和医学院。据她的回忆，能考上北京协和医学院，与系主任的推荐有很大关系。这也说明了经过张英珊的不断努力，后期系主任对这个女生的印象越来越好，帮她一起实现了"协和梦"。

1948—1953 年，北京协和医学院的 5 年淘汰率非常高，竞争压力很大。她回忆当时的情景，"上解剖课的时候，4 个人一组，2 个人均分一半的尸体，面对着无数个需要记住的骨头，白天弄不完，晚上依然要硬着头皮，鼓起勇气去停满一排排尸体的实验室"。在耀华中学的降级经历始终提醒着她，要想办成事，一定要很努力很用功才能实现心中的目标。

那时候，她最大的愿望是做一名妇产科医生，然而，命运和张英珊开了一次玩笑。在北京协和医学院的第三年，有一天，她发现自己一侧的耳朵突然没有任何征兆地又鸣又聋，在许多科室做了检查之后，依然没有找到原因。

张英珊从小患有中耳炎，后来发展成乳突炎，在耀华中学读书的时候，她的右耳曾经接受根治术，摘除了骨膜、小骨头，右耳听力几近丧失，现在左耳又得了突发性耳聋，不能使用听诊器。

"当时的打击如同晴天霹雳，好像这一生的梦想就要变成泡沫。"时隔多年，再次回忆当时的情景，张英珊依然唏嘘感慨。"有的医生怀疑是第八对神经瘤，但是始终找不到病因。最后，耳鼻喉的老师无奈在病历上写了一句话：等待是唯一的办法。"

她不想放弃医学梦想，克服困难也要继续听课。休息了几个月之后，张英珊决定恢复学习。当时在阶梯教室上大课，有好多年轻的住院医师，甚至有些老师也会过来听课。学生们只能坐在教室的最后排。由于听力的问题，每一次听课时，张英珊就坐在阶梯教室两侧的台阶上听课。

在北京协和医学院的第四年，所有的学生都需要去各个科室病房轮转见习，尽管耳朵的问题在听诊上给她带了很多的麻烦，所幸也磕磕绊绊地度过了。

峰回路转

在北京协和医学院的最后一年，按照学校的规定，所有学生需作为实习医生到各个科室看患者、管患者。听力问题迫使张英珊不能去科室轮转。正巧，当时学校办了一个"高级师资进修班",兴趣使然,张英珊申请来到了实验所(即现在的基础所)生化系。

当时生化系的主任是著名内分泌学家刘士豪,他比较注重基础研究。张英珊主要负责临床生化实验室工作,是少数有医学背景的人员之一。具体工作内容是协和医院的血液生化检查工作。另外,她还协助刘士豪做一些内分泌相关的研究工作。

1956年3月,张英珊被吴英恺教授点将到黑山扈解放军胸科医院基础研究室工作。主要负责基础研究室工作。她开始并不知道什么是基础科研,只知道血液生化检测工作。之后又回到基础所生化系学习了1年多的时间,在1957年,又回到了胸科医院。

1958年,吴英恺带着所有人从解放军胸科医院搬到了阜外医院。张英珊主要参加筹建阜外医院的检验科,并担任生化组长,建立了总胆固醇、三酰甘油和β脂蛋白的检测方法,并把这些检测指标用于石景山区的高血压和冠心病人群的普查。

那时候,临床科室下基层做冠心病、高血压普查和中西医结合研究,需要检验科全力配合医院的工作。对于普查抽取的血样,张英珊带领着检验科,不分白天黑夜,日复一日地工作,进行胆固醇的测定。对于中西医结合,生化应该怎么入手大家都不得而知,主要是做了关于活血化瘀、血凝方面的工作。

1985年,张英珊教授(左2)指导动脉粥样硬化研究组工作人员用自动收集器收集分离的蛋白聚糖

当时,临床科室和基础科室在科研思路上有分歧——临床需要检验科开设新项目,但检验科建立新项目、新方法并不是一件容易的事情,等到检验科建立好检测方法,可以开设临床所要求项目的时候,临床科室却提出不需

要了。张英珊觉得，造成这种矛盾的根本原因是各工种之间需求的不对称。后来，临床科室陆续开设了生化研究室以服务于临床对患者检验的需求。

做科研不是"遍地开花"

张英珊创立了阜外医院生化研究室，紧跟文献，摸索探求，逐步确立了生化研究室的研究方向，开始了她这一辈子所热爱的科研事业。

在生化研究的路上，张英珊热情饱满，捷报频传。她率先在国内用超速离心的方法从血清中分离低密度脂蛋白（LDL）、极低密度脂蛋白（VLDL）和高密度脂蛋白（HDL），研究论文在《生物化学与生物物理学报》上发表。

20世纪70年代初，刘力生教授提出来开展继发性高血压的鉴别诊断工作之后，张英珊就和同事们一起，开始研究继发性高血压的鉴别诊断方法，建立了肾素醛固酮系统的一些指标。刘力生教授的实验室建立了儿茶酚胺、肾上腺素的一些指标。这两方面的研究成果结合起来，形成了一份关于继发性高血压的比较完整的鉴别诊断指标。

张英珊始终认为，真正地做科研，做学问，不单是"遍地开花"，开设新的检查项目为临床服务，而是应该系统地深入研究某一问题，找出原因和关联性。但矛盾的是，临床并不需要这么深入地研究、只是满足于检查结果帮助临床判断和诊断。对于一辈子从事生化研究的人来说，应该有一个明确的科研思路，不能满足于成为一个方法大家，而是要找到事物之间的相关性，只有这样才能把研究做精、做深。

1981年3月，为了加强基础科研能力，吴英恺派张英珊和陈国芬等人到美国国立卫生研究院（NIH）进修学习1年。张英珊和NIH心肺血研究所的研究员一起建立载脂蛋白的研究方法。牙科研究所和心肺血研究所比邻，当时牙科研究所正在开展蛋白聚糖研究，方法新颖。张英珊敏锐地注意到，蛋白聚糖是动脉壁中膜的重要组成成分，而关于糖蛋白的研究却非常少，从蛋

1995年在吴英恺教授家中合影（右1为张英珊）

白聚糖入手可能会为心血管研究打开新思路——她决定做动脉壁的蛋白聚糖研究！张英珊迅速投入到这一新的研究领域，她成为了中国研究动脉壁蛋白聚糖的"第一人"。

1982年3月，回国后，张英珊作为国家"八五"攻关课题的负责人在国内率先开展了蛋白聚糖和动脉粥样硬化关系的研究，研究结果在《生物化学与生物物理学报》发表，其中有两篇研究论文被其海外版选用。其后又重点研究外源性蛋白聚糖对培养的人的血管内皮细胞和平滑肌细胞合成的基质和细胞生长的作用，上述研究结果分别在1991年获得卫生部科学技术进步三等奖。1998年获得国家教育委员会科学技术进步二等奖。

参加工作40余年来，从实习研究员到研究员，张英珊主要从事动脉粥样硬化有关的脂质、脂蛋白及蛋白聚糖的生化研究，她创建的阜外医院生化研究室为中国的生化研究培养了一批又一批的优秀研究生和青年科研工作者，她始终对这些年轻的科研人员强调："我们是生化研究室，不是生化室。我们是一个学科，需要有强烈的学科意识。我们的责任，不单单是为临床服务，更需要一肩挑两担，既结合临床，又从事科研，从临床上发现问题，通过基础做研究，最终把研究成果服务于临床，形成一个良性循环。"

整理/郭贝贝

张琪

从未忘记自己的梦想

张琪因为身体羸弱立志从医,并通过自己的努力考上北京协和医学院,却最终因为身体的原因无法成为悬壶济世的医生,转而从事基础研究,师从我国著名生理学家张锡钧院士,参与了享誉海内外的乙酰胆碱研究。

1956年,张琪跟随吴英恺从协和医学院生理学系调往黑山扈解放军胸科医院,开创生理研究室。张琪也跟随吴英恺,创建了阜外医院生理研究室,为我国高血压基础研究的起步和发展打下了基础。

当工作和生活步入正轨时却又因"文革",全家去青海工作了15年。

在艰难的岁月中，她却圆了自己的医生梦。

无论是顺境还是逆境，张琪从未放弃对生活的希望和对工作的认真态度，不急不躁，安之若素。

矢志学医

1927年，张琪出生在江苏省扬州市，阴历十月十日，因为强盗入室抢劫，母亲极度惊恐之下早产，生下了她，因此她从小便体弱多病。

因为父亲的工作频繁调动，上学期间的张琪不得不跟着父亲辗转几个学校插班学习。因为体弱，张琪的体育成绩很差，篮球、排球等体育运动学起来非常吃力，成长的过程中还曾因为怀疑患有肺结核，不得不休学1年，也正因为如此，张琪从小就励志学医，并将考入北京协和医学院作为自己的目标。

1946年，19岁的张琪考入广州岭南大学（中山大学前身），完成3年预科学习后，张琪报考了北京协和医学院。由于战事，京广两地通讯中断，1949年夏天，张琪甘冒风险只身从香港乘船，绕道天津来到北京。

张琪到达北京时，已经错过了北京协和医学院的入学考试，所幸经过该校美籍秘书福格森的面试和单独学业考试而被录取。在北京协和医学院已经开学1周后，张琪才在全班同学诧异的目光下进入课堂，开始了北京协和医学院的学习生活。一张老照片定格了张琪与同班同学一起，在北京协和医学院门前留下的甜甜笑容。

1953年，实习前夕，张琪突患消化道溃疡，反复大出血三次，组织上考虑张琪的身体状况，将她分配到基础学科的生理系，师从中国科学院院士、我国著名生理学家张锡钧，参与了享誉海内外的乙酰胆碱研究和神经内分泌的开拓工作。1954—1956年，张琪在北京协和医学院生理学系担任助教，参加了生理学的教学和科研工作，担任医学生生理学实验导师。

白手起家

张琪在北京协和医院期间

1956年，张琪跟随吴英恺院长从北京协和医学院生理学系调往黑山扈解放军胸科医院，创立了生理研究室。

医院成立初期，从北京协和医学院、其他研究机构、医院调来了各个学科的精英，但医院创建初期，各个科室的同事几乎没有科研任务可做，只能从事一些临床检验工作，难免会有一些怨言。

张琪作为一名党员，为此在专门召开的全院大会上还受到了批评。随着医院的发展壮大，事情很快有了转机，1958年，胸科医院全院人员转入新建立的阜外医院。

吴英恺院长要求，基础研究要为临床服务，张琪因此建立了呼吸功能检测室，为临床患者检测呼吸功能。这在现在看起来非常简单的工作，在当时没有设备、没有材料的情况下，依然要"白手起家"从零做起。

张琪进行了短期观摩学习，购买了仪器设备，培训了技术人员，最终建立了一套呼吸功能的基本测定方法，检测室很快就建立起来，开始运转。这个检测室第一项工作就是对男女各100名健康志愿者进行检测，将测得的正常值作为标准指标。这项研究是当时国内最大的一组人群正常值的测定，该调查报告载入吴英恺主编的《胸科疾病》一书，检测室同时还开展了分侧肺功能的测定，为肺切除术提供选择指征。

留学苏联

吴英恺院长高瞻远瞩，将阜外医院定位在心血管病的科学研究上。1959年，张琪得到一个留学的机会。中国医学科学院选派张琪去苏联学习高血压的基础研究工作，这也是我国第一次专门派学者到苏联学习高血压基础研究。

经过几个月的集中俄语培训学习，1959年底，张琪独自乘坐8天7夜的火车抵达莫斯科。这次留学计划原本要派遣临床医师去学习，由当时苏联医学科学院院士、内科研究所所长、心血管病专家米亚斯尼可夫教授为指导老师。

张琪是学基础医学出身，甚至没有参加过临床实习。俄国的专家非常严谨且负责，面对这样一个学生，马上调整了培训方案。米亚斯尼可夫根据张琪的实际情况，制订了1年的学习计划，要求张琪分别在苏联医学科学院研究所、列宁格勒生理研究所、苏呼米实验医学研究所和乌克兰生理研究所学习。学习的内容主要涵盖建立动物高血压模型及急、慢性高血压实验研究的方法。

张琪在俄罗斯学习期间

1959年，初到苏联的张琪全身心地投入到学习中，努力而刻苦。苏联的治学严谨在张琪身上留下了深深的烙印，让她养成了良好的科学研究习惯。作为一名参观学习的学者，张琪参与了研究所的研究工作，从一个只能掌握基本生活用语的留学生，成长为参与科研项目、发表论文的成熟学者。在《乌克兰生理学》杂志上，赫然署有张琪的名字，这就是她在留学期间的成果。

1961年，张琪学成回国，马上筹备开展了实验性高血压的工作，继续在苏联的研究工作,并将自己所学在国内实验室传播开来,成立了生理科,专门从事生理学研究工作。

圆梦青海

1970年,北京卫生界执行"626"指示,大批医疗专业人员前往农村工作。张琪全家大小去了青海省海南藏族自治州人民医院,这是一所只有两排砖瓦房的小医院,一排是门诊和后勤科室,还有一大间房分隔为手术室和院长办公室;一排是只有50张病床的住院部,分为两部分,一为内科、儿科,一为妇科、外科、五官科和眼科病房。

医院设备简陋,只有一台X线机,一个小型化验室,唯一的手术室只有一台手术床,同一时间只能开展一台手术。职工们都住"干打垒"的土房,燃料是牛粪。

艰苦的条件、陌生的环境让张琪一家经历了艰难的适应过程。张琪作为一名高级研究人员,在医院里根本没有用武之地,也没有工作岗位。张琪被"赶着鸭子上架",分配从事内科、儿科的临床工作。

临床实习都没有参加过的张琪刚一上班,就被分配分管好几个患者,这让她非常紧张,但没有别的办法,只能硬着头皮顶上去。张琪以所有医护人员为师,虚心请教,兢兢业业地开始了自己的临床医师工作。

刚进病房不久,张琪就收治了一名

张琪在青海从事巡回医疗和调研工作

有谵妄和躁动的半昏迷患者，病史不详。她在一位护士的鼓励和帮助下第一次成功地为患者做了腰椎穿刺，根据腰椎穿刺结果明确了脑膜炎的诊断，把握了治疗时机，患者的生命得以挽救。

在这所医院里，张琪工作了9年，接触到许多藏族重症患者（儿），多数是大城市已经少见的传染病，如麻疹或百日咳患儿合并肺炎和心力衰竭；各种脑膜炎患者（儿）入院时多已深度昏迷，经过努力抢救，往往能转危为安。在治愈许多严重的患者后，张琪感受到了作为医生的光荣和幸福，也终于圆了自己做医生的梦。

高原科研

1979年，张琪被调到青海省高原心脏病研究所，重新回到了自己熟悉的领域。青海省高原心脏病研究所是一所新建立的研究机构，张琪承担了建立生理研究室的任务，并开始从事高原地区心血管病的研究。

1980年初夏，张琪率领10余名医护人员赴青海省海拔最高、青藏交界的玉树藏族自治州曲麻莱、杂多、治多三县（海拔均在4000米以上）做高血压和先天性心脏病的流行病学调查，同时进行巡回医疗。

张琪几乎是冒着生命危险到达海拔4800米的高原，串访牧民的帐篷。由于条件艰苦，交通极为不便，当地牧民很难有机会看病。巡回医疗队的串访受到群众极大欢迎，也确实解决了一些医疗问题。

此外，巡回医疗队还在各个县医院为当地居民做血常规、血气、超声心动图、血流图、心功能等多种生理正常值的检测，收集了数据。

在青海的15年时间是张琪一生中的闪亮点，虽然生活艰苦，但她实现了自己成为一名临床医师、悬壶济世的梦想，真真切切地在临床一线挽救了无数生命，在基础研究方面对少数民族地区进行了大规模的心脑血管疾病的流行病学调查。在此期间，张琪发表论文9篇，分别获省科委和卫生厅1981年、

张琪教授 80 岁寿辰时，亲朋好友欢聚一堂

1982 年、1984 年优秀论文一等奖 3 项、二等奖 2 项、三等奖 1 项，为我国高原高血压、心脑血管疾病的调查及防治工作做出了贡献。

调回阜外

1985 年 5 月，张琪从青海调回阜外医院，进入生化研究室高血压病组，重新从事中断了多年的高血压发病机制的研究，这是张琪作为科研人员多年来难得的一次从事"正业"的机会。回到了多年生活和工作过的地方，一切轻车熟路，张琪很快投身到科研工作中。

当时正是国家"七五"科技攻关项目的竞标阶段，张琪积极投入标书的准备工作，最终与北京大学医学院等 3 个单位中标，由北京大学医学院牵头，张琪所在研究室得到了申请的研究经费，主要是研究心房肽在自发性高血压大鼠发病中的作用，该项研究成果获卫生部科技进步一等奖。此后，张琪还参加了国家"八五"攻关项目，获卫生部科技进步二等奖。同时张琪还参与

221

了大量与生理学、高血压研究相关的教材、图书的编写工作。

在阜外医院，张琪培养和参与培养了研究生和研究技术人员，她的学生阜外医院检验科主任陈曦非常尊重自己的老师，陈曦说，张琪老师是北京协和医学院出身，功底深厚却从不摆架子，平等地对待学生，尽一切所能帮助学生成长。

书卷墨香

1956年，张琪从医学院校调到解放军胸科医院（阜外医院前身），参与了阜外医院的创建工作，成立了生理研究室。1958—1970年，张琪先后担任阜外医院研究室生理组负责人、助教，阜外医院心血管病研究所基础研究室助理研究员，阜外医院心血管病研究所生理生化科副主任、助理研究员。

1970年开始，在青海的15年里，张琪实现了成为临床医师的梦想，取得了作为科研工作者的荣耀，1985年重新回到阜外医院，任教授级研究员，又取得了一系列的科研成果。1996年6月张琪从阜外医院退休，退休后在阜外医院专家组工作2年后，1998年6月结束了全部工作。张琪共在阜外医院工作了25年，参与了阜外医院的创建，伴随阜外医院成长。

因为从小写一笔好字，退休后，张琪进入老年大学，学习书法，拿出科研的韧劲，每天习作3~4个小时，坚持不懈，短短几年就取得了较大进步，获得卫生部职工书法比赛一等奖。

2016年3月9日，张琪永远离开了我们。

张琪一生为人耿介直爽，工作认真负责，原本可以成为一名有所成就的医师或研究员，但是，工作岗位的安排和调动，以及国家科研政策的变动和偏颇使她无法发挥自己的聪明才智，难以实现她的抱负。

人生贵在有志气，也要凭着有运气，不可或缺。顺逆何境未旁骛，安之若素等风来，在命运的洪流下，张琪从未忘记自己的梦想，坚守着自己的使命。

整理/许奉彦

王凤连

怀念众志成城的岁月

1956年的一天，王凤连去北京协和医学院上班时，突然接到通知，她要调工作了。有着优秀独立工作能力，兼具临床医学与微生物免疫学背景的王凤连，服从选调命令，二话不说来到了位于黑山扈的解放军胸科医院。

1958年，解放军胸科医院归入北京协和医学院，阜外医院成立。吴英恺"命令"她："王凤连，你可哪也别去！从研究结核病里跳出来，跳到心脏病去。"王凤连遂率领整个团队跟上医院转向步伐。

历经过帝国主义侵略、军阀混战、解放战争、"文革"的磨砺，王凤连这位与祖国共患难的老人，至今仍十分怀念建院当时激情燃烧的岁月，怀念当时的万众一心和众志成城。

我是一棵小树

至今王凤连也不明白，当时解放军胸科医院建院时，院长吴英恺究竟是如何找到她的。

1956年，为了战时及和平年代的需要，总后卫生部决心建设国内第一所胸科医院。组织上选定北京协和医院外科主任教授吴英恺任命为院长，负责组建。

吴英恺从自己的老东家"挖"走了北京协和医学院包括王凤连在内的18位青壮年协同自己建院。后来，这18人被誉为建院的"18棵青松"。

回想起自己被通知调走的情形，王凤连用"突然"两个字形容。

"没有谈话，就是一天上班，科主任直接告诉我，我要调动工作了。什么时候，汽车在哪个门等都安排好了。"王凤连回想起临走前的那一幕，吴英恺、蔡如升、朱贵卿3位教授已等在门口，大家同坐一个面包车就被从城里拉到了黑山扈。

对于这突然的选调，王凤连既不舍又平静。

不舍得是，从实习到留校北京协和医学院，她已经在国内最高医学学府待了8年，从一名稚嫩的医学生成长为导师谢少文教授的得力干将，北京协和医院设备较完善，人员充足，事业也正蒸蒸日上，王凤连在结核菌方面的研究已经处于国内领先水平。一位进修生曾说："看见王凤连发表的论文，还以为是一个戴着黑边眼镜的老先生，谁知一见面，

1950年，在北京协和医学院图书馆

竟是一位小姑娘。"

不过，平静的是，用她自己的话说，"我上学干什么？上学不就是为国家服务吗？现在国家建设需要我，我就应该去。胸科医院是我们自己部队的医院，急需人才的呀！"

没有与国家一起经历过苦难的人，也许很难理解这样的情怀。

1937年，日寇发动侵华战争时，王凤连正在读小学，年幼的她目睹了日军枪管下民不聊生的苦难，一大家子人多数被迫转到后方。1946年，国民党发动内战，王凤连就读于北京大学医学院，见识了特务们夜里抓人，对进步青年的毒打。1949年早春，王凤连从老家——蒋管区青岛回解放区北平，需要化装成"村妇"、携带"良民证"，夜闯两区交界地带时，被土匪抢劫，而一到解放区，迎接她的是解放军战士，并让到准备好的火堆前取暖、还端上了洗脸水和马头牌擦脸油，洗去了满脸的尘土……

因此，对共产党她是由衷地信仰，对新中国，她是热切地渴望强大！而眼下，在她看来，胸科医院的建设正是祖国的召唤！

就这样，有着优秀独立工作能力，兼具临床医学与微生物免疫学背景的王凤连，服从选调命令，二话不说来到了胸科医院。

多年后，回想这次职业生涯转折，王凤连说："我是一棵小树，栽到哪里哪里长。"

创造条件办医院

解放军胸科医院前身原是解放军122疗养院。吴英恺率领18位青壮年进驻时，原单位留下了120余位医护人员。这些人后全部被招至胸科医院麾下。

一座法式老楼、一座现代化"飞机"式样新楼、140余位员工、一些简单的遗留设备，这是胸科医院开创伊始时的全部家底。

吴英恺雄心勃勃地为这所医院立下了"天下少有，中国第一"专科医院的目标，他誓把医院建成既有临床又有基础研究的医院。

然而，现实却是缺人、缺设备！

回想起医院建设初的经历，王凤连仍十分怀念那种万众一心、众志成城、速战速决的工作作风。

在扩充人才方面，根据专业需求，吴英恺撰写报告从军队、地方医学院校选调优秀人才。军委直接发电报命令，连个调函都没有，被选调人接到命令后当日就会乘车、乘飞机到本院报到，连行李都不拿。接到任务后，再回去搬家。这些人多来自军医大学，虽然属于优秀人才，但为医院所用，仍需各科室负责人悉心培养。就这样，王凤连所在的细菌免疫室调来了1名助教、10余名技术员，后又来了几批进修生。

人的问题解决了，但设备却成了问题，那时，朝鲜战争刚结束不久，生活物资都很贫乏，医疗设备的境况就更加难以想象了。

"当时买东西可不像现在，学术会议上，外企给设备，'你们先用，用好了再给钱。'那个时候，可真是什么都买不着。"王凤连回忆，这应该是创业时最大的困难了。

当时，北京虽是文化城，但仪器制作不如上海，在国有经济呈压倒性优势的大背景下，上海已经开始出现

1956年，王凤连在解放军胸科医院楼前

一些公私合营的工厂，而与公家工厂相比，这些工厂设备生产能力相对较强。遂吴英恺指示副院长蔡如升带领王凤连、徐守春、张琪到上海采购。四人带着各科室申请报批的器材、型号规格单就出发了。

从北京到上海，要过长江，而那时的长江没有桥，火车也是先要一段一段地用轮渡过江后再接上。四人对上海人生地不熟，单凭自己，买上可心的设备难上加难。

谁知，四人刚下火车，就听见火车站高音喇叭播出："请以蔡如升副院长为首的采购团出站时看接站人手中举的大牌子。"一听到这，四人感到心里踏实多了。原来前来接他们的是总后卫生部驻上海办事处的几名干部，是总后卫生部安排好的。宫部长曾说："建这所新型的胸科医院，总后卫生部一定大力支持。"

更让四人觉得贴心的是，采购器材时，办事处人员和第二军医大学器材处的专业内行人员陪同。只要一把计划购置的清单拿出，就有专门人员帮助采购。市场上若缺货的，就定做。有时，工厂负责人说，订货已经安排到年底了，但只要听说是支援部队医院建设，就会插进去提前做。王凤连所需要的蔡氏滤菌器，需要用银子做，工厂没有。工人提议他们到银行申请银圆，没想到，拿着申请，银行很快就批了。

该买的都选定后，购置清单留在了第二军医大学。他们帮着验收是否合格，并帮忙邮寄。很快，3个多月的时间里，所需的设备都到齐了。

在购置设备的这件事上，虽然涉及了一个系统的3个单位，系统外的工厂和银行，但只要是提到国家军队建设，都会迅速反应给予支持。

王凤连感慨："当时办事情真好办，办事效率很高。"

不分白天黑夜

在胸科医院，细菌免疫室的主要任务是科研。王凤连介绍，与如今科研选题的申请经费不同，那时选题纯粹为了医院临床需要。说到此，王凤连十分佩服吴英恺的智慧，坦言"他在学术管理上，很有办法"。

那时，胸科医院远离城区，很是孤立。谁能为各科室的科研选题把关呢？吴英恺想到了老东家——北京协和医学院。然而，毕竟北京协和医学院与胸科医院是相互独立的单位，一个地方、一个军队，行政上没有任何关系。

吴英恺就动用各种关系做工作，将"18棵青松"的老师及著名专家们都请来，成立医院学术委员会，这些委员个个都是"大拿"。到各科开题报告时分，就请这些"诸葛亮"利用周末到黑山扈来指导，并顺便欣赏郊外风景。解放军胸科医院背靠望儿山，前拥京密运河，院子里满是葡萄，秋天更是满山红叶，风景美不胜收。赏玩之余，学术委员会就要充当"法官"，针对各科选题进行全方位审查，保证科研课题的临床导向性、创新性和可行性。

就是在这样的机制下，王凤连完成了"对链霉素、异烟肼敏感及耐药结核菌对豚鼠及地鼠的致病性""结核病红细胞凝集反应的诊断效价测定"等研究，相关结果发表在《中华结核病杂志》等期刊。其中，325例肺结核瘤肺切除瘤内及支气管残端结核菌分离、病理观察综合研究总结由院长吴英恺带到了在苏联召开的胸外科学术会议做国际交流，受到了关注。

在培养人的方面，为了在科研中做到"抬头看路，不做无效研究"。王凤连借鉴协和老

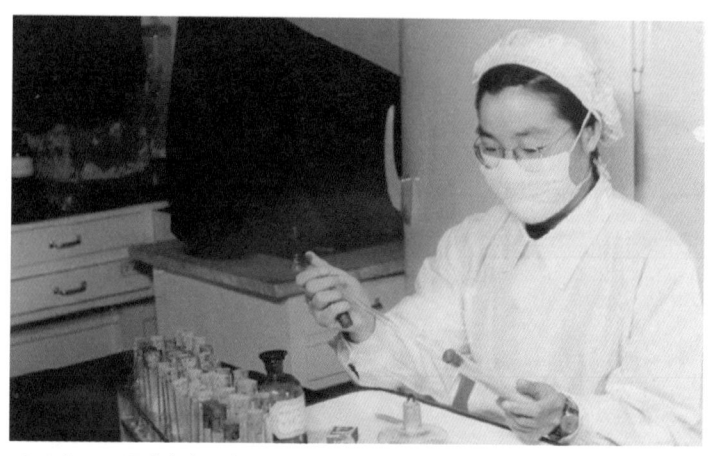

1958年，王凤连在实验室做细菌移种

1960年，王凤连（中排右5）与阜外医院检验科合影

师谢少文的教学方法，带领着科室人员学外语，读国内外文献。

科内技术员金律的学习态度给王凤连留下深刻印象。初中没毕业的金律就参军上战场，部队选送他到技术学校培养，毕业后分配到上海第二军医大学工作。1956年调来本院，操作技术比较全面，但英文水平较差。王凤连利用晚上带他们学英文。开始时用1个小时他查着字典才能读完两行英文文章。但是凭着这样过人的好学态度和坚韧的毅力，后来能顺利阅读外文文献，独立建立新研究方法和发表论文，最后提升为主任技师，这在级别提升十分困难的技术员系统，非常难得。谈到这时，王凤连一脸的自豪。

那时候，胸科医院施行"封闭式"管理，员工周一至周五24小时住在医院，工作不分白天黑夜，周六晚才能回家，但周日下午4点前必须返回医院开生活会。有的人心里不高兴，埋怨："都是8小时工作制，哪有24小时在院制？"

后来因为大家待人接物都非常开诚布公，院风、同事关系很好，慢慢地也就习惯了。

大家不争这个

1957年，卫生部对全国医疗卫生事业大调整，将北京协和医学院改组成中国协和医科大学，并成立中国医学科学院。1958年，总后卫生部与卫生部协议，将胸科医院转入中国协和医科大学，迁址到阜成门外，胸科医院正式更名为——中国协和医科大学阜外医院。

招牌的改变，也带来了业务方向的转变。从全局出发，将阜外医院的业务方向定位为心血管病的医、教、研。

从军队到地方，从结核病到心脏病，这样的跨越带来了人事方面的变动。黄宛、陈星正、陈在嘉等心内科专业人员从北京协和医院调来，原业务骨干18棵青松中，一些年纪大的，如朱贵卿、黄国俊难舍耕耘了几十年的专业，便离开了阜外医院。而年轻的，则被院长吴英恺看得死死的。

王凤连还记得，一次，朱贵卿派人来找吴英恺想要调回他原来的"四大金刚"中的成员（罗慰慈、赵宗友、刘力生、罗秉坤），为其做助手。这让惜才的吴英恺勃然大怒，他拍着桌子说："调助手？调谁？我去给朱大夫当助手！别的人不给。"他回过头看到恰巧坐在会议室的王凤连，立即"命令"道："王凤连，哪儿也不能去！跳出来，跳出来！从肺调到心。"

就此，王凤连团队全部跟上步伐，从结核病逐步转向心脏移植免疫排斥研究，并承担了检验科的工作。

阜外医院成立的第二年，为向国庆10周年献礼，吴英恺主编了全国首部胸部疾病专著《胸部疾病》一书。王凤连参与了"结核病的

1989年，王凤连参加在法兰克福举办的第七届国际免疫学大会

细菌学和免疫学"等章节的编写。

王凤连还记得，参编书籍的那些日子真是一段心无旁骛的日子。为赶在"十一"国庆之前印出来，"书记把着门口，脚丫子蹬着墙，不让别人进，谁来也不让找"。

在检验方面，20世纪五六十年代，由于没有现成的商业化试剂，各医院检验科均需手工配制，再加上操作不规范，

1998年，王凤连与陈可冀院士等人一起参加博士论文答辩

导致同一个患者在不同家医院检查结果大相径庭。

王凤连同学的一个妹妹，在体检时，被某医院抽血化验出"梅毒"呈阳性反应，另一医院的结果却是阴性。在那个特殊的时代背景下，"梅毒"两个字眼还是让这位年轻姑娘与梦想的出国留学机会失之交臂。后来，她开始状告医院。这样的情况在当时并不鲜见。

为此，当时的北京市卫生局下决心要统一全市检验科操作规程。因阜外医院检验科多次在北京市操作竞赛中获得第一，实力有目共睹，任命王凤连为牵头人。

王凤连将北京多家重要医院检验科主任召集在一起，大家讨论后一致认为，哪个医院哪几项检验项目比较拿手，就把规程写出来，全市按此统一操作。

"书是我们编的，但做工作很费劲。哪个医院的某个检验项目如果被刷掉了，得照着别人的方法做。"王凤连顶住压力，团结大家将这个硬骨头给啃了下来，著成《细菌血清检验手册》一书，从此统一了全市的细菌血清检验规程。

主编有三位，虽为牵头人，但王凤连坚持将北京协和医院老技术员齐长才的名字放在了第一位。齐长才曾推脱说，自己只是一个技术员而已，但在王凤连心中，他是一个德高望重、知识渊博的前辈。齐长才在北京协和医院曾先后辅佐三位微生物免疫学系主任，被称为"活字典"。

"那时候没有说谁排第一，谁就升级快。大家不争这个。"王凤连说。

阜外医院自从以心血管病为科研、诊治作为方向以后，全院内科、外科、基础科通力合作，当时就表现出对心脏病有较好的诊治水平。但受"文革"的影响，科研工作中断，拉大了与国际间的距离。改革开放后，重组科研队伍，在心脏移植工作方面，主要研究心脏移植免疫排斥问题。王凤连带领研究生们与药物研究所合作，从中草药中筛选并提取冬虫夏草和雷公藤的有效成分，做抑制免疫的各项试验，取得初步成效。王凤连参与了天津医科大学内科郭仓教授主编的《内科基本功》，编写了风湿热及风湿性心脏病的免疫、心肌炎和扩张型心肌病、动脉粥样硬化、心肌梗死、高血压、心脏受损后综合征及血管炎的免疫问题，在心脏移植免疫方面总结了超急免疫排斥反应、急性排斥反应、慢性排斥反应，免疫排斥的防治及免疫抑制剂等章节。王凤连还联系国内10余个医科大学的微生物教研室同行合编《医用英汉免疫学词汇》，以便于统一名词术语，方便国际交流。王凤连总结的《中草药对机体免疫的调节（提高和抑制）作用》的论文，于1989年被邀请参加在柏林召开的第七届国际免疫学术会交流。

现在国家十分重视科技发展，王凤连语重心长地说："阜外医院无论硬件还是年轻科研人员数量和能力都有提高，条件得到极大的改善，值得传承发扬的精神之一就是干劲足。工作要想做得好，大家就一定要协作好，不能争名夺利。只要大家团结合作，就一定能取得好成绩。"

整理 / 宋攀

杨英华

对得起白衣天使这个称谓

　　阜外医院成立后，在以杨英华为代表的阜外老一辈护理人的努力下，阜外医院在护理工作中不断摸索，并逐渐建立了各项心血管专科护理规范。

　　新时期，继承了老一辈护理人探索、创新精神的后来者不负众望：在年心脏及大血管手术量超过万例、介入治疗3万余例的情况下，阜外医院外科手术总死亡率连续低于1%，内科介入治疗的死亡率低于0.1%，均为国际先进水平。

　　"这些骄人的成绩与优质、专业的护理服务密不可分。作为一名院长，也是一名心外科医生，我深感护理团队的专业水平对医院品牌核心理念'品质与创新'的维系至关重要。"阜外医院院长胡盛寿教授在评价护理的作用时说。

阜外医院几代护理人认为,阜外医院之所以住院患者死亡率很低,与护理人员出色的病情观察能力、分析能力密不可分。

阜外医院临床护理也是国家级临床护理重点专科建设项目,在建立"研究型医院"的大环境下,自 2009 年后,经过不断的临床护理实践,几乎每两年都会荣获中国护理最高奖——中华护理协会的科技进步奖。

杨英华教授在评价护理工作的价值时说:护理工作的价值不是用金钱能够衡量的。护士对生命的敬畏、对职业的追求,直至发展到对患者的大爱,都是自觉自愿的,是爱的奉献,这也是心血管领域护士的价值核心。

摸索

20 世纪 50 年代末,阜外医院成立了护理部。接受过协和传统护理教育的杨英华被任命为总护士长,她指派从军委卫生干部学校毕业的李宜范护士长、王玉兰护士长分别负责内科和外科手术室护理管理工作。三人开始建立各种规章制度和规范。

作为国内首家心血管专科医院,如何进行专科护理尚无路可循。以外科为例,阜外医院在建院初期,全球的心脏外科手术也尚处于起步阶段。心脏手术结束后,患者的病情会有怎样的变化,以及护理的要点和重点是什么,都没有标准答案,只能在工作中摸索。

每逢有新开展的手术,杨英华教授便会安排一个业务能力强的护士长带领几个年轻护理骨干轮流护理患者,24 小时守在患者床边,细致观察患者每一个微小的变化,并一一认真记录。有不懂的内容就向医生请教。就这样经过一例一例手术的摸索,终于总结出一套套术后专科护理常规。

1973 年,阜外医院率先成立了全国第一个心血管术后 ICU。当时只有 2

张床位，护士3人，设备简陋。后来，由于外科手术例数的增加，ICU的床位增加至4张，成功抢救了不少术后的危重患者。

从无到强

吴英恺院长十分注重国际交流。20世纪70年代初，先后有美国乔治·华盛顿大学医学院医学教授郑宗锷、美国医学代表团团长迪贝克教授等人前来访问。这些访问为阜外医院打开了一扇通向国际的大门，也改进了阜外医院的护理工作。

当时，发达国家的心血管病诊疗技术飞速发展，特别是心血管危重症和心血管病手术后患者的监护和救治手段不断更新。这些患者病情变化快，随时有生命危险，而且突发抢救事件多，抢救设备和手段更复杂，要求心血管重症病房需要有相应的监护、抢救设施和护理团队。

在欧美，重症监护病房（ICU）和冠心病监护病房（CCU）建设已相对常规。仅仅建立CCU，就可以使心肌梗死患者的住院病死率从30%下降到15%。最重要的是护士能够及时发现室颤等危及患者生命的恶性心律失常，及时配合

1964年，吴英恺院长（右2）、蔡如升（右7）与来院访问的朝鲜医学科学院代表团合影（右5杨英华）

医生进行救治。

来访的国外专家曾问吴英恺，"走心血管专科路线，医院怎么能没有CCU和ICU呢？"

吴英恺就让内科主任陶寿淇教授组建CCU。陶寿淇找了一本英文原版的CCU书籍，对时任内科总护士长李宜范说："好好看看这本书，内科要先成立CCU。"

CCU是什么？李宜范一点概念都没有。等接过书后更傻眼了，全是英文！"文革"后，国内很少有人学英文，而且书中的知识对她而言也非常陌生，让李宜范感觉难上加难！

内科的一位进修医生帮了忙。那位医生与李宜范比较熟，他直接翻译，李宜范做记录后，再整理出来。就这样，阜外医院制订了建设CCU病房的计划。

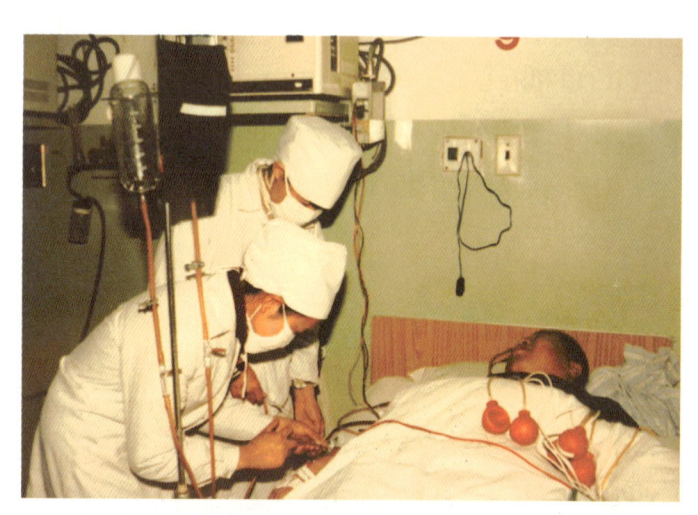

医院也购买了除颤仪和心电监护仪等设备。也曾联系相关电子设备员进行设计，可终究因为技术水平原因，改为进口。"有点儿外汇，都买了机器了"，李宜范说。

1984年，在国内首先开展国产尿激酶静脉内及冠状动脉内溶栓治疗急性心肌梗死

除了设备，改变的还有很多细节。刚开始时，病房里的插线板放在地上，有时需要抢救时，设备却突然断电了。一检查原来是插头被踢下来了，后来才把电线埋藏在墙内或顺着墙走行。在借鉴CCU的基础上，外科ICU也逐渐建立起来。

CCU 建成后，来参观的人很多。李宜范就找到了医院的摄影师，用仅剩的一段 9 分钟的胶片，拍摄了 CCU 病房的情况。不久后，大连举办了一个有关病房管理的会议，录像放映后，来医院 CCU 参观的人络绎不绝，来访者用手抄写病房的规章制度，也准备筹建 CCU。

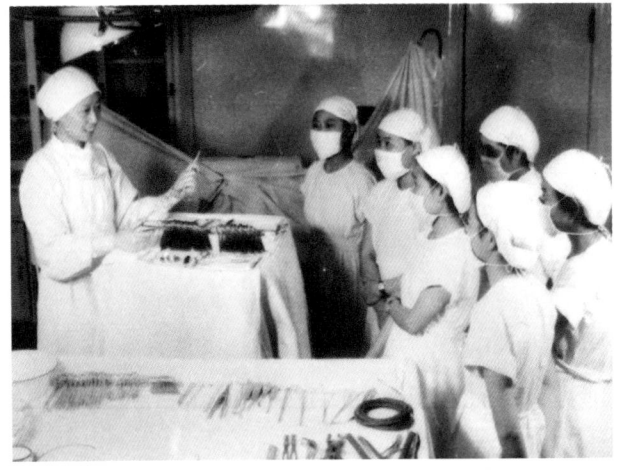

1973 年手术室培训场景

随着卫生事业的日益发展，为了适应社会需求，医院也逐步发展为医、教、研全面发展的现代心血管病专科医院。护理是医院的重要组成部分，护理队伍也在不断发展壮大，尤其在心血管内科、外科专科护理，手术中配合，术后及重症监护等方面取得了长足的进步。经过 60 年的发展，如今，阜外医院全院开放床位数 1238 张，设有 4 个心血管内科监护室，4 个心血管外科 ICU、13 个介入导管手术间、26 个外科手术间，其中包括 4 个复合手术间。1400 多名护士中，近 600 名监护室护士，堪称全国规模最大、实力最强的心血管重症护理队伍。

以患者安全为核心

护理工作不是简单的机械重复，杨英华教授要求护士在工作中要善于发现、勤于思考，并不断总结经验。她强调："护理是一门专业，要严肃认真地对待，对得起白衣天使这个称谓。"

60 年后，阜外医院副院长兼护理部主任李庆印说："支撑起阜外医院护理在国内地位的，是几代护理人给我们留下的专业护理理念、严格的管理作风和团队合作精神。"而护理管理的最高原则就是以患者安全为核心。阜外医院之所以住院患者死亡率很低，有相当一部分源于护理人员高度的责任心和良好的病情观察与分析能力。

在阜外医院，危重症患者较多，这些患者病情变化特别快，病情也很重，而且需要用很多的辅助仪器，才能够把患者生命挽回。在这种情况下，阜外医院护理的特点就是要求护士除了专业技术非常好以外，应该有很好的反应能力，一旦出现重大事件，她们很清楚做事情的主次顺序，有能力做出正确决策。

李庆印介绍，对于危重患者，在临床护理工作中每一项操作，甚至操作的每一个步骤，如果不到位，都有可能威胁到患者的生命，于是就要从本质上更加全神贯注地做好每一件事。对于一些心血管复杂畸形的患者，护士需要更加谨慎小心，哪怕只是吸氧这种看似简单的小事，如果出现错误都有可能给患者造成危险。

还有很多做完心脏手术的婴幼儿，一般身体发育都不好，单单喂养过程就存在很多隐患，在喂养时护士就要抱着孩子，并把孩子的身体立起来很久，可能是三十分钟，也可能是五十分钟，避免孩子发生误吸。而且婴幼儿、新生儿不是成人的缩影，有其自身的生理和病理特点，通过临床护理实践，阜外医院积累了丰富的护理经验。20世纪

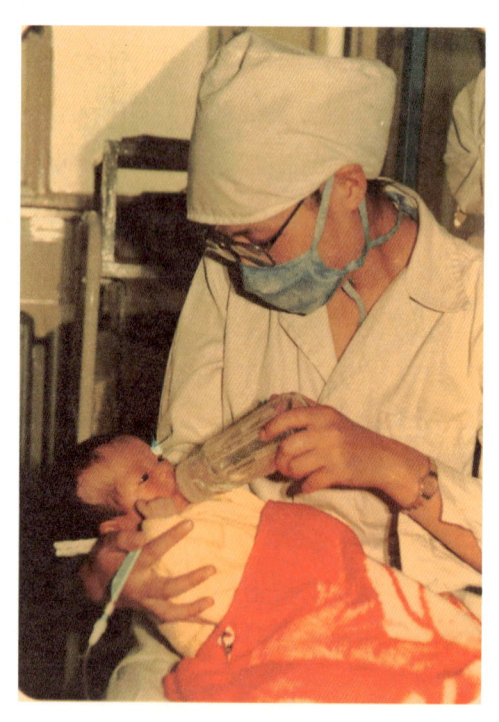

李庆印在护理郭加强于1989年10月开展的首例仅14天新生儿直视修补术后患儿

80年代，阜外医院建立了小儿ICU，最初只有2张床。1989年，护理了首例新生儿的心脏手术患者。2015年，阜外医院收治了先天性心脏病患儿4555例，其中50%以上年龄不足3岁。如果护理不规范，术后患儿生命安全就不能得到保障。

一位曾在阜外医院进修过的护士感慨："阜外医院ICU与其他医院不同，每位患者有专门的护理治疗单，上面有医护共同的目标、心率和血压控制在多少、出入量正负多少、重要阳性体征、药物用法、重点交接内容等，很方便护士管理患者。"

这样的经验可以追溯到20世纪80年代。80年代初期，为提高护理质量，保证心内直视手术后患者的安全，由林蔚华护士长带领的护理团队研制了心血管外科特护记录单。

记录单对要记录内容做了非常细致的记述：应按时（30～60 min）观察、记录患者的输入、排出液量和累计量1次，以便于通过单位时间内和总的出入量情况，确定下一步的输液治疗方案；姓名栏下的1～5项内，可按顺序填写需输入液体的名称。例如："1"为5%葡萄糖；"2"为全血；"3"为血浆……

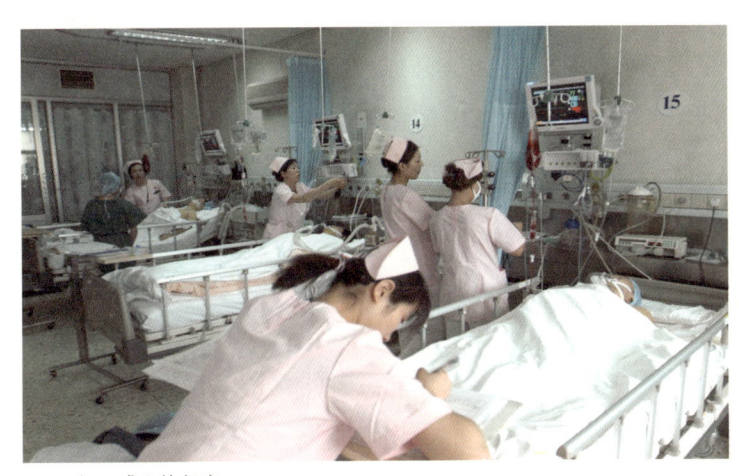

2003年，成人恢复室

阜外医院每年接收大量的心脏病患儿，气管插管是术后危重患儿赖以生存的通道，气管插管的不移位、不脱落是术后护理的关键之一，否则会威胁患儿的生命。然而婴幼儿不能合作，插管不易固定，儿童气道短且细，很容易因患儿的头部转动或哭闹、躁动而打折、阻塞、脱出。

通过实践中不断积累经验，护理人员发明了"测距法"用以判断插管是否移位。即，测量气管插管距门齿或鼻尖的距离并进行记录，以便各班核对、检查气管插管是否有移位。由于小儿麻醉时气管插管外会有少许分泌物，容易导致气管插管固定不牢固，患儿术后苏醒期会有躁动，致使气管插管在气道内上下滑动。值班护士采用"测距法"可及时发现气管插管位置的改变，对插管进行重新固定，可避免意外发生。

这样的经验总结不计其数，正是因为这样一点一滴的积累，伴随阜外医院护理事业的发展，一系列源于实践、终于实践的学术论文得以发表，为国内心血管专科护理树立了典范。如：《冠状动脉架桥术的术后护理》《动脉导管未闭术后护理》《高危患者在心室辅助下行冠状动脉介入治疗的围术期护理》《心脏移植术后的监护》《成人重症心脏病患者临床护理规范与研究》《改善居家心衰患者生活质量的研究》等。近年来，心血管内外科重症监护团队在冠心病、瓣膜病、主动脉疾病、心力衰竭及心脏移植、心律失常、高血压、肺血管病等专科护理方面积累了丰富经验，建立了各项护理标准，特别是规范了突发病情变化的抢救、应急流程及各种并发症的处理流程，并指导全国的护理同仁，为降低患者的死亡率起到了积极的推进作用。

"循证护理"也是阜外医院提升护理质量的重要举措。大多数心血管外科手术后的患者经历了体外循环的降温及复温过程。低温引起的血管收缩导致受压区域血供减少、复温时受压局部皮温增高都易导致压疮。为预防压疮发生，护理人员遵循循证护理指导原则，通过回顾调查4000余例体外循环患者的病历资料，对压疮的危险因素进行了分析，得出了心血管手术患者4个术中压疮危险因素，为术中压疮的预防提供了科学的依据。根据研究结果，全院建立了适合心血管患者的《压疮危险因素评估表》《压疮上报制度》及会诊制度等，形成了心血管疾病患者压疮预防及治疗的管理体系。

阜外医院护理工作是在原胸科疾病护理基础上建立与发展的。在20世纪

60年代，伴随医院医疗工作的发展，杨英华带领内科护士长在肺心病、冠心病、高血压及心血管急诊等多种内科疾病的护理中不断积累，本着严谨、科学的工作精神特别是总结了对肺心病患者"翻、拍、点、叩、吸"的护理经验在全国护理学术会议上进行交流。并在1973年，带领内科护理团队成功完成我院也是全国首例经导管左室造影及漂浮导管术后患者护理，并形成护理常规。正是在杨英华教授这种不断摸索、创新精神的传承下，20世纪80年代起，内科病房逐渐开始增加心电遥测及监护设备、在国内率先进行了化学消融术治疗顽固性心律失常、经皮冠状动脉腔内成形术（PTCA）护理，为心内科护理工作的可持续发展奠定了良好的基础。随后，内科护理工作快速发展，对心力衰竭、心律失常及高血压患者的护理不断科学、规范。

特别在急性冠脉综合征、急性主动脉夹层绿色通道护理标准流程的建立、临床护理的规范等多个方面不断尝试、不断改进，体现了心血管病专科医院的护理技术与水平。

20世纪70年代杨英华教授在给护士进行职业教育

体会患者的感受

除了技术上精益求精外，阜外护理也十分注重体会患者的感受。

"奶奶只给我打了3分的成绩，3分才是及格的成绩啊！"张媛旭是阜外医院18病房的一位普通护士。她口中的奶奶是一位93岁、3度压疮的患者。小张为了照顾好这位奶奶患者，写满了一页A4纸的护理计划，提前几天向护士长学习如何为老人换药。一番努力换来这样的结果让她很难接受。

后来从老师那得知,这位患者之前也是位护士,工作的时候特别注意细节,冬天怕患者冷,总会连便盆都用热水温一下再给患者使用。听到这些,小张终于明白奶奶为何只给自己打了及格的分数。奶奶传承给年轻护士的是护理工作的精髓:护士应将每一个细小的关爱带给患者,让患者时刻感受到家人般的温暖。

这位老人就是杨英华。

除了注重护理工作中的细节带给患者的感受外,杨英华教授还格外关注护士们的职业礼仪。有一次,杨英华教授在病房恰巧碰到一位患者向护士打听自己的主管医生在哪儿,那位护士看到医生办公室前有另一位同事路过,就隔着很远用很大的声音让那位同事帮忙找一下。

杨英华教授看到之后轻轻走到那位护士身边,把她拉到治疗室里,小声问她:"你觉得刚才你这个举动有什么不妥的地方吗?"护士马上意识到了自己的问题,由于自己一时疏忽,忘记了病房是一个需要安静的地方,在病房里大声喧哗不仅会影响患者的休息,也让患者觉得护士不够稳重。

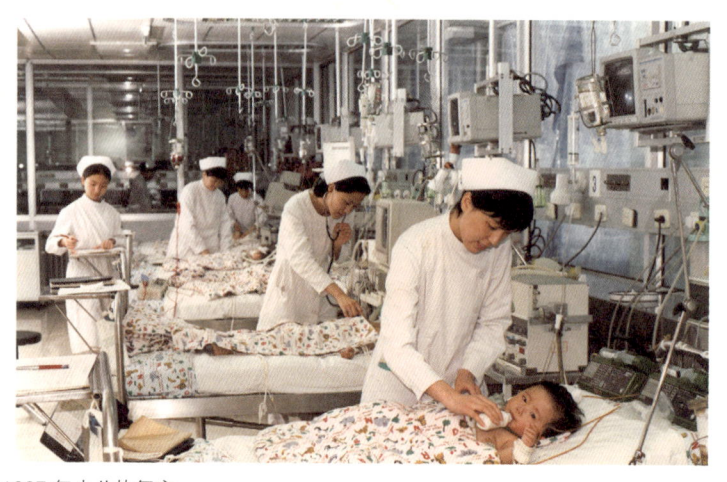

精英和军队文化培育出的护理理念

1997年小儿恢复室

阜外医院的前身是解放军胸科医院,建院初期,一部分护士来自军队,部分来自协和医院,因此护理团队兼具军队与协和的严谨作风：以杨英华为代表的协和文化使得学术氛围浓厚，以李宜范、王玉兰护士长为代表的军队文化执行力强。

李宜范回忆说，当年挑选ICU护士的标准是"能吃苦、爱学习、服从管理、不在乎加班加点"；那时候，护士们下了夜班，时常会有培训讲课；每接一位新患者，医生都会讲明疾病的前因后果和护理要点；重症监护病房患者病情变化迅速，护士们要做到密切观察，对心电图、监护仪等结果判断要了然于心，具备急救操作能力。时间长了，监护室的护士们素有"半个医生"之称。

2016年急诊部分护士合影

小儿外科是患者病情变化最有代表性的科室。20世纪80年代初期，由唐荣阔主任、赵华、贾兰英、杨宁等护士长带领团队建立了儿科ICU。发展至今，目前床位30张，收治患儿大致分为两类，一类是复杂心脏畸形，另一类是简单畸形，每年3000多台的小儿心脏手术，手术量全国第一。对于简单畸形先心病患儿，经过快速处理病情平稳后，会很快转到普通病房，一天下来，一个床位最多接待4～5名患儿，工作负荷可想而知；另一方面，复杂畸形患儿病情重，对护士专业要求非常高。以保持呼吸通畅为例，对成人而言，把痰咳出即可，但对小患儿而言，就需要吸痰，此项操作技术要求非常高，吸好了，呼吸通畅了，吸不好，就会刺激到黏膜，引起呼吸道痉挛，严重的，还会引起缺氧造成呼吸心跳停止。

"患者病情重，工作量大，很辛苦。休假是最大的奢求，家人照顾不上，

2016年手术室护士集体照

很多人一身的慢性病，可大家追求的是，既然是国家队，一定要有领先的技术和水平。"护士长说。

护士长介绍，相对充足的床护比和人才的分层使用使得护理质量得到保证。在她的团队里，有着全国第一的床护比，1个床位4名护士；人才按岗位、能力层级使用。在护士长之下，依次有责任组长、骨干、低年资护士三个级别，低年资护士做一些转入、转出、执行医嘱等常规工作，骨干护士指导低年资护士病情观察要点，用知识面覆盖；而责任组长则负责堵漏洞，将病情变化第一时间通知医生。

重症监护病房的技术优势在医院护理的管理模式中发挥了十分重要的作用。2011年起，阜外医院护理建立了"护理部—区域护士长—护士长"的管理结构，每个区域在兼顾专业特点的基础上，由一个重症监护病房及几个病区组成。区域护士长一般由所在区域的重症监护病房护士长兼任，不仅负责区域整体护理工作的规划管理及质量控制，还负责区域内护士的轮转、培养，及病房、重症之间的护理技术支持。

2003年,阜外医院几代护理人合影(左起:于雪祥1、周爱丽2、李庆印3、唐荣阔4、张学军5;右起:李宜范1、杨宁2、王玉兰3、杨英华4)

精护理、重素养、讲团队

　　打造一流的团队从护理开始。2009年,在胡盛寿院长的倡导下,护理部从多年的发展中,凝练出了"精护理、重素养、讲团队"的核心理念。

　　李庆印认为,几代护理人的传承,"精护理"可以诠释为精心、精细、精湛。精心是指护士用心、专心地护理患者,配合医生治疗观察和了解患者病情并照料患者的饮食起居等,全心全意地按科学方法护理患者。精细包括精细护理和精细化管理,"精"指的是高水平的护理工作标准,"细"指的是工作流程管理环节要求。精湛是指护士对护理专业技术精熟深通。

　　做到"精",其中很重要的一方面是要不断从过去的教训中吸取经验,李庆印举例,医院采取非处罚性不良事件自愿上报制度,不指责当事人,能够让所有护士警惕，寻找隐患，从而方便制度及流程的进一步建设。此外，医院还要求护士要有很强的"判断能力"，避免机械性地执行医嘱，能对不规范的医嘱提出疑问。在阜外医院十分明显的是护士与医生的伙伴关系，双方可以一起商讨如何处理患者的大部分情况。

素养是指个人素养和职业素养。在重素养建设中，阜外医院十分注重护士的培训。院长高度重视护理团队，在护理人力资源的配置和护理经费使用等方面给予了很多倾斜政策，除了医院安排的必修课程，还有科室内的小讲课，到目前为止已培养出100余名责任组长。

讲团队体现在护理工作之间，医护工作之间，与其他科室之间，彼此建立唇齿相依的关系。李庆印举了几个例子：每周一急诊室的患者很多，如果让急诊的护士把患者送到每个科室，压力就会很大，护理部要求每个科室派人到急诊室接患者，大大缓解了急诊护士的压力，也减少了患者的等待时间。有些急危重患者来不及进手术室，需要床旁开胸，这时手术室护士接到通知马上就到位，配合抢救。一些医院手术室、导管室、供应室都是单独管理，但阜外医院把这三个科室称为"三大平台"，全年365天都是24小时开放的，为患者服务。

纵观阜外60年的发展，让我们深深地体会到，每一位患者从生命的边缘被拉回来都不是一个护士或一个医生就能实现的，而是一个团队、一个庞大的团队，才能让患者从生命的边缘一直恢复到健康状态。

整理 / 宋攀

方圻

把严谨认真的作风带到阜外

1956年，吴英恺创建阜外医院，高瞻远瞩地将阜外医院定位在当时还很新的心血管病研究上。同年，方圻等一批北京协和医院内科心组教授调往阜外医院，为中国第一家心血管病专科医院的创立做出了贡献，阜外医院介入导管室至今仍把方圻、胡旭东视为科室创始人。心电图技术最早也是由吴英恺院长和当时的心内科主任方圻引进阜外医院。

在阜外医院短暂工作后，方圻回到了北京协和医院，但因阜外医院和北京协和医院同属中国医学科学院，方圻的心血管病专科工作仍主要在阜外医院进行，直到1978年后，协和医学院恢复招生并成立了内科系，方圻才回到协和担任内科主任。

二十几年在阜外医院从事心血管专科工作，方圻在阜外医院的创建与发展过程中深深地打上了烙印。

凡事要"亲临患者"，诊断要"如履薄冰"

方圻祖籍安徽省定远县，1920年出生在当时的北平。在方圻的记忆里，弟弟总是因为一些小伤而浑身出血，后来才知道弟弟患的是血友病。每次弟弟出血，一家人无计可施，只能等着医生上门。

还是孩子的方圻看着浑身是血的弟弟，体会到害怕失去弟弟的恐惧与盼望医生快点上门的期待，正是这种恐惧与期待的交织让方圻后来选择了医学。

1938年，18岁的方圻考入北平燕京大学医学院医预系，因为战争，1941年方圻转入北京协和医学院就读，并先后就读于上海圣约翰大学医学院、成都华西大学医学院。

1946年，26岁的方圻毕业并获得医学博士学位，被分配到天津中央医院工作，1948年调入北京协和医院。

1950年，方圻与黄宛教授一起开始心电图的应用和推广，普及了我国心电图机的应用。

方圻在北京协和医院工作期间，遇到了自己一生的恩师——协和内科主任张孝骞。战争期间辗转多地求学的方圻在严师的教导下，心无旁骛地投身临床工作，练就了扎实的基本功，更以学识渊博、平易近人及无人能及的认真态度著称。

方圻从北京协和医院的张孝骞那里继承了受用一辈子的座右铭："凡事要

早年方圻

"亲临患者"，诊断要"如履薄冰"。方圻刚做住院医生时，有不懂之处前去请教，张先生都要问他："亲自看过患者了吗？对他的病史了解多少？"然后一点一点地对着病历追问细节，直到方圻发现有哪些问题没有注意到，有哪些检查还得做为止。

谈及老师张孝骞先生的严谨和认真，可用一个例子说明：曾有一例女患者，症状奇特，患感冒就休克。张孝骞在和女患者谈话中，记起30多年前因难产而对其进行过治疗。但那时的病历已荡然无存。于是他下班以后，回家翻箱倒柜，一本一本翻阅多年来门诊或查房时总是随身携带的记载病例的小本子。他突然想起来：这位患者那次难产曾经有过大出血，会引发脑垂体坏死，导致脑垂体功能减退，因此造成了甲状腺、肾上腺等内分泌不足和应急反应的缺陷，在受到紧急感染时，就可能发生休克。之后，患者的阳性血清浊度试验显示，正是甲状腺功能减退、血脂增加的结果，最终确诊希恩综合征。患

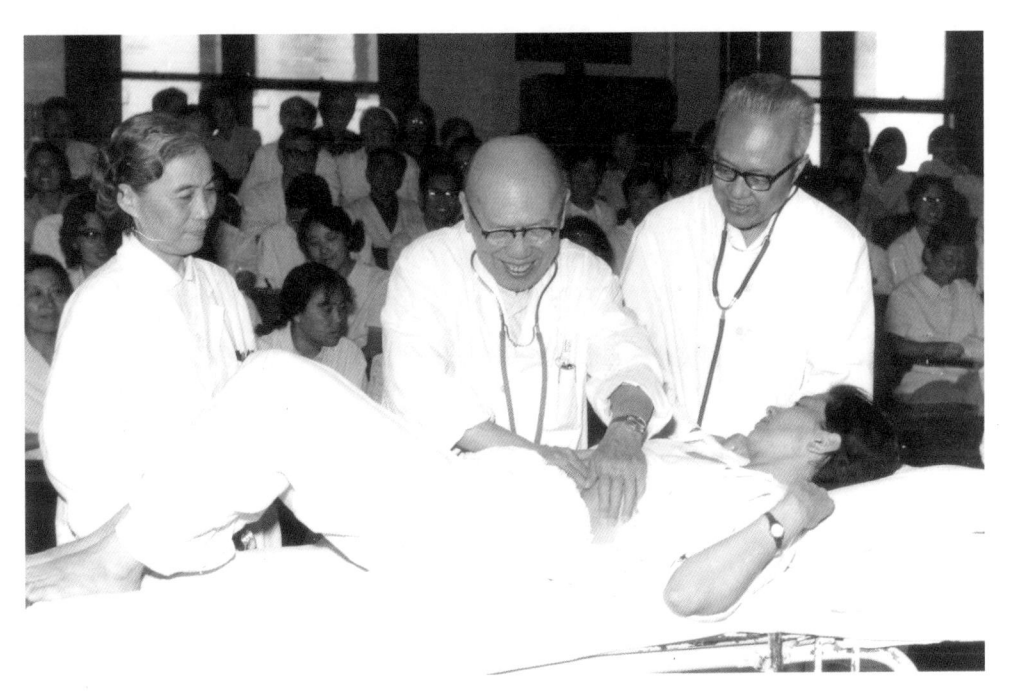

方圻（右）与张孝骞教授（中）等一起主持临床教学

者服用了甲状腺片和肾上腺皮质激素等药物作替代治疗，病情很快好转。

另一位是下肢沉重、活动困难达 3 年之久的患者。医生百思不得其解，结果张孝骞在患者右侧腹股沟处发现了一个不大的肿物，而这个肿物此前没有引起所有医生的注意。张孝骞仔细检查了肿物的形状、大小和硬度，对在场的医生们说："这大概就是病根！这个肿块可能分泌某种激素类物质，导致钙磷代谢异常。"后来患者切除了肿块得到痊愈。病理诊断证实，肿物为一间叶瘤。这种罕见病全球只报道过 7 例。

张孝骞还曾训斥一名高材生："你不要自以为聪明或者把书本读熟了，就会成为一个高明的医生。严格说来，医学是一门实践性科学，轻视临床的人，是不配当医生的！"

把协和的作风带到阜外

1956 年，对方圻来说非常重要。

这一年，方圻成为国家领导人的保健医生，与北京协和医院内科心组的几位教授调入刚刚成立的阜外医院，他担任内科主任，与吴英恺一起参与阜外医院的创建工作。

当时方圻 36 岁，正是人生和职业生涯的黄金期，尽管北京协和医院历史更为悠久，为医生提供了更好的职业环境，方圻依然对创建我国第一家心血管专科医院兴奋不已。

方圻将张孝骞启发式的教育方式和严谨的工作作风带到了阜外，内科大查房时，方圻要求管床医生不能看病历，对患者的情况要了如指掌，脱口而出。

在工作中一丝不苟、严厉的方圻对下级医生却是不吝教诲，言传身教，循循善诱，得到了医护人员和学生的尊重与爱戴。

方圻和黄宛在 1956 年在我国首先开展了心脏导管检查技术，以及先天性心脏病心血管病的研究工作。

方圻在射频消融技术学习班上（前排左1陶寿淇、左2汪丽蕙、左3方圻、左4顾复生、左5吴宁；后排左2刘士珍、左3高润霖）

方圻在我国最早开展血流动力学的研究，以及最早开展针对风湿性心脏病的血流动力学研究，为以后的血流动力学监测奠定了基础。

医者仁心　不忘初心

从患者身上学到东西重要，还是全身心诊治患者重要？

对于以性命相托的患者，方圻的感情也经历过成长和转变。早期的时候，方圻认为只要练好技术，把患者治疗好最为重要。思想的转变是在长期积累的基础上，一个诱因导致瞬间成长。

一次，方圻的一位同事曾因诊疗的患者都是常规疾病，没有学到东西而长吁短叹，方圻突然意识到，患者和医生之间应该是什么关系？是从患者身上学到东西重要，还是全身心去诊治患者重要？

251

1983年，中华医学会心血管病学会委员合影（前排左起：林传骧 2、石毓澍 3、方圻 5、吴英恺 6、傅宜诚 7、陶寿淇 8、黄宛 9、楼福庆 10、傅世英 11、罗德成 12、顾复生 13；二排左起：张美祥 1、陈可冀 5、周金台 7、陈新 9、刘力生 11、戴桂柱 12；后排左起：何秉贤 1、高德恩 5）

  方圻选择了全心全意地为每位患者服务，真正热爱患者。方圻每天都要问自己，我态度上是否有欠缺的地方，还有什么做得不够。这么多年来，无论是诊疗一方富甲还是劳苦大众，方圻始终能不忘初心，一视同仁。

  救人的例子数不胜数，方圻担任医院领导者期间，无论工作多么繁忙，始终没有离开临床一线。他接诊的每一位患者都得到了细致诊疗。方圻坐诊时，诊室里面总会放一把椅子，当每一个患者进来方圻都会站起来恭敬地请他入座，细细的进行问诊，无论贫穷富贵，他们在方圻心中只是患者，都是他需要关怀和治愈的对象。

  这些治病救人的成功病例本可当成炫耀的资本，但方老把这些看得很淡。他一直认为这就是他的工作，他的责任。他觉得对他个人的肯定并不重要，整个医术的传承和提高、让更多患者获益才是最重要的。谈起方圻，当今心血管内科名医无不竖起大拇指表示敬佩。有的医生更以"他是我的老师"，"他是我老师的老师"而自豪。

团结协作，推动高血压防治

1978 年，中华医学会心血管病学会成立，方圻作为连续三届的副主任委员，大力推动了我国高血压防治事业的发展，组织参与了我国高血压防治的多次全国性普查工作。

1986 年，时任中华医学会第二届学会常务委员的刘力生发起并组织高血压联盟。在高血压联盟筹备发展期间，正是方圻担任中华医学会心血管学会的第一届、第二届、第三届副主任委员时期，他对高血压联盟的成立起到了至关重要的作用，对高血压联盟加入世界高血压联盟（WHL）做了很多推进工作。

在方圻的推动下，高血压联盟于 1991 年同中国医学科学院、中国协和医科大学共同召开了高血压、冠心病国际学术会议，同时举办了"高血压、心血管疾病与临床试验最新进展讲习班"，来自全国的 362 名医生参加学习。此后，该类大会和学习班每年举行一次，大大促进了我国心血管、高血压防治工作的普及和进展。

由于方圻与阜外医院的渊源，他也间接促成了高血压联盟与阜外医院等组织合作的多项国内外高血压、心血管病大型临床研究课题。在高血压联盟参加的世界卫生组织（WHO）发展中国家心血管健康项目研究中，方圻也默默地做了大量工作。

陪伴周总理的最后岁月

方圻陆续参加了毛泽东、周恩来、叶剑英、聂荣臻、陈毅等党和国家领导人的医疗保健工作。方圻多次代表中方医生到其他国家执行医疗保健工作。

当国家领导人保健医的时光里，最令方圻难忘的就是陪伴在周总理身边的日子，在周总理患癌与世长辞前的最后 2 年里，方圻衣不解带地守在他的身边，反复斟酌诊疗方案，亲眼见证了周总理在最后的岁月中批示文件、接见外宾，为人民鞠躬尽瘁、死而后已的工作精神。

1975年，周恩来抱病亲赴长沙，面见毛泽东，方圻随同周恩来一同坐飞机前往。周恩来逝世时，方圻始终陪伴身边，送周总理最后一程。

周总理逝世后，邓颖超将周总理总放在身边的一座石英钟赠送给方圻。至今，这座石英钟仍摆在方圻家里，被方圻视为传家宝。方圻嘱咐自己的女儿，如果有一天这座石英钟不再走了，指针要拨到总理逝世那个时间。周总理曾评价方圻"模范共产党员"，这是他一生中最为看重的荣耀。

邓颖超曾亲笔书写致方圻的书信，信中写道，"亲敬的模范共产党员方圻大夫，向你祝贺，向你致敬，向你学习"。

整理 / 王蕾

朱贵卿

咱们是普通人，成功只靠努力

  少年时，朱贵卿颇有几分玩世不恭，北京协和医学院虽以高分录取了他，但他是唯一没有燕京大学推荐信的学生，是北京协和医学院某位美国教授眼中的另类。一次组织学画图不及格，找美国教授理论无果，一气之下退学。后来教书育人的生活让他逐渐成熟，再次考入了北京协和医学院。

  从北京协和医学院毕业后，他主要从事结核病的研究，是我国呼吸系统疾病研究的创始性人之一，呼吸病学界曾有"南吴（绍青）北朱（贵卿）"之说。

  1956年，吴英恺创建解放军胸科医院（阜外医院前身），邀请朱贵卿担任内科主任。1962 年，朱贵卿回到北京协和医院。

朱贵卿曾对儿子朱杰敏回忆早年那段历史，朱贵卿说："咱们是普通人，不是天才，只有加倍地努力，别人付出一分，你付出十分，才能脱颖而出，才能做好每一件事。"

少年不羁

朱贵卿祖籍浙江省湖州南浔，1908 年出生于上海闸北区的一个贫民家庭。9 岁时，父亲因病离世，家中生活陷入困顿。

朱贵卿在家排行老四，上面有两个哥哥，一个姐姐。大哥 20 多岁时死于肺结核，二哥和姐姐在北京协和医院做英文打字员。二哥朱琴心，字杏卿，自小颇有戏曲天赋，在戏院票友青衣，人气旺盛，受北洋政府财政部长捧角，成为当时北京城的"六大名旦"之一。

11 岁的朱贵卿来到北京投奔二哥和姐姐。自小在上海学习成长，朱贵卿的英文特别好，进了北京汇文中学读初中一年级时，英文课是跟着高三年级上的。他天资聪颖，学习不用花费太多精力就能取得优秀成绩。中学毕业后，朱贵卿顺利考入燕京大学医学预科。

那时的朱贵卿少年意气，颇有几分玩世不恭。中学时，他经常带着同学去戏院，因为二哥的名气，戏院管事的也会给他几分面子，每次都会热情招呼"二爷来了，里面请"，一行人不用买票，坐在灯光、布景等工作人员的位置，在"角儿"头上听蹭戏。

上了燕京大学医学预科，当时他是燕京大学学生会娱乐部部长，组织学生唱京戏，门票和梅兰芳在城里唱戏一个价儿，一块现大洋一张票，很多教授也来听戏，因此，这个价码让朱贵卿一说，成了"敲教授的竹杠"。

后来，校方因为他专注唱戏不努力学习找他谈话，警告他这样下去可能考不上北京协和医学院。朱贵卿不服气，他认为只要自己分数够高就行！当年，果然以高分被北京协和医学院录取。

然而，预科期间的表现不羁让朱贵卿成了当年考入北京协和医学院的、唯一一个没有学校推荐信的燕京大学医学预科生。没有推荐信对一个学生来说，代表着不被原来的学校认可，因此，在北京协和医学院期间，朱贵卿经常受到另眼对待。

组织学课程要求学生一边看显微镜，一边画细胞图，美国教授给了朱贵卿画的细胞图"59分"，他去找美国教授理论，美国教授说："不是59分还是60分的问题，而是及格与不及格的问题。"

年轻气盛的朱贵卿当即做出退学的决定，和几个燕京大学同学到北京光华女中（今北京三十九中）教书。教书育人的生活平静舒缓，沉淀心性，这期间，朱贵卿逐渐成熟，重新认清自己的方向，决定再次报考北京协和医学院。而那位美国教授已经离开北京协和医学院，他于1937年毕业。

沉淀心性

再次被顺利录取的朱贵卿少了几分玩世不恭，多的是认真刻苦。他曾对儿子回忆那段历史："咱们都是普通人，不是天才，只有加倍地努力，别人付出一分，你付出十分，才能脱颖而出，才能做好每一件事。"

在任住院医师期间，他常常放弃休假，埋头于实验室和病房。一个无名发热的住院患者，病因长期不能确诊，周末他泡在实验室里看患者的血涂片，最后终于在涂片上发现了一个利什曼原虫，从而确诊为黑热病，为之提供了正确治疗。

朱贵卿对己对人，都是一个字——严。他认为如果对医生要求不严，那就是对患者最大的不负责任。

某次他考核一名实习生，发现这位年轻的实习生对患者缺乏爱心，动作粗鲁，冬天听诊将患者衣服大敞，基本功差，用手电筒（那时没有LED白光灯）

1951年,协和医院内科合影。前排左起:张安、朱贵卿、冯应琨、李洪迥、钟惠澜、张孝骞、刘士豪、许英魁、张学德、黄宛、富寿山、赵葆洵

检查巩膜有无黄疸。他毫不客气地给了个不及格,让他再念1年。

1937年,朱贵卿从北京协和医学院毕业,通过十人选一人的住院医师淘汰后任内科结核病学系主治医师(助教)。

拒绝逃亡

1941年,太平洋战争爆发后,北京协和医学院被日寇封闭。朱贵卿坚决不与敌伪合作,拒绝在敌伪医院任职,在东城南小街竹竿巷租了房子,和夫人一起开了一家小诊所养家谋生。

朱家的诊所虽小,但因为他的医术高,医德好,所以在当时也是小有名气,吸引了很多患者慕名前来。北平沦陷期间,经济凋敝,民不聊生。朱贵卿体恤穷人的疾苦,看病只收取很少的诊金,有时甚至不收诊金还送药,所以小诊所的收入经常只能维持一家人的吃穿用度,没有积蓄。

1947年,房东打算卖掉房子。朱家如果不买这个房子就只能搬家,但是他们根本无力支付房价,只好搬家。

1947年，北京协和医学院复业之后，朱贵卿重新回到了北京协和医学院。朱教授有很强的爱国情怀，他恨日本侵略者，绝不与日伪合作。他不巴结"洋人"，曾和他的师兄朱宪彝教授（时任内科住院总）考瑞典洋人主任，让他认天花的皮疹（那时瑞典已经 200 年没见过天花了）。

朱贵卿还坚决不让孩子上美国小学，说："只会英文，中文不好绝对不行！"他看不上北京协和医学院那些只讲英文全盘美化的"半洋人"。他两次出访苏联，对某些人的大国沙文主义作风进行了坚决的抵制和斗争，得到我驻苏大使刘晓的大力支持，表现出中国人的气节，回国后受到卫生部领导的好评。

新中国成立后，朱贵卿负责中央首长的保健工作。在做保健工作的过程中，许许多多老一辈无产阶级革命家的风范和为人让他十分钦佩，使他自觉地将自己的命运与党和国家的命运连在了一起。

在 20 世纪 60 年代，部队的一位领导同志肺部患病，各路专家会诊认为肺癌的可能性最大，都主张手术治疗。一般情况下，对于不易确诊的病，和大家意见保持一致，既不担责任，也不冒风险，然而朱贵卿却有自己心中的一杆秤。经过仔细检查患者，了解病史，阅胸部 X 线片后，他大胆提出异议，否定癌症的诊断。治疗结果最终证实他是正确的。

桃李天下

1956 年，为了发展我国的医学事业，吴英恺创建解放军胸科医院（阜外医院前身），邀请朱贵卿一起奔赴。朱贵卿带着赵宗友、罗慰慈、刘力生、罗秉坤 4 个学生欣然前往。当时医院主要还有研究肺功能和生理的张琪、研究生化的张英珊、研究细菌学的王凤连等人。

朱贵卿在北京协和医院时主要从事呼吸科的研究，是我国呼吸系统疾病研究的创始人之一。到解放军胸科医院后，他任内科主任，主要做与呼吸系统疾病有关的研究，并带动了呼吸系统的生理学、呼吸系统的细菌学、呼吸内科疾病、结核病等研究的发展。

1958年，阜外医院成立后，朱贵卿调入阜外医院。当时，在我国呼吸系统疾病研究领域数两位教授最有名，即上海医学院从事肺科结核科研究的吴绍青教授和阜外医院从事呼吸系统疾病研究的朱贵卿教授，在呼吸病学界被称作"南吴（绍青）北朱（贵卿）"。这两位教授大力推动了中国的呼吸病学和结核病学的发展——从事结核病病菌研究、培养结核病研究人才等。

据他的学生罗慰慈回忆，朱贵卿教授讲授的课程非常精彩，大受学生欢迎。他备课充分，掌握每节课的要点，讲课时逻辑清晰，口才颇佳，每一节课都是非常准时开始，准时下课，不耽误学生一分钟时间。同时，对学生要求极其严格，注重学生独立研究能力的培养。

在阜外医院，朱贵卿是一个非常有威信的领导。日常工作中，他有计划、

1957年，吴英恺和朱贵卿接待WHO干事

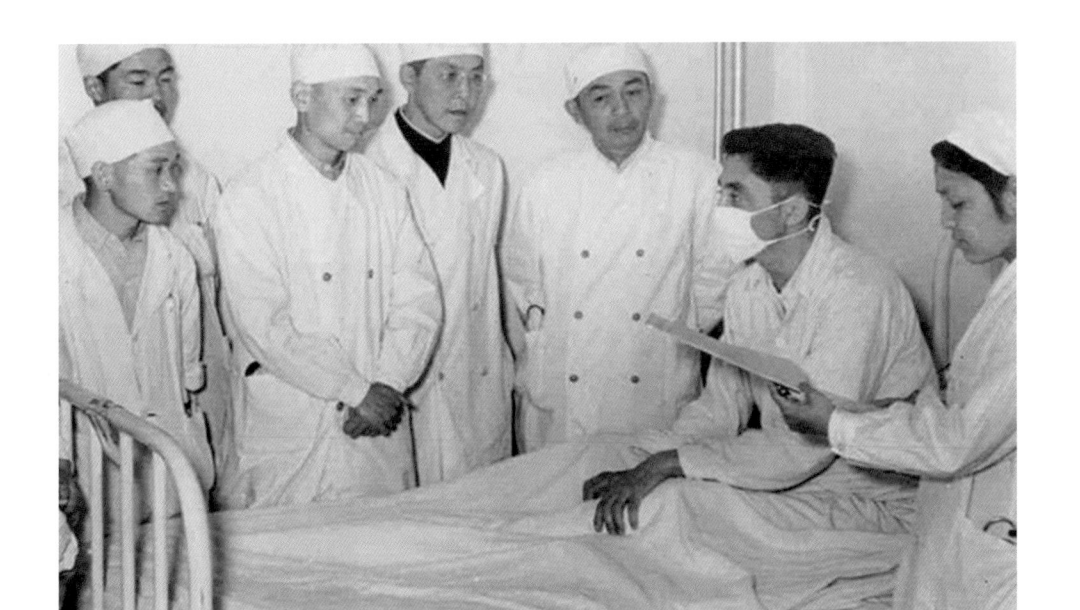

1957年，朱贵卿教授在查房

有魄力，领导行政有力，要求下属严格，组织工作得力。他还曾撰写了我国第一组肺癌100例的论文。

罗慰慈回忆，朱贵卿教授查房时能够掌握每个病例的要点，不多说一句话，但是说的每一句都很重要。

1962年，朱贵卿再次调回北京协和医院，任内科副主任。重点工作是带研究生，为祖国培养医学人才。他的讲课深入浅出，深得学生喜爱。内科成立呼吸组（我国第一个）之后，他任呼吸主任。

20世纪70年代，在直肠癌造瘘手术之后，他又艰难带病工作了十几年，于1983年因心肌梗死离世，享年74岁。

朱贵卿教授一生注重培育人才。他大力提携中青年医学优秀人才，为他们创造条件，放手让他们发展。我国一大批顶级的医学专家，如罗慰慈、罗秉坤、刘力生、朱元珏、林友华、黄席珍、李龙芸、林耀广、陆慰萱、蔡柏薔等教授均出自他的门下。

鞠躬尽瘁

20世纪50年代，我国的教育事业才重新开始起步，为适应祖国医学发展的需要，朱贵卿与吴英恺教授通力合作，编写了《胸部疾病》一书。

晚年，朱贵卿深刻感受到我国的医学事业在快步前进，过去的知识已经不能适应新形势的要求，再看看大批中青年学者迅速成长，他感到自己有责任继续为我国医疗事业发展奋斗。

于是，他牵头主编了《呼吸内科学》。他不顾年迈体弱，查资料，翻找病历，做索引，干着最普通、最细小、而又不可缺少的工作。病痛折磨得他不能伏案，他就靠在沙发里，膝盖垫块木板继续写，别人看他如此艰难，想帮助分担点工作，都被他拒绝了。

1959年，朱贵卿与吴英恺编写的《胸部疾病》

整个编写过程中，他不摆老资格，不搞一言堂，集思广益，凡是合理的建议都会采纳。在大家的共同努力下，这部90多万字的著作几经易稿，终于按期交予出版社。编辑部的张本老师说过，朱教授校过的稿子连标点都不用改。这部书是人民卫生出版社第一部附有索引的书。《胸部疾病》和《呼吸内科学》均为当时我国权威性专业著作并获奖。

整理/郭贝贝 许奉彦

黄国俊

外科医生不能只是手术匠

黄国俊出生的时候是双脚畸形。没有任何医疗经验的父亲，每天用手尽力扳正他的双脚，终于在6年之后，黄国俊能站起来走路。他也立下志愿，选择当医生作为他的终生职业。

在他长达50余年的外科生涯中，他挽救和延长了6千多例患者的生命，并成为亚洲第一、中国唯一的英国皇家外科学院荣誉院士。

黄国俊喜欢外科，喜欢把手术做好。他认为每个手术都是一件外科的艺术作品。但如果不能选择合适的适应证，外科手术不但无效，甚至有害。在这种情况下，多学科综合治疗才是正确道路。这一思路不但对学科建设有益，而且对患者真正做到了"以人为本"。

黄国俊说，只会用刀的外科医生只不过是一个手术匠，而不是一个好的肿瘤学外科医生。

狠心慈父

1920年11月2日，黄国俊出生于广东省丰顺县留隍乡世代经商之家，但阖家喜得贵子的欢悦之情，迅即被无情的烦恼所取代，婴儿的双脚为先天马蹄内翻足畸形。

两岁那年，黄国俊被送往当地最好的医院汕头市博爱医院诊治，经两次全身麻醉石膏矫形手术竟全然无效，依然只能爬行。他的父亲黄经南一生经商，从未上过学，更没有任何医疗经验。无奈之下，每天用手尽力扳正小国俊的双脚，然后令他扶着桌凳忍着剧痛站立起来，坚持，再坚持，直到痛得全身大汗淋漓。土法施治，一连4年，奇迹出现了，小国俊终于可以站立行走了。慈父和小国俊的锲而不舍，得到了最好的回报。

黄国俊8岁进乡塾读书，1933年以优异成绩考入潮梅名校汕头私立角光中学。学生宿舍建于山顶，在校生活必须上山下坡跑动，黄国俊虽有足疾，颇感困难。但他咬牙坚持，不甘人后，并于课余时习泳打球，脚力日见增强。

黄国俊的母亲是越南人，她心地善良，没有读过书。看到黄家上上下下都在经商，而且干得很不错。因此对他说："你读那么多书干什么，你学会打算盘，写家书也就够啦。"但黄国俊却不愿经商，他太想读书了。在他的苦苦央求下，父母终于同意他去广州上学。

1957年，黄国俊任大尉主治军医

不懂医术的父亲为他治好双脚的深刻记忆一次次浮现脑际，他想，治病救人该是一项多么高尚的职业。想到这里，他立志从医，而且要当一名杰出的精于手术的医生。

喜欢手工劳作的他在高中时绘画才能凸显，其素描和炭笔画作品常被校方展出，赢得师生们的交口称赞。

梦想成真

1939年，以优异成绩毕业的黄国俊被校方保送到北平燕京大学医学预科。在燕京大学二年级时，遇到无脊椎动物学的胡经甫教授，他是美国Cornell大学毕业的著名昆虫学家，讲课清楚、声音洪亮。他用整个黑板画一只大蚂蚱来讲解它的解剖，给黄国俊留下了深刻印象。

但由于太平洋战争，燕京大学被日军封闭。黄国俊和几个同学辗转来到上海圣约翰大学医学院借读。圣约翰医学院授课全用英语，老师专业水准高，且要求严格。黄国俊对人体解剖学和生物化学这两门课颇感兴趣，学得投入，获益良多。后来他和几个要好的同学转学至华西协和大学医学院。

当时的华西协和大学医学院是原华西大学医学院与南迁的北京协和医学院、山东齐鲁医学院合课教学，院长为加拿大人，教师有加拿大人、美国人和中国人，都是基础理论扎实或临床经验丰富的专家，讲课多数用英文，只有少数用中文。

教他们药理学的老师上第一堂课时，未开口就先在黑板上写下了"庸医杀人不用刀"的警语，这成为他毕生从医的座右铭。那时他每一堂课都认真记笔记，不管老师用英语或汉语，他都用英文记下来。常常一下课，他的笔记本便会被同学借走，第一个学期下来，他的每门功课都是最高分。他这个低年级新生竟被选为医学院学生会主席，直至毕业。他的各科成绩始终名列前茅。

1947年，黄国俊从华西协和大学医学院毕业前一年，就开始思考自己毕业后的走向，他的梦想是上北京协和医学院，但此前由于太平洋战争爆发北京协和医学院被迫关门，虽然后来抗日战争胜利了，但不知北京协和医学院什么时候复院。他抱着试一试的想法，给美国几家医院和北京协和医学院同时寄了申请书，希望能得到做外科住院医师的机会。

幸运的是，他同时收到了来自美国芝加哥 Garfield 医院和北京协和医院的来信。双喜临门，但两者不可兼得。他考虑到美国有着相当严重的种族歧视和排外思潮，而协和有美国的设备和技术，患者是中国人，培养对象也是中国人，手术锻炼的机会不比美国少，黄国俊决定舍美国而留协和。

1948 年 6 月 30 日，黄国俊提着一个小皮箱和一件大衣站在了北京协和医院的门口。第二天，他穿上北京协和医院白大褂。这一刻，他梦想成真，从此开启了他在外科领域的医学人生。

医生善画

当时，北京协和医院外科专职医生人员很精干。科主任娄克斯，副主任吴英恺，主治医师曾宪九，住院总医师陆惟善，加上住院医生和实习医生，一共 13 人。实习医生的 24 小时工作制很艰苦，但黄国俊一开始就开足马力，情绪高涨，所有工作一丝不苟。记得有一天，他收了 5 个新患者，为了完成全部入院常规，他连续工作了 23 个小时，次日照常上班。

受吴英恺的影响，黄国俊选择了胸外科，并追随吴英恺十余年。

他的绘画才能在重视解剖的外科领域也给他助了一臂之力。他常常在病历及手术记录中加入插图，科里的主任和医生在手术时如有特殊发现，也常常叫他到现场把手术发现画下来。

因为黄国俊的这一特长，吴英恺于 1948 年著书时曾要他画一套食管胃贲门吻合术的手术图谱。此画一直被吴英恺保存了 50 年，1998 年，吴英恺亲手将画还给了黄国俊，还亲笔写上"1948 年黄国俊绘"。

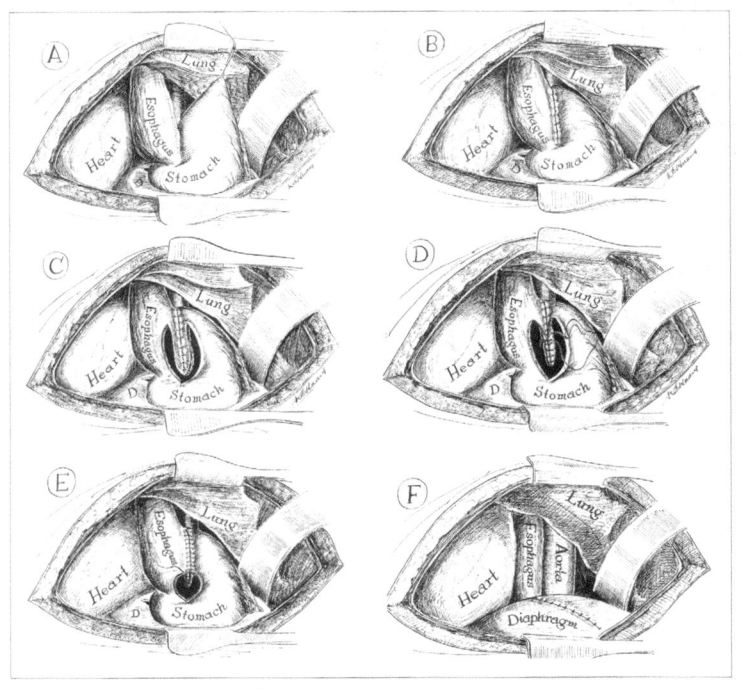

1948年,黄国俊在协和医院当外科实习医生时,为吴英恺绘此图谱。吴英恺保存此图五十年,于1998年还给黄国俊。图上注释为吴英恺亲笔

当时北京协和医院外科床位不多,手术数量也少,但医疗护理质量很高,一丝不苟。在这种情况下,黄国俊对遇到的每个新病种都要结合教科书了解它的全面基本情况。黄国俊还特别注重基本功的锻炼,认真观察学习不同手术者的优点加以综合吸取,为己所用。他在积累经验,等待大展宏图的时机。

1951年2月4日,风华正茂的黄国俊与北京协和医学院护理系49级毕业的手术室护士长郭淑如喜结良缘。婚后不到一个月,夫妻双双参加北京协和医院朝鲜战争手术队赴东北救治伤员,黄国俊担任管理240多个床位伤员的主治医生,郭淑如则担任手术室护士长。

如鱼得水

1956年4月，北京协和医院胸外科整体搬到北京西郊黑山扈原结核病疗养院，建立起我国第一所胸部专科医院——解放军胸科医院，吴英恺担任该院院长。当时胸外科拥有4个病房和4个手术间，每个病房有40张床位，分别由黄孝迈、侯幼临任副主任，黄国俊、邵令方、郭加强和李功宋各管一个病房。

黄国俊与郭淑如合影，郭淑如也跟随吴英恺到了阜外医院，一直担任手术室护士长一职，是吴英恺做手术时的手术器械助手

他们四人在这里如鱼得水，大批年轻医生、护士、进修医生、工作人员陆续从全国各地调入该院，呈现一片欣欣向荣的可喜景象。

1958年，解放军胸科医院搬迁至北京阜成门外大街新建的有800床位的医院，改为中国医学科学院阜外医院。黄国俊被任为普胸外科副主任，主管2个病房，共80张病床。

自从来到胸科医院，临床工作量及教学任务猛增，再加上院外会诊、论文撰写、期刊审稿编辑等工作，黄国俊的每周7天都不够用，专业理论水平和临床经验丰富的同时，他也患上了十二指肠溃疡病，时有发作。

一天，他突然腹部剧痛。他急忙让孩子下楼去请阜外医院的侯幼临来看看。侯幼临来时，他的腹壁已经硬得像木板了。侯幼临一面向吴英恺报告，一面通知在手术室上班的郭淑如准备手术，并叫来救护车。侯幼临也是老溃疡患者。

这是胸外科一年之内的第三位十二指肠溃疡穿孔病例，也是黄国俊几十年中唯一的一次病假。阜外医院在他术后想尽办法为其补充营养，然而，医院尽最大努力也只能做到一天给他提供一个鸡蛋。在他的夫人郭淑如的照顾下，术后两个月他便重返工作岗位。

食管癌的防治工作一直是吴英恺院长所关注的重要课题。1959年，吴英恺在阜外医院召开了山东、山西、河南、河北和北京四省一市食管癌防治科研协作大会。1964年春，黄国俊陪同吴英恺深入食管癌高发区河南林县考察，探讨了该病患者就地早期发现和早期手术治疗的可行性，接着他会同黄兰清护士长进驻林县人民医院达半年之久，在简陋的医疗条件下开展县级医院早期食管癌外科治疗，建立了我国第一个县级食管癌医院，培养出一批能进行食管癌诊断和手术的医生。

在吴英恺的领导下，从1948年起在北京协和医院到1964年在阜外医院，10余年间食管癌的外科治疗已逾千例。但很多中晚期病例的远期效果仍不够理想。1958年，黄国俊和阜外医院放射科、病理科，以及与刚建院不久的日坛（肿瘤）医院协作，开展食管癌术前放射与外科综合治疗研究，截至1962年共总结113例的经验，初步说明综合治疗有提高手术切除率和远期生存率的效果。当年他将这一临床经验在苏联国际学术会议上做了报告。

1963年，与吴英恺教授访问华北食管癌高发区留影（左起：李光恒、邹令方、张毓德、吴英恺、黄国俊、黄偶麟）

1964年，黄国俊（前左5）在河南省林县人民医院开展食管癌外科治疗与县委书记杨贵（前左4）及医院领导和职工合影

荣誉院士

　　1964年12月，黄国俊被调至中国医学科学院日坛（肿瘤）医院任大外科主任。此时在中国医学科学院内部由于阜外医院重点转入心血管专科，食管癌和胸部其他肿瘤的防治研究工作便由阜外医院转至日坛（肿瘤）医院，黄国俊的专业从此也转入胸部肿瘤外科。

　　1975年，黄国俊奉命率队前往云南。为了弄清个旧锡矿工人肺癌患病率较高的发病原因，他和队员们跑遍各个矿区，下到几百米深的井下，对矿工进行健康普查。他还多次为肺癌矿工进行手术治疗和示范，并在当地开办肺癌诊治训练班，建立肺癌防治研究基地。在其后的15年中，他7次亲临云南锡矿指导肺癌的防治研究工作。

肿瘤医院对 3 000 多例食管癌手术后随访情况的统计中显示，手术后生存 10 年以上的达 22.5%，15 年以上的 19.7%，20 年以上生存率 11%。黄国俊也因而成为国际同行所仰慕的权威之一，在国内外发表了 200 多篇论文，被公认为是在食管癌方面贡献最为突出的专家。

1981 年，黄国俊与陈敏章部长在伦敦参加学术交流会

1988 年 1 月，黄国俊应邀到伦敦接受英国皇家外科学院授予荣誉院士（Honorary Fellow）的称号，该学院宪章规定在世的荣誉院士在任何时候不得超过 120 人。黄国俊是获得此荣誉的亚洲第一人，也是国内唯一的外科专家。

1995 年，在意大利米兰召开的国际食管疾病学会国际学术大会上，黄国俊被接纳为永久荣誉会员。

点名医生

20 世纪 60 年代初，黄国俊就成为了中央领导保健小组的一员。他先后为党和国家领导人、专家、学者、国际友人、劳动英雄进行过大手术。

除此之外，黄国俊还是他老师们的"点名医生"。北京协和医院外科曾宪九教授、内科张孝骞教授均指定他来为他们做手术，且黄国俊每一次都圆满地完成"考卷"。

胸外科权威曾宪九晚年患肺癌后，指定要黄国俊为他主刀。术后，黄国俊问曾宪九能给学生打多少分？一向对手术基本要求极为严格的曾宪九郑重其事地说："你的手术做得非常好。但外科手术没有打100分的，给你99分吧！"曾宪九康复得也很快，又愉快地工作和生活了6年。

1986年，著名医学家吴阶平教授右肺新发现肿块。经过北京和上海有关专家多次会诊都难以排除肺癌。当时黄国俊正应邀在法国讲学，没有在场。吴老得知他即将回国，建议等他回来，听听他的意见。

一周后，黄国俊回到北京，详细分析了吴老的全部病史和体检资料，判断吴老右肺上新发现的肿块是结核而不是肺癌。他果断地建议采用抗结核药物治疗，不要手术。

在临床上要推翻对一个患者的"癌症"判断并否决它的手术治疗，比"癌症不能排除，应该进行手术探查"的决定要冒更大风险，更何况这位医学泰斗的"癌症"是由国内著名医学专家们经过反复会诊而不敢排除的。万一有误，将会影响吴老的健康乃至生命。

然而，黄国俊还是考虑患者的利益并坚信自己的经验和客观分析后的判断。果然，吴老采用抗结核治疗1个多月后，病灶便明显缩小，3个月后基本消失。事后，吴阶平十分高兴而又风趣地说："黄国俊免我一刀！"

批评一把刀

黄国俊说他喜欢外科，因为外科能治好肿瘤。他喜欢把手术做好，因为每个手术都关系到患者的安危，也是一件外科的艺术作品。但恶性肿瘤的本性是无情的增长、扩散、转移，而外科手术的作用只是局部切除。当肿瘤属于较早期限于局部范围之内时，彻底完整的手术切除是首选的有效治疗方法。否则，外科不但无效，甚至有害。在这种情况下，多学科综合治疗是当今公认的正确道路，应该在研究中不断提高。

在这一思想的指导下，黄国俊倡导联合会诊（查房）制度。从1965年开始，胸外科和放射科、内科、诊断科、病理科共同建立每周一次的联合会诊，每次联合会诊时参加者都非常踊跃，座无虚席。

这个制度不但适应肿瘤学防治研究发展需要，对于其他专业的发展也具有一定的指导意义。对于患者而言，有以人为本、因地制宜的效果，对多学科最佳综合治疗方案的设计和执行，科室间的合作和交流，以及对于年轻医生的培养和医疗质量的提高，都极有好处。他之前开展的食管癌术前放射与外科综合治疗研究，其实也是这一思想结出的硕果。

他说："世人常用'一把刀'来称赞某外科医生，我觉得这实际上是一个贬义词。因为只会用刀的外科医生只不过是一个手术匠，而不是一个好的外科医生。"

在一起

黄国俊的夫人郭淑如也跟随吴英恺到了阜外医院，自开院以来一直担任手术室护士长一职，长达9年，是吴英恺做手术时的手术器械助手，与吴英恺配合非常默契。在阜外医院，她带领手术室护理班子开展心脏手术和低温麻醉循环等护理教学工作，也是吴英恺最得力的助手之一。

黄国俊、郭淑如与吴英恺的师生情，一直延续到吴英恺生命的最后一刻。吴英恺在弥留之际，夫妇俩一同前往看望，吴英恺问："郭淑如，咱们在一起50年了，50年以后，怎么样？"

黄国俊说："还和你在一起，我们永远和你站在一起。"

整理 / 陈惠